명료한 의식으로 당신을 깨닫게 하소서.

우파니샤드

1판 1쇄 발행일 2016년 6월 7일
1판 11쇄 발행일 2024년 3월 4일

편역 정창영

펴낸이 권미경 | **펴낸곳** 무지개다리너머
주소 서울시 은평구 응암로 310, 501호
전화 02-357-5768 | **팩스** 0504-367-7201 | **이메일** beyondbook7@gmail.com
블로그 blog.naver.com/brbbook | **등록번호** 제25100-2016-000014호(2016. 2. 4.)
ISBN 979-11-956821-0-2 03150

이 도서의 국립중앙도서관 출판사도서목록(CIP)은 서지정보유통지원시스템
홈페이지(http://seoji.nl.go.kr)와 국가자료공동목록시스템(http://www.nl.go.kr/kolisnet)
에서 이용하실 수 있습니다.(CIP제어번호: CIP2016013079)

인간의 자기 발견에 대한 기록

Upanishads

우파니샤드

정창영 편역

무지개다리너머

차 례

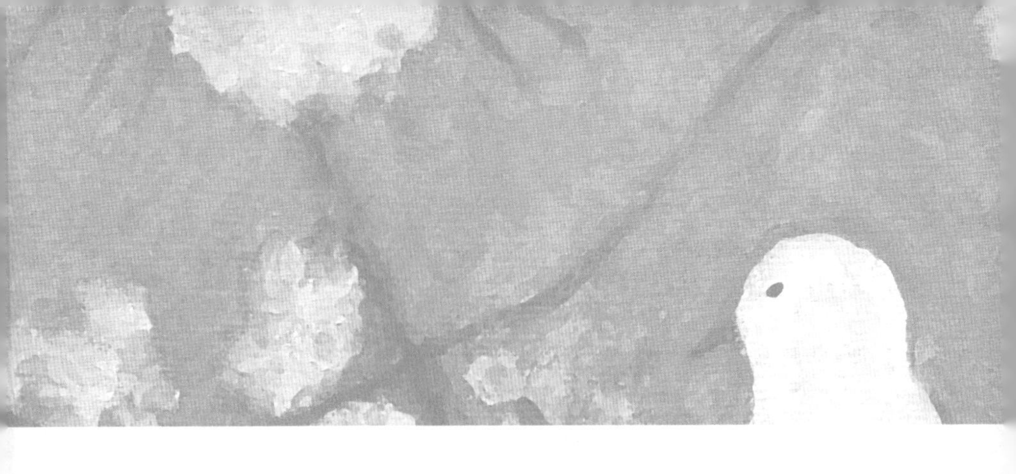

우파니샤드는 어떤 책인가

'우파니샤드(Upanishad)'의 글자대로의 뜻은 '가까이 아래에 앉는다'는 뜻이다. 곧 '스승의 발 밑에 앉아서 전수받은 가르침'을 가리킨다. 이런 말뜻으로도 알 수 있듯이, 《우파니샤드》는 누구나 배울 수 있는 가르침이 아니다. 스승에게 헌신하여 제자가 된 사람만이 스승에게 개인적으로 전수받을 수 있는 심오한 가르침이다.

타지마할을 건설한 샤 자한 황제의 아들 다라 수코(Dara Sukoh)는 캐시미르 지방에 머물고 있을 때《우파니샤드》에 대한 이야기를 들었다. 회교도였던 그는 코란에도 없는 귀한 가르침이《우파니샤드》에 있다는 것을 알게 되었다. 그래서 델리에서 인도학자들을 모아《우파니샤드》번역작업을 시작했다. 그는《우파니샤드》가운데서 50가지를 뽑아 페르시아어로 번역했다. 그 번역작업은 1640년에 시작하여 1657년에 끝났다. 오랜 세월이 지난 후 페르시아어로 된《우파니샤드》를 프랑스 사람 앙크틸 뒤페롱(Anquetil Duperron)이 라틴어로 번역하였고, 이 라틴어 번역판은 1802년 파리에서 출판되었다.

독일의 철학자 쇼펜하우어는 이 라틴어판《우파니샤드》를 읽고 깊은 감명을 받았으며 자신의 철학체계를 구성하는 데《우파니샤드》를 모델로 삼기에 이르렀다. 그는《우파니샤드》를 읽고 난 다음의 감동을 이렇게 말했다.

> "《우파니샤드》는 이 세상의 모든 책 가운데 가장 가치 있고 숭고한 책이다. 이 책은 지금까지 내 인생에 위안을 주었다. 그리고 나의 임종 자리에서도 위안이 될 것이다."

전체《우파니샤드》의 근본정신은 예수가 말한 "나와 아버지는 하나"라는 표현과 "하느님의 나라는 너희 내면에 있다"는 표현과 통한다. 물론 시대적으로《우파니샤드》가 예수보다 앞선다.

산스크리트어로
'우파(upa)'는 '가까이',
'니(ni)'는 '아래로' 또는 '완전히',
'샤드(shad)'는 '앉는다'는 뜻이다.

그러므로 '우파니샤드(Upanishad)'의 글자대로의 뜻은 '가까이 아래에 앉는다'는 뜻이다. 곧 '스승의 발밑에 앉아서 전수받은 가르침'을 가리킨다. 이런 말뜻으로도 알 수 있듯이,《우파니샤드》는 누구나 배울 수 있는 가르침이 아니다. 스승에게 헌신하여 제자가 된 사람만이 스승에게 개인적으로 전수받을 수 있는 심오한 가르침이다.

《우파니샤드》는 원래 독립된 책이 아니라 방대한 문헌인《베다》의 일부분이다.《베다》는 크게 네 종류 곧《리그 베다(Rig Veda)》,《사마 베다(Sama Veda)》,《야주르 베다(Yajur Veda)》,《아타르바 베다(Atharva Veda)》가 있다. 이들 네 종류의《베다》가 주제별로 명확히 구분되는 것은 아니지만 주된 내용의 성격에 따라 그 특성을 다음과 같이 요약할 수 있다.

《리그 베다》: 네 가지《베다》가운데 가장 오래된 것으로, 신에 대한 찬가 1,028개로 이루어져 있다. 당시의 우주관이나 신관 등을 알아볼 수 있는 내용을 담고 있다.《리그 베다》의 성립 연대에 대해서는 여러 견해가 있는데, B. C. 1500년에서 B. C. 1200년 사이에 형성된 것으로 보는 막스 뮐러(Max Muller)의 견해가 보편적으로 받아들여지고 있다.

《사마 베다》:《리그 베다》 이후에 형성되었으며,《리그 베다》에 나오는 신에 대한 찬가를 일정한 형식으로 묶고, 찬양에 대한 해석과 상징적인 의미 등을 다루고 있다. 1,549연(聯)을 빼고는 모두《리그 베다》와 중복되는 내용이다.

《야주르 베다》: 사제들이 제례의식을 수행할 때 사용하도록 편집된 일종의 '제례의식 교본'이다.

《아타르바 베다》: 일상적인 삶과 밀접하게 관련된 주제를 다루고 있다. 건강이나 질병치료 등에 쓰이는 부적이나 주문(呪文) 또는 액막이 노래 등이 포함되어 있다.《아타르바 베다》에 실린 6,000연(聯)의 자료 가운데 상당한 부분이 당시 북인도 지역 토착민들의 전승일 가능성이 크다.

이들 네《베다》는 또 각각 성격이 다른 네 부분, 곧《상히타(Samhita)》,《브라흐마나(Brahmana)》,《아라냐카(Aranyaka)》,《우파니샤드(Upanishad)》로 이루어져 있다.

《상히타》: 대부분 신에 대한 찬가와 만트라(呪文)로 이루어져 있는데,《베다》의 중심이 되는 본집(本集)이다.

《브라흐마나》:《상히타》에 나오는 찬가와 만트라의 의미와 사용법을 설명한 부분이다. 이를테면 사제들의 지침서[祭禮書]이다.

《아라냐카》: 숲에 들어가 은거하기 때문에 공식적인 제례에 참여할 수 없는 수행자들을 위해 《상히타》에 나오는 찬가와 만트라를 상징적으로 사용하는 방법을 설명한 부분이다. 그래서 '숲의 책[森林書]'이라고 부른다. 상징 문제를 다루고 있기 때문에 철학적 성격이 강하다.

《우파니샤드》: 《상히타》와 《브라흐마나》와 《아라냐카》에 나오는 모든 찬가와 만트라 그리고 제례 행위의 철학적인 근거를 확립하려는 노력의 결과로 만들어진 부분이다. 베다전통의 마지막(Veda-anta)이라는 뜻에서 흔히 '베단타(Vedanta)'라고 부르는데, 이때 '마지막'은 단순히 순서상 끝이라기보다는 《베다》의 정수(精髓) 또는 《베다》의 결정체라는 뜻이다.

《상히타》와 《브라흐마나》에는 상대적으로 제례 행위가 강조되어 있는 반면에 《아라냐카》와 《우파니샤드》에는 초월적인 지혜가 강조되어 있다. 그래서 《상히타》와 《브라흐마나》를 '행위편(karma kanda)', 《아라냐카》와 《우파니샤드》를 '지혜편(jnana kanda)'이라고 부르기도 한다. 그리고 별다른 설명없이 《베다》라고 할 때는 《상히타》와 《브라흐마나》를 합친 행위편을 가리키고, 《우파니샤드》는 《아라냐카》와 《우파니샤드》를 합친 지혜편을 가리킨다.

B. C. 2000년 무렵 자신들을 '아리아(arya; 고귀한 사람)'라고 부르는 민족이 유럽 대륙에서 힌두쿠쉬 산맥을 넘어 인도 북부 지방으로 이주

하기 시작했다. 그들은 인더스 강 유역에서 이미 천 년이 넘도록 문화를 발전시켜온 토착민들과 만났다. 아리아족[아리안]의 문화와 인더스 강 유역 토착민의 문화는 서로 영향을 주고받았고, 그 결과로 인더스 문명이 탄생했다.

아리안은 희생제사에 토대를 둔 자신들의 종교를 가지고 왔다. 그 가운데는 수많은 찬가와 주문(呪文)이 포함되어 있었으며, 그것들은 《베다》 경전 형성의 밑거름이 되었다. 아리안의 종교는 주로 자연 환경과 관련되어 있었다. 그들은 자연의 힘과 생명을 유지하는 데 필요한 여러 가지 힘을 숭배했다. 태양과 달, 천둥과 번개, 비, 새벽과 밤, 땅과 하늘, 불과 바람 등 자연의 요소들을 신격화하여 그들에게 제사를 드렸다.

아리안에게는 자연의 힘이 모두 신이었다. 불은 아그니(Agni)로, 천둥과 번개는 번개처럼 빠른 전차를 타고 적을 물리치는 인드라(Indra)로, 폭풍은 히말라야 산꼭대기에서 눈사태를 동반한 무서운 폭풍을 몰고 내려오는 루드라(Rudra)로, 바람은 와유(Vayu)로, 태양은 전차를 몰고 하늘을 가로질러 가는 수리야(Surya) 또는 생명을 공급하는 사비트리(Savitri)로, 밤은 라트리(Ratri)로, 새벽의 여명은 '광채가 나는 흰 옷을 입은 아리따운 소녀'로 표현되는 우샤(Usha)로, 죽음은 최초로 죽어서 염라대왕이 된 야마(Yama)로 신격화하여 섬겼다. 《리그 베다》에는 이들에 대한 찬가가 수록되어 있으며, 이들 말고도 수많은 신과 그들에 대한 찬가가 등장한다.

아리안은 이렇게 자연의 힘을 각각 신격화하여 다양한 신을 섬겼지만, 희미하게나마 모든 신들 배후에는 그들을 총괄하는 '하나의 지고한 존재'가 있다는 생각도 가지고 있었다. '하나의 지고한 존재'에 대한 생각은 후에 《우파니샤드》의 중심 개념인 '브라만(Brahman)'과 '아트만(Atman)'으로 발전한다.

아리안은 원래 유목민이었다. 그러나 인더스 강 유역에 정착하면서 점차 농경생활로 삶의 패턴이 바뀌기 시작했다. 그와 함께 제례의식도 점차 새로운 형식을 갖춰갔으며 종교적인 사색도 점점 깊고 풍부해졌다. 이런 것이 찬가와 기도문에 담겨 표현되었고, 주문(呪文)과 찬가와 기도문 등이 모여 《상히타》가 되었다. 흔히 《베다》의 본집에 해당하는 《상히타》가 만들어지던 시대를 '베다시대'라고 한다.

세월이 흐르면서 가정 단위를 넘어서 공동체 단위의 제례의식이 자리를 잡기 시작했다. 원래 아리안은 늘 이동하는 유목민이었기 때문에 사원이라든가 아니면 그 밖의 고정된 성역(聖域)이 없었다. 그러나 정착 농경생활을 하면서 제사를 드리는 장소가 정해졌고 제사를 담당하는 사제들이 등장하게 되었다. 사제들의 기능도 점차 세분화되었다. 사제 가운데 아드흐바리우(adhvaryu)는 제사에 쓸 물건을 준비하면서 그때그때 주문을 낭송하는 일을 맡았고, 아그니드흐(agnidh)는 제단에 불을 지피는 일을 맡았으며, 호타르(hotar)는 제주(祭酒)를 바치며 신을 부르는 일을 했고, 브라만(brahman)은 성스러운 기도문을 읊는 역할을 했다.

그러나 세월이 지나면서 사제 가운데서 브라만이 점점 지도적인 위치를 차지하게 되었고, 브라만은 사제의 대명사가 되었다. 베다시대가 끝나갈 무렵에는 사제들의 철학적 사색의 깊이도 깊어졌다. 세상과 만물의 기원에 대한 의문을 품기 시작했고, 자기들이 행하고 있는 제사의 의미에 대해서도 깊은 성찰이 이루어졌다.

브라만들은《베다》(《상히타》)에 기록된, 그리고 자기들이 집행하고 있는 제사의 각 요소의 의미를 설명한 주석을 만들어 내기 시작했다. 그것이 곧《상히타》뒤에 붙은《브라흐마나》이다.《베다》가 크게 네 가지이고, 이미 각《베다》마다 해석을 달리하는 여러 파가 있었다. 당연한 결과로 여러 파의 견해가 담긴《브라흐마나》가 산출되었다. 이렇게 만들어진《브라흐마나》는 이미 존재하고 있던《상히타》와 합쳐져서 베다전통의 제1부 곧 제사 또는 행위를 강조하는 '행위편'을 이루었다.

이미 세상과 만물의 기원과 존재의 의미에 의문을 품기 시작한 브라만들의 사색은 점차 형이상학적이고 초월적인 주제로 옮겨가기 시작한다. 삶이란 무엇인가? 죽음의 의미는 무엇인가? 인간이란 어떤 존재인가? 우리의 생명을 유지시켜 주는 신의 본성은 무엇인가? 한마디로 인간의 궁극적인 질문이 사색과 토론의 주제로 떠오른 것이다.

이런 주제를 놓고 명상을 하던 숲 속의 은둔 수행자들은《아라냐카》라는 문헌을 산출해냈다. 숲 속의 은둔 수행자들은 공식적인 제례의식에 참여할 수 없었다. 그래서 그들은 제례의식의 상징적인 의미를 찾아 그것을 자신들의 삶에 적용했다. 소위 '형식적인 제사'에서 '내적인 제사' 차원으로 진입한 것이다.《아라냐카》는 제례의식의 상징적인 의미와 그것을 적용하는 방법을 기록한 책이다.《아라냐카》도《브라흐마나》와 마찬가지로 견해를 달리하는 여러 파에서 상당히 많은 양이 나왔다.

사색의 내면화 과정은《아라냐카》시대를 지나《우파니샤드》시대에 와서 그 절정에 이른다.《아라냐카》와《우파니샤드》는 베다전통의 제2부인 '지혜편'을 이루었다. 앞서 말했듯이《우파니샤드》는 스승과 제자의 대화로 이루어져 있다.《우파니샤드》에 나오는 스승은 대부분 속세에서 떠나 숲 속의 아쉬람에서 제자들과 함께 생활한다. 때로는 아내와 자식이 함께 사는 경우도 있다.《우파니샤드》는 스승과 제자가 함께 살면서 일상생활 속에서 질문을 주고받는 식으로 전개된다. 때로는 아내가 스승인 남편에게 불멸에 대해 묻기도 하고, 왕이 깨달음을 얻은 현자를 찾아와 질문을 하기도 한다. 사람이 아니라 신이나 동물들에게 가르침을 받는 경우도 있다. 질문에 대답하는 현자가 여자인 경우도 있다.

《우파니샤드》는 이렇게 스승과 제자의 대화로 이루어져 있지만, 그 성격은 논리적이고 철학적이라기보다는 직관적이고 영적이다.《우파니샤드》의 스승은 지식을 전해 주지 않는다. 대신 지고한 실재에 대한 깨달음과 체험을 강조한다.

학자들은《우파니샤드》의 저작 연대를 B. C. 8세기에서 B. C. 3세기까지로 잡고 있지만, 누가 언제 어떤《우파니샤드》를 썼는지는 아무도 모른다.《우파니샤드》의 현자들은 자신들의 이름을 남기는 데에는 관심이 없었다. 그들은 오직 궁극적인 진리에만 관심을 두었다. 그들의 관점에서 보면 어떤《우파니샤드》를 누가, 언제 썼느냐는 것은 아무 의미도 없다. 우리는 또 얼마나 많은《우파니샤드》가 있었는지도 모른다. 현존하는《우파니샤드》만도 108개에 달한다. 그밖에 없어진 것까지 합친다면 몇 개가 될지 알 수가 없다.

현존하는 108개의《우파니샤드》가운데서 베다전통에 속하는 소위 초기 정통《우파니샤드》는 대부분 B. C. 6세기 이전에 형성된 것이다. 그 이후에 만들어진《우파니샤드》들은 특정 종파의 가르침이나 철학을 주된 내용으로 하는 것이 많으며, 성격 또한 신화나 비밀 수행법에 가까운 것이 많다. 베다전통을 계승하고 있다고 그 사상적 가치를 인정받고 있는 주요《우파니샤드》의 수는 10개, 11개, 12개, 13개, 14개, 또는 18개 등 주장하는 사람마다 조금씩 다르다.

인도의 영적인 전통을 부활시킨 8세기의 위대한 사상가이자 신비가였던 샹카라(Shankara)는 11개의《우파니샤드》를 베다전통의《우파니샤드》로 보고 그에 대한 주석을 썼다. 이 책에서는 그가 꼽은 11개의《우파니샤드》를 모아서 번역했다. 그 11개의《우파니샤드》는 다음과 같다.

카타 우파니샤드
문다카 우파니샤드
슈베타슈바타라 우파니샤드
프라쉬나 우파니샤드
만두키야 우파니샤드
브리하다란야카 우파니샤드
이샤 우파니샤드
찬도기야 우파니샤드
아이타레야 우파니샤드
케나 우파니샤드
타이티리야 우파니샤드

《우파니샤드》는《베다》의 마지막을 장식하고 있다. 그런데 재미있는 사실은《우파니샤드》가《베다》에 뿌리를 두고 있으면서도《베다》와는 전혀 다른 전통에서 유래된 것 같다는 점이다.《베다》의 전통과 충분히 조화를 이루고 있음에도 불구하고, 의도적으로 조화를 추구한 흔적이 보이지 않고《베다》의 기본이 되는 제사나 의례에 대한 언급도 거의 없다.

《우파니샤드》 현자들은《베다》에 의존하지 않고 스스로 독자적인 권위를 지닌 모습으로 등장한다.《베다》의 신들이 등장하기는 하지만《베다》에서처럼 신비한 존재로 나오지는 않는다.《우파니샤드》에 등장하는 신들은 다양한 모습으로 자신을 형상화하는 지고한 존재 브라만의 한 모습에 지나지 않는다. 브라만은 만물 속에 깃들어 있으면서 동시에 만물을 초월한 존재이다. 지고한 신성인 브라만에 대한 이 개념이《우파니샤드》의 핵심이다. '브라만'이라는 용어가《베다》의 찬가에도 나오지만 거기에서는 전혀 다른 뜻으로 나온다.《베다》에서는 '브라만'이 주로 사제인 브라만이 읊는 기도나 주문을 가리키며, 좀 더 발전해서 '(말하면 말한 대로 이루어지는 힘이 있는) 성스러운 말씀'을 일컫는 말로 쓰였다.

《우파니샤드》는 내면화의 길로 들어선 인간 정신이 피워낸 꽃이다. 베다시대에는 외적인 자연현상을 숭배했다. 하지만《우파니샤드》의 현자들은 명상을 통해 자연과 인간이 하나이고, 자연현상은 인간의 내면의식의 반영이라는 사실을 발견했다. 내면을 탐구하는 명상전통은 아리안이 인도대륙으로 이주하기 이전에 이미 인더스 강 유역에 존재하고 있었다.

인더스 강 유역에서 발굴된 요가 자세로 앉아 있는 시바의 상(像)이 이를 잘 말해 준다. 그 시바상은 아리안이 이주하기 이전 시대 것으로 추정되기 때문이다(이것을 시바상이라고 하는 이유는 이 상의 자세가 요가 자세이고, 힌두교에서는 시바가 '요가의 주(主)'이기 때문이다). 그래서《우파니샤드》가

《베다》와는 전혀 다른 전통에서 온 것 같다고 말하는 것이다.

《우파니샤드》는 종교의 의미에 관해 《베다》와는 사뭇 다른 입장을 취하고 있다. 《우파니샤드》는 말한다. 제례의식으로는 도달할 수 없는 하나의 궁극적인 실재가 있다. 우리가 오관(伍官)을 통해 보고 듣고 경험하는 것은 궁극적인 실재의 그림자에 지나지 않는다. 이 하나의 궁극적인 실재가 모든 존재의 핵이며, 우리의 참 자아이다. 그러므로 우리는 우주를 창조하고 유지하는 그 힘과 하나이다.

궁극적인 실재와 '하나임(oneness)'을 체험하는 데에는 사제의 도움이 필요치 않다. 제사나 그 어떤 종교적인 의식도 필요하지 않다. 명상을 통해 자신이 직접 '하나임' 체험을 할 수 있다. 그리고 죽은 다음에 궁극적인 실재와 하나가 되는 것이 아니라 살아 있는 동안에 그렇게 되어야 한다. 이것이 태어난 목적이며, 인간 정신은 이 목적을 향해 진화해 나가고 있다. 올더스 헉슬리(Aldous Huxley)는 이런 《우파니샤드》의 사상을 모든 종교적인 신앙의 원천이 되는 '영원한 철학(the Perennial Philosophy)'이라고 불렀다.

카타 우파니샤드

죽음의 신 야마의 가르침

죽은 다음의 세계에 대해 알고 싶습니다. 죽은 다음에도 그 사람의 실체가 그대로 존재한다고 말하는 사람도 있고 죽으면 끝이라고 말하는 사람도 있습니다. 죽음의 신이시여, 이 문제에 대한 궁금증을 풀어 주십시오.

제 1 부

1 장

1-3. 옛날에 브라만 사제인 바자스라바사는 다음 생을 위한 공덕을 쌓기 위해 자신의 모든 재산을 제물로 바치기로 결심했다. 그에게는 경전의 가르침을 굳게 믿는* 나치케타*라는 아들이 있었다. 나치케타는 아버지가 제물로 바치기 위해 늙은 소를 끌고 가는 것을 보고 속으로 생각했다.

"우유도 더 이상 짤 수 없고,
새끼도 낳을 수 없는
저렇게 늙은 소를 바치고도 천국에 갈 수 있을까?"

4. 나치케타는 아버지가 잘못을 깨달을 수 있도록 자극을 줄 필요가 있다고 생각하고 이렇게 말했다.

"아버지, 저는 누구에게 바칠 건가요?"

아버지가 못 들은 체 대답이 없자, 두 번 세 번 같은 질문을 했다. 그러자 아버지는 화가 난 목소리로 대꾸했다.

"너는 죽음의 신에게 주어 버리겠다."

5-8. 자기를 죽음의 신에게 바치겠다는 아버지의 말을 들은 나치케타는 생각했다.

"앞으로 죽을 사람들을 생각하면 내가 맨 먼저 죽는 것이고,

지금 죽어가고 있는 사람들을 생각하면 중간쯤 되겠지.

이렇게 모든 사람이 가고 있는 죽음은 어떤 것일까?

먼저 살다 간 사람들이나

지금 살고 있는 사람들이 모두,

밭에서 나는 곡식처럼 익고 죽고 또다시 난다.

그러니 죽음은 두려운 것이 아니다."

나치케타는 이렇게 생각하고 죽음의 신 야마에게 갔다. 그러나 죽음의 신은 그의 거처에 없었다. 나치케타는 죽음의 신 야마의 집 앞에서 그를 기다렸다. 죽음의 신은 3일이 지난 후에 돌아왔다. 그때 야마의 수행원 가운데 한 명*이 이렇게 말했다.

"불의 신 아그니와 다름없는 영적인 구도자*가 손님으로 오면

잘 대접해 주어야 합니다.

발 씻을 물을 주고, 먹을 것과 마실 것을 대접하며

정성껏 모셔야지요.

죽음의 신이시여 나치케타를 위해서 물을 가져가세요.

누구라도 손님으로 찾아온 영적인 구도자를 정성껏 대접하지 않으면

그동안 쌓은 공덕과 희망과 인간관계와 자녀와 가축이

모두 쓸모없는 것으로 변하게 되겠지요."

죽음의 신:

9. "오, 영적인 구도자여.

너무 오래 기다리게 해서 미안하오.

그대는 당연히 대접을 받을 손님인데,
아무것도 먹지도 못하고* 삼 일이나 기다리게 했으니
내가 그 대가로 세 가지 소원을 들어 줄 터이니
말해 보시게."

나치케타:
10. "죽음의 신이시여,
저를 집에 돌아갈 수 있게 해주시고,
제가 다시 집에 돌아갔을 때
저의 아버지가 화를 풀고
제가 돌아온 것을 기뻐할 수 있게 해주십시오.
이것이 첫 번째 소원입니다."

죽음의 신:
11. "그대의 소원을 들어 주겠다.
그대가 돌아갔을 때
그대의 아버지는 그대를 알아보고 기뻐할 것이며,
또한 그대가 죽음의 입에서 살아나온 것을 알고
편안히 잠을 잘 수 있게 해주리라."

나치케타:
12-13. "죽음의 신이시여,
두 번째 소원을 말씀드리겠습니다.

하늘나라*에는 어떤 두려움도 없고,

늙음과 죽음도 없으며,

배고픔과 목마름과 괴로움이 없이

행복과 기쁨만 있다고 알고 있습니다.

당신은 하늘나라로 인도하는

불의 신 아그니를 알고 계실 겁니다.

그 불의 신과

그에게 드리는 제사의 신비한 힘에 대해서 말씀해 주십시오.

이것이 두 번째 소원입니다."

죽음의 신:

14. "나치케타여,

그대의 소원을 들어 주겠다.

나는 하늘나라로 인도하는

불의 신 아그니를 잘 알고 있다.

이제 그에 대해 설명해 줄 터이니 잘 듣고 이해하도록 하라.

나치케타여,

불의 신 아그니는

불멸의 세계에 도달하게 해주는 길이다.

그런데 그 불의 신은

그대의 내면, 심장이라는 깊은 동굴 속에도 머물고 있음을 알아야 한다."

이야기하는 사람:

15. 이렇게 하여 죽음의 신은 생명의 근원인 불의 신*에 대한 가르침을 주었다. 불의 신에게 어떻게 제사를 드려야 하며, 장작은 얼마나 필요하고 제단은 어떻게 만들어야 하는지 등을 자세히 설명했다. 나치케타는 모두 이해하고, 들은 대로 반복해서 암송했다. 그러자 죽음의 신 야마는 매우 기뻐하며 이렇게 말했다.

죽음의 신:

16-18. "그대에게 특별한 선물을 하나 더 주겠다.
이제부터 불의 신 아그니에게 드리는 제사는
그대의 이름을 붙여 '나치케타 아그니'라고
세상에 알려지게 될 것이다.
자, 이 보석 목걸이도 받아라.
'나치케타 아그니' 의식을 세 번 행하는 사람*은
태어남과 죽음의 강을 건널 수 있을 것이다.
그는 경전 연구와 제사와 자선이라는
세 가지 의무를 완수하게 될 것이다.
우주의 궁극적인 실재인 브라만에서 태어난
이 불을 이해하는 사람은,
불의 신과 하나 되어
절대적인 평온을 누릴 수 있게 되리라.
나치케타여,
불의 신께 드리는 제사의 참뜻을 알고

생명의 불을 제물로 드리는 사람은
육신이 죽기 전에 죽음의 사슬을 끊고,
슬픔의 바다를 건너
천상의 기쁨을 누리게 되리라."

19. "나치케타여,
이제 그대는 두 번째 소원인
불의 신에 대해서,
하늘나라로 인도하는
불의 신비한 힘에 대해서 모두 알게 되었다.
자, 그러면 이제 세 번째 소원을 말해 보도록 하라."

나치케타:
20. "죽은 다음의 세계에 대해 알고 싶습니다.
죽은 다음에도 그 사람의 실체가 그대로 존재한다고 말하는 사람도 있고
죽으면 끝이라고 말하는 사람도 있습니다.
죽음의 신이시여,
이 문제에 대한 궁금증을 풀어 주십시오.
이것이 저의 세 번째 소원입니다."

죽음의 신:
21. "죽음의 비밀을 아는 것은 매우 어렵다.

그래서 신들조차도 이 문제로 고민을 했다.
죽음의 비밀은 쉽게 설명해 줄 수 있는 성질의 것이 아니다.
그러니 나치케타여,
설명하기 어려운 문제로 나를 괴롭히지 말고
다른 소원을 말하면 어떻겠는가?”

나치케타:
22. “죽음의 신이시여!
쉽게 알기도 어렵고,
신들조차도 고민한 이 문제를
당신 말고 누가 설명해 줄 수 있겠습니까?
저는 죽음의 비밀을 꼭 알고 싶습니다.
이것 말고는 다른 소원이 없습니다.”

죽음의 신:
23-25. “나치케타여,
그러지 말고 제발 다른 소원을 말하라.
그대의 아들과 손자가 백 년 장수하게 해달라면
그렇게 해주겠다.
가축 떼와 코끼리와 말과 금은보화를 달라면
얼마든지 주겠다.
넓은 땅을 다스리는 왕이 되게 해달라면
그렇게 해주겠다.

장수하고 싶다면
원하는 대로 오래 살게 해주겠다.
무엇이든 원하는 것이 있으면 말해 보라.
모든 것을 다 들어 주겠다.
세상에서는 찾아볼 수 없을 정도로
예쁜 여자*와 아름다운 음악,
화려한 말과 마차,
그리고 그대가 상상조차 할 수 없는
온갖 즐거움을 누릴 수 있게 해주겠다.
그러나 죽음의 비밀에 대해서만은
제발 더 이상 묻지 않았으면 좋겠다."

나치케타:
26-27. "죽음의 신이시여!
그런 즐거움은 내일이면 사라져 버리는
그야말로 헛된 것들입니다.
감각적인 쾌락으로 생동하는 생명의 기운도
언젠가는 다 소모되어 말라 버릴 것입니다.
저는 짧은 인생을
그런 것을 쫓아다니며 살고 싶지 않습니다.
그러니 그런 환락과 부귀영화는
당신이나 실컷 누리십시오.
사람은 돈으로는 행복을 얻을 수 없습니다.

아무리 돈이 많고 부귀영화를 누린들,
당신의 얼굴과 마주치는 죽음의 순간에는
모든 것이 다 의미 없는 것이 되어 버리지 않겠습니까.
그래서 저는 그런 헛된 것은 바라지 않습니다.
오직 죽음의 비밀만을 알고 싶습니다.*"

28-29. "다른 사람이라도
늙지도 않고 죽지도 않는 당신 같은 존재를 만났다면
어찌 일시적인 무병장수나 부귀영화를 구하겠습니까?
죽음의 신이시여!
죽음에 대한 저의 의문을 풀어 주십시오.
죽은 다음에 사람의 존재는 어떻게 되는 것인지
부디 알려 주십시오.
이것 말고는 다른 소원이 없습니다."

2 장

이야기하는 사람: 이래서 죽음의 신 야마는 나치케타가 영적인 가르침을 받을 만한 훌륭한 구도자라는 것을 알고, 죽음에 대한 위대한 비밀을 말하기 시작했다.

죽음의 신:

1-2. "참 자아의 영속적인 기쁨*을 추구하는 길과
일시적인 쾌락*을 추구하는 길이 있다.
이 두 길은 목적이 다르다.
어느 길을 택하든
사람은 그에 어울리는 행동을 하게 되어 있다.
지혜로운 사람은 참 자아의 기쁨을 추구하여
인생의 지고한 목표에 도달한다.
그러나 어리석은 사람은 일시적인 쾌락을 좇다가
인생의 목표를 잃어버리고 만다.
삶의 매순간이
참 자아의 영원한 기쁨이냐 아니면 감각적인 쾌락이냐를
선택해야 하는 전환점이다.
지혜로운 사람은
당장은 고통스러울지라도
영원한 기쁨을 주는 길을 선택한다.
하지만 어리석은 사람은
당장 감각에 만족을 주는 길을 따라간다."

3-4. "나치케타여,
그대는 감각에 만족을 주는
일시적인 쾌락을 포기했다.
그대는 세상의 많은 사람들이
어리석게 빨려 들어가는 멸망의 길에서 돌아섰다.

지혜의 길과 무지의 길은
하늘과 땅처럼 차이가 있다.
지혜의 길을 가는 사람은
참 자아의 영원한 평화와 기쁨에 이르지만
무지의 길을 가는 사람은
참 자아에서 점점 멀리 벗어나 괴로움의 세계에서 방황한다.
그대는 감각의 유혹을 이겨냈다.
그러므로 나는 그대가
영적인 가르침을 받을 자격이 있다고 생각한다."

5-6. "자기가 무지하다는 것을 알지 못하고
스스로 지혜롭다고 착각하는 사람이 있다.
그들이 알고 있는 것은 모두 공허한 지식이다.
그들의 가르침을 따라가는 동안에는
다람쥐 쳇바퀴 돌듯 괴로움의 세계에서 벗어나지 못한다.
마치 장님이 장님을 인도하면
둘 다 구덩이에 빠지는 것과 다를 바가 없다.
돈과 감각의 쾌락에 눈이 먼 사람들은
죽음 이후의 세계에는 관심도 없고 의문도 갖지 않는다.
그들은 이렇게 말한다.
'육체가 나다. 육체가 죽으면 모든 것이 다 끝난다.'
그래서 그들은 윤회의 쳇바퀴를 벗어나지 못하고
나고 죽기를 끝없이 반복하며 괴로움을 겪는다."

7-8. "참 자아에 대한 가르침을 들은 사람은 아주 적다.
그 가르침을 듣고
참 자아를 실현하기 위해 인생을 바치는 사람은 더 적다.
참 자아가 어떤 것이라고 말할 수 있는 사람은
놀라운 사람이다.
그러나 참 자아 실현을 인생의 지고한 목표로 삼은 사람은
더욱 놀라운 사람이다.
또한 깨달은 스승의 가르침을 받아
자신의 참 자아를 실현한 사람은
진정으로 축복받은 사람이다.
자신이 참 자아와 하나 되지 못한 스승*을 통해서는
참 자아를 깨닫지 못한다.
참 자아는 말로 전달하거나
생각으로 깨달을 수 있는 것이 아니기 때문이다.
참 자아는 주관과 객관이라는 이원성을 초월해 있다.
그래서 말로는 표현할 수 없다.
'나와 너' 또는 '나와 그것'이라는 이원성을 초월하여
모든 것이 하나의 참 자아임을 깨닫고,
그 자리에 머물고 있는 사람만이
다른 사람의 깨달음을 도와줄 수 있다."

9. "참 자아에 대한 깨달음은
논리나 학식으로 얻을 수 없다.

오직 참 자아를 깨닫고 그 자리에 머물고 있는
스승 가까이에 앉음으로써만
그 체험에 도달할 수 있다.
그대에게 지금 그런 기회가 주어졌다.
나치케타여,
나는 다른 모든 이들도
그대와 같은 구도자가 되기를 바란다."

나치케타:
10. "저는 이 세상 재물이
영원하지 않다는 것을 알고 있습니다.
영원하지 않은 것을 통해서는
영원에 도달할 수 없다는 것도 알고 있습니다.
그래서 저는
이 세상 재물에 대한 모든 욕망을 포기했습니다.*
부디 당신의 가르침을 받아
영원에 이르기만 바랄 뿐입니다."

죽음의 신:
11. "나치케타여,
나는 그대 앞에
세상 사람들이 갈구하는 모든 것을 펼쳐 보였다.
세상을 다스리는 권력,

종교적인 공덕을 쌓음으로써 누리게 되는 천상의 복락,
이 세상에서 누릴 수 있는 온갖 쾌락을 제시했다.
그러나 그대는 지혜와 결단력으로
유혹을 이기고 이 모든 것을 포기했다.
그대는 참으로 현명한 구도자이다."

12-13. "지혜로운 구도자는 깊은 명상*을 통해,
모든 개념과 시간 너머에 있는 참 자아를 깨닫는다.
심장의 동굴 속에 깊숙이 숨어 있는 참 자아를 깨닫는 사람은
고통과 슬픔이 없는 세계에 도달한다.
육체가 내가 아니고, 마음도 내가 아니라는 사실을 깨달은 사람,
'나'는 영원한 신적인 참 자아라는 사실을 깨달은 사람*은
지극한 기쁨 속에 머문다.
나치케타여,
나는 지금 그곳으로 들어가는 문*이
그대 앞에 활짝 열려 있음을 본다."

나치케타:
14. "죽음의 신이시여!
옳고 그름을 넘어선 자리,*
원인과 결과를 넘어선 자리,
그리고 과거와 현재와 미래라는
시간마저 넘어선 자리에 있는 참 자아에 대해

당신이 알고 있는 모든 것을 가르쳐 주십시오."

죽음의 신:

15-17. "모든 경전이 찬양하고 있는 것,
모든 수행자들이 하나같이 말하고 있는 것,
그리고 모든 구도자들이 도달하고자 삶을 송두리째 바치는 것.
내 그것을 그대에게 한마디로 말해 주겠다.
그것은 성스러운 음절 '옴(OM)'이다.
'옴'은 지고한 신성인 브라만의 상징이다.
이것을 깨닫는 사람은 모든 소원을 성취하게 된다.
참 자아의 자리에 들어가면
가슴에서 이 성스러운 음절이 진동한다.
가슴에서 이 성스러운 음절의 진동이 사라지지 않는 사람은
천상의 신들조차도 그를 찬양한다."

18-19. "참 자아는 태어나지도 않고 죽지도 않는다.
참 자아는 다른 어떤 근원에서 생겨난 것이 아니며
다른 어떤 것을 낳지도 않는다.
참 자아는 스스로 영원불멸하는 존재이다.
육신이 죽어도 참 자아는 사라지지 않는다.
누군가를 죽이는 사람이
자기가 진짜로 누군가를 죽인다고 생각하거나
죽임을 당하는 사람이

자기가 진짜로 죽는다고 생각한다면,
이들은 모두 참 자아를 모르는 것이다.
참 자아는 죽일 수도 없고
죽임을 당하지도 않기 때문이다."*

20. "가장 작은 것보다 더 작고,
가장 큰 것보다 더 큰 참 자아가
모든 존재의 가슴속에 머물고 있다.
에고의 욕망을 벗어던지고
꾸준히 수행의 길을 가는 사람*은 감각이 정화되어,
신의 은총으로 참 자아의 빛을 체험한다.
그러면 그는 슬픔의 바다를 건너게 된다."

21. "참 자아는 움직이지 않으면서도
우주 공간에 그가 미치지 않는 곳이 없다.
참 자아는 움직이지 않으면서도
모든 것을 살아 움직이게 만든다.
참 자아 자신 말고는
누가 이런 참 자아를 알 수 있겠는가?"

22. "육체 속에 있으면서 육체가 없는 것,
변하는 것 속에 있으면서 변하지 않는 것,
어디에나 있으며 가장 위대한 것,

이런 참 자아를 깨달은 사람은 슬픔의 바다를 넘어간다.”

23. “경전 공부나 지식을 통해서는
결코 참 자아를 깨닫지 못한다.
참 자아는 참 자아를 찾고 구하는 자에게*
스스로 자신의 모습을 드러낸다.”

24-25. “죄악의 길에서 돌이키지 않는 사람,
감각을 통제하지 못하는 사람,
마음을 고요하게 잠재우지 못하는 사람,
그리고 명상 수행을 하지 않는 사람은
결코 참 자아를 깨닫지 못한다.
참 자아의 광채 속에서는
사제들이 드리는 제사와
위대한 전사의 권력도 빛을 잃는다.*
죽음마저도 그 안에서는 아무것도 아니다.
아, 영원히 현존하고 있는 이 참 자아를
과연 누가 알 수 있겠는가.”

3장

죽음의 신:

1. "심장의 비밀스러운 동굴 속에
에고 의식과 지고한 참 자아
이 두 존재가 함께 머물고 있다.*
에고 의식은 잠시도 멈추지 않고
쓴 열매와 단 열매를 번갈아 따먹으면서
쓴 것은 싫어하고 단 것은 좋아하는
희비애락의 파도를 타고 있다.
그러나 지고한 참 자아는
무엇이 일어나도 좋아하거나 싫어하지 않고
그저 지긋이 바라보고 있다.
에고 의식은 어둠 속에서 무언가를 열심히 갈망하고 있다.
하지만 참 자아는 빛 속에서 조용히 지켜보고 있다.
이 둘은 빛과 그림자와 같다.
그래서 깨달음을 얻은 현자들,
심장 속에 거하는 성스러운 생명의 불의 신께
제사를 드리는 사람*들은
이렇게 말한다."

2. "우리로 생명의 불을 밝히게 하소서.
에고를 태워 버리고, 두려움의 바다를 건너

영원불멸의 세계에 도달할 수 있는 다리가 되는
그 불이 가슴속에서 활활 타오르게 하소서.*"

3-4. "나치케타여,
참 자아는 육체라는 수레를 타고 가는 주인공이다.
그대의 식별능력은 수레를 모는 마부이며,
그대의 마음은 말을 제어하는 고삐이다.
감각기관은 말(馬)이며,
감각이 좇는 여러 대상은 말이 달리는 길이다.
육체와 마음과 감각기관을
참 자아 주인공과 혼동하지 마라.
육체와 마음과 감각기관을 그대라고 생각하는 동안에는
기쁨과 슬픔이 번갈아 찾아오는
번뇌의 바다에서 빠져나오지 못한다."

5-9. "마부인 식별능력이 어둡고
고삐인 마음이 훈련되지 않으면,
감각기관은 길들지 않는 야생마처럼
이리저리 제멋대로 날뛰게 된다.
그러나 마음을 한 곳에 집중하고
식별능력이 밝게 깨어 있으면,
그대의 감각기관은 잘 길들여진 말처럼
마부의 명령에 고분고분 순종한다.

식별력이 어둡고
생각을 제어하지 못하며
오만 가지 생각으로 마음이 혼란한 사람은
순수하고 영원한 불멸의 상태에 이르지 못한다.
그는 윤회의 길을 따라
태어남과 죽음을 끝없이 반복한다.
그러나 밝은 식별력을 갖추고
마음이 고요하며
가슴이 순수한 사람은
여행의 목적지에 도달한다.
마부인 식별능력을 밝게 유지하고
고삐인 마음을 잘 제어하는 사람은
삶의 궁극적인 목표에 도달하여
영원한 신성*과 하나가 된다.
그리하여 태어남과 죽음이 반복되는
고통의 세계로 다시는 내려오지 않는다.

10-13. "감각*의 대상이 있음으로써 감각이 생기고,
감각의 대상*은 마음이 있음으로써 인식되며,*
마음* 너머에는 직관적인 지성이 있고,
직관적인 지성* 너머에는 우주의식이 있다.
우주의식* 너머에는 모든 것을 품고 있으나
아직 현실화되지 않은 잠재적인 가능성* 차원이 있고,

잠재적인 가능성 너머에는 푸루샤*가 있다.
푸루샤 너머에는 아무것도 없다.
푸루샤가 곧 우주적인 의식인 브라만이다.
그러므로 브라만이 제1원인이며,
마지막 귀의처이다.
만물 속에 깃들이어 있는,
만물의 참 자아 브라만은
눈에 보이지 않는다.
마음을 한 곳에 집중하여,
흔들리지 않고 고요하게 머무는 수행을 통해
초감각적인 지혜를 얻은 사람*만이
브라만을 체험할 수 있다.
집중하는 명상을 통해
의식 속으로 점점 더 깊이 들어갈 수 있다.
하나의 근원에 집중하는 명상을 통해
언어와 마음의 세계를 넘어
참 자아의 빛의 차원으로 들어갈 수 있다."

14. "일어나라!*
깨어나라!
깨달음에 도달한 스승을 찾아,
그 가까이에 앉음으로써
그대의 참 자아를 깨닫도록 하라.

현자들은 말한다.
그 길은
날카로운 칼날 위를 걸어가는 것처럼
정신 똑바로 차리고 가야 하는 어려운 길이라고."

15. "지고한 참 자아는 이름도 없고 모양도 없다.
맛도 없고 냄새도 없다.
그는 시작도 없고 끝도 없다.
그는 시간과 공간을 초월해 있으며
원인과 결과도 초월해 있다.
영원하고 변하지 않는
이 지고한 자아를 깨닫는 사람은
죽음의 입에서 영원히 벗어난다."

16-17. "지혜로운 사람은
나 죽음의 신이 나치케타에게 일러준
이 영원한 진리를 듣고 따름으로써
영적인 깨달음의 세계에 도달할 것이다.
구도자와 사제들의 모임에서
이 지고한 비밀을
지극한 헌신의 마음으로 묵송하는 사람은
영혼이 정화되어
영원한 생명을 얻을 것이다."

제 2 부

1 장

죽음의 신:

1. "스스로 존재하는 브라만은
감각의 문을 밖으로 향하도록 열어 놓았다.
그래서 사람들은
자기 안에 있는 참 자아를 보지 못하고
외부 세계만 보고 느끼는 것이다.
그러나 밖으로 향하는 감각을 거두어들여
감각을 자신의 내면으로 돌려
영원불멸의 차원을 추구하는 사람은
자기 속에 있는 영원한 참 자아를 볼 수 있다."

2. "어리석은 사람은 감각의 즐거움을 좇는다.
그래서 사방으로 펴져 있는 죽음의 덫에 걸린다.
그러나 지혜로운 사람은
태어남과 죽음이 없는 참 자아를 자각하고
변화하는 허망한 것들을 추구하지 않는다."

3-5. "참 자아는 모든 경험의 주체이다.
모양을 식별하고, 맛을 알며, 냄새를 맡고, 소리를 듣고,

감촉을 느끼며 성적인 쾌감을 느끼는 주체가
곧 주인공 참 자아이다.
경험의 주체인 참 자아가 없다면
어떤 경험도 존재할 수가 없다.
나치케타여,
그대가 알고 싶어 하는 것이
바로 이 참 자아 주인공이다.*
깨어 있을 때나 잠을 잘 때나
모든 경험의 주체는 참 자아이다.
에고 의식 속에 사는 사람들은
여러 가지 경험을 하면서 슬퍼하고 괴로워한다.
하지만 에고는 경험의 주체가 아니며,
우주에 충만한 보편의식인 참 자아가
경험의 주체라는 사실을 깨달은 사람은
더 이상 슬퍼하거나 괴로워하지 않는다.
참 자아 주인공은
감각의 꽃에서 딴 꿀을 맛보는 자이다.
모든 행위의 결과를 경험하는 자이다.
내면에 현존하는 시작도 끝도 없는 영원한 자이다.
이것을 깨닫는 사람은 모든 두려움에서 벗어난다.
나치케타여,
그대가 알고 싶어 하는 것이
바로 이 참 자아 주인공이다."

6. “창조의 신 브라마는
참 자아 자신의 깊은 명상 속에서
생명의 물보다 먼저 태어났다.*
만물의 심장 속에 깃들이어 있는 그가
곧 참 자아 주인공이다.
나치케타여,
그대가 알고 싶어 하는 것이
바로 이 참 자아 주인공이다.”

7. “태양의 여신, 에너지의 여신 아디티는
참 자아의 생명의 기운에서 태어났다.
모든 기운의 어머니이며,
만물의 심장 속에 깃들이어 있는 그가
곧 참 자아 주인공이다.
나치케타여,
그대가 알고 싶어 하는 것이
바로 이 참 자아 주인공이다.”

8. “불의 신, 생명의 신 아그니는
어머니의 자궁 속에서 잘 보호받고 있는 태아처럼
불을 일으킬 때 쓰는 두 개의 나무토막 사이에 숨어 있다.
사람들이 매일 공물을 드리며 제사하는 그가
곧 참 자아 주인공이다.

나치케타여,

그대가 알고 싶어 하는 것이

바로 이 참 자아 주인공이다."

9. "그가 태양의 근원이며

모든 에너지의 원천이다.

모든 신들도 그에게서 나오며

그를 벗어나서는 아무것도 없다.

그가 곧 참 자아 주인공이다.

나치케타여,

그대가 알고 싶어 하는 것이

바로 이 참 자아 주인공이다."

10. "현상계에 있는 모든 것은

참 자아 안에 있는 것이 나타난 것이다.

다양한 현상만을 보고

눈에 보이지 않는 하나의 근원을 보지 못하는 사람은

태어남과 죽음이 반복되는

윤회의 길에서 벗어나지 못한다."

11. "마음이 순수하고

흔들리지 않는 상태를 성취한 사람만이

모두가 하나의 브라만이라는 것을 안다.

다양한 현상만을 보고
눈에 보이지 않는 하나의 근원을 보지 못하는 사람은
태어남과 죽음이 반복되는
윤회의 길에서 벗어나지 못한다."

12. "그는 엄지손가락만한 크기*로
심장 중심에 자리 잡고 있다.
그는 시간을 초월해 있다.
그를 깨닫는 사람은 모든 두려움에서 벗어난다.
그가 곧 참 자아 주인공이다.
나치케타여,
그대가 알고 싶어 하는 것이
바로 이 참 자아 주인공이다."

13. "엄지손가락만한 크기로
심장 중심에 자리 잡고 있는 그는
마치 연기 없는 불꽃*과 같다.
그는 시간을 초월해 있다.
어제나 오늘이나 내일이나,
영원히 자신의 상태에 머물러 있다.
그가 곧 참 자아 주인공이다.
나치케타여,
그대가 알고 싶어 하는 것이

바로 이 참 자아 주인공이다."

14. "높은 산꼭대기에 떨어진 빗물은
골짜기를 따라 사방으로 흘러내린다.
마찬가지로 다양하게 펼쳐지는 현상은
모두 하나의 근원에서 나온 것이다."

15. "맑은 물에 맑은 물을 부으면
그 역시 맑은 물이 되듯이,
나치케타여,
깨달은 사람의 영혼은 브라만과 하나 되어
스스로 밝고 아무 걸림이 없는
맑은 물과 같은 상태에 머문다."

2 장

죽음의 신:
1. "문이 열한 개인 도시*가 있다.
이 도시의 지배자는 태어나지 않고,
스스로 존재하는 참 자아이다.
그의 의식은 영원히 빛을 발한다.
이와 같은 참 자아에 마음이 머물러 있는* 사람은

슬픔의 바다를 건너
태어남과 죽음이 없는 세계에 도달한다."

2. "하늘에 빛나는 태양*이 참 자아이다.
공중에 부는 바람이 참 자아이다.
그는 제단에 타오르는 불이며,
제단 항아리에 담긴 제주(祭酒)이다.
모든 사람 속에,
모든 신들 속에,
진리 속에,
끝없이 넓게 펼쳐져 있는 하늘에
그가 머물고 있다.
물에서 사는 물고기 속에도 그가 있고
땅에서 자라는 풀과 나무 속에도 그가 있다.
산꼭대기에도,
골짜기에서 흘러내리는 물에도 그가 있다.
그는 없는 곳이 없다.
그래서 위대하다고 하는 것이다."

3-4. "심장 가운데 자리 잡고 있는 그가
생명의 호흡을 주관한다.
그래서 모든 감각기관이
그에게 경의를 표하며 순종한다.

육체 안에 머물고 있는 그가
육체라는 굴레를 벗어던지면
그 말고는 아무것도 남지 않는다."

5. "사람은 숨을 들이쉬고 내쉼으로써 산다.
하지만 생명의 근원은 숨이 아니라,
숨을 쉬도록 만드는 그이다.*"

6-7. "나치케타여,
이제 내 그대에게
이 은밀하고 영원한 브라만에 대해 말해 주리라.
그리고 죽은 다음에는
참 자아가 어떻게 되는지에 대해서도 가르쳐 주리라.
참 자아를 깨닫지 못한 사람은
자신의 영적인 성숙 정도에 따라
거기에 맞는 육체를 입기 위해
새로운 자궁을 찾아간다.
어떤 사람은 보다 높은 차원의 몸을 입고 태어나며
어떤 사람은 낮은 차원의 몸을 입고 다시 태어난다.
누가 강제로 그렇게 시키는 것이 아니라,
자신의 영적인 각성 수준에 따라*
스스로 자신의 몸을 선택하는 것이다."

8. "참 자아는 잠자는 동안에도 깨어 있으면서
꿈에서 보는 온갖 감각의 대상을 만들어 낸다.
그는 순수한 의식 그 자체이며
영원불멸하는 브라만이다.
그는 우주 속에 존재하는 모든 것을 품고 있다.
그를 떠나서는 아무것도 존재하지 않는다.
나치케타여,
그대가 알고 싶어 하는 것이
바로 이 참 자아이다."

9-10. "불은 하나이지만
땔감의 종류에 따라
여러 가지 모양으로 나타나는 것처럼,
참 자아는 하나이지만
각기 다른 존재 속에 깃들이어 있으면서
서로 다른 모습으로 나타난다.
그는 불이 땔감 안에 있으면서
땔감 밖에도 있는 것처럼,
만물 안에 있으면서
동시에 밖에도 있다.
바람은 하나이지만
크고 작은 구멍을 통과하면서
여러 가지 소리를 내는 것처럼,

참 자아는 하나이지만
각기 다른 존재 속에 깃들이어 있으면서
서로 다른 모습으로 나타난다.
그는 바람이 구멍 안에 있으면서
구멍 밖에도 있는 것처럼,
만물 안에 있으면서
동시에 만물 밖에도 있다."

11. "태양은 온 세상을 비치면서도
자기가 비침으로써 드러나는
세상의 더러움에 오염되지 않는다.
마찬가지로 만물 속에 머물고 있는 참 자아는
모든 현상과 생명의 근원이면서도
뭇 존재의 고통과 악에 물들지 않는다.*"

12. "모든 존재의 참 자아인 브라만,
지고한 지배자인 브라만은
하나인 자신의 모습을 여럿으로 분화시킨다.
다양한 현상을 보면서
그 속에서 자기 내면의 유일한 참 자아를 보는 사람은
영원한 기쁨을 얻는다.
그 밖의 다른 것으로는
영원한 기쁨을 얻을 길이 없다."

13. "덧없이 지나가는 것들 속에서
영원히 변하지 않는 공통의 실체를 보는 사람,
흘러가는 수많은 생각들 속에서
영원히 변하지 않는
하나의 순수한 의식의 빛을 보는 사람,
자기 내면에 머물고 있는
그 유일한 참 자아를 보는 사람은
영원한 평화를 누린다.
그 밖의 다른 것으로는
영원한 평화를 얻을 길이 없다."

나치케타:
14. "죽음의 신이시여!
현자들이 깨달은
말로 표현할 수 없는 그 지고한 참 자아를
어떻게 하면 알 수 있습니까?
그는 빛입니까?
아니면 빛으로 나타나는 자입니까?"

죽음의 신:
15. "참 자아 주인공이 빛의 근원이다.
해와 달과 별,
그리고 번갯불과 이 세상의 모든 빛이

참 자아 주인공이 반사된 빛이다.
뭇 존재는 그의 빛을 받아서
자신의 빛을 발하는 것이다."*

3 장

죽음의 신:

1. "여기 영원한 나무가 있다.
뿌리는 위로 하늘에 있고
가지는 아래로 땅을 향해 뻗어 있다.
이 나무의 뿌리는 영원불멸의 브라만이다.
여기에서 온 세상의 뭇 존재가
가지처럼 뻗어 나온다.
이 나무밖에는 아무것도 없다.
나치케타여,
그대가 알고 싶어 하는 것이
바로 이것이다."

2. "세상에 존재하는 모든 것이
브라만에서 나와
브라만 안에서 움직인다.*
그의 놀라운 힘이

온 우주에 천둥처럼 울려 퍼지고 있다.
이러한 그를 깨닫는 사람은
불멸에 이른다."

3. "브라만의 놀라운 힘으로
불이 타오르고,
태양이 빛을 발하고,
구름이 비를 내리며,
바람이 불고,
죽음이 휩쓸고 지나간다."

4. "육체를 벗기 전에 브라만을 깨달으면
모든 괴로움에서 벗어나
물질과 육체의 속박에서 영원히 벗어날 것이다.
그러나 그렇지 못하면
육체를 입고 여러 세상에
거듭거듭 태어나지 않을 수 없다."

5. "브라만의 모습은
지혜에 머무는 사람의 가슴속에서는
거울에 비친 영상처럼 맑게 비친다.
죽은 자들의 세계에서는
꿈에 보는 것과 같이 보이며,

신적인 존재들의 세계*에서는
물에 비친 그림자처럼 보인다.
창조의 신 브라마의 세계에서는
빛처럼 선명하게 보인다."

6. "지혜로운 사람은
덧없이 지나가는 감각 경험은
참 자아가 아님을 깨닫고
모든 고통과 슬픔에서 벗어난다.

7-8. 감각 경험이 있기 전에 마음이 있고,
마음 너머에는 직관적인 지성이 있고,
직관적인 지성 너머에는 우주의식이 있다.
우주의식 너머에는 모든 것을 품고 있으나
아직 현실화되지 않은 잠재적인 가능성 차원이 있고,
잠재적인 가능성 너머에는 푸루샤가 있다.
푸루샤는 모든 곳에 충만하게 현존하고 있는
아무 성격도 가지고 있지 않은 브라만이다.
이러한 그를 깨닫는 사람은
불멸에 이른다."*

9. "그는 형태가 없다.
그러므로 눈으로는 볼 수 없다.

그는 밖으로 향하는 감각을 거두어들이고
명상을 통해 마음이 순수해진 사람의 가슴속에
스스로 모습을 드러낸다.
이러한 그를 깨닫는 사람은
불멸에 이른다."

10-11. "의식이 흔들리지 않으면
마음이 고요해지고,
마음이 고요해지면
감각기관의 활동도 멈춘다.
현자들은 이런 상태를
최상의 단계라고 부른다.
감각기관의 활동이 정지하고
생각의 흐름이 멎은*
이런 완벽한 정지와 합일상태를
'요가'라고 부른다.
흔들리지 않고 이 상태에 머물러야 한다.
그렇지 않으면 합일에 대한 느낌과
분별에 대한 느낌 사이를 오락가락하게 된다."

12. "완벽한 정지와 합일상태,
곧 자신의 참 자아에 머무는 것은
말이나 생각이나 눈으로 보는 것을 통해 도달할 수 있는 상태가 아니다.

스스로 이 상태에 머무는 사람이 아니고서는
이 상태가 어떤 상태인지 알 수 있는 사람이 없다."

13. "두 개의 자아가 있다.
하나는 '나'라는 에고 의식이며
다른 하나는 나눌 수 없는 참 자아이다.
'나'와 '나의 것'이라는 에고 의식을 넘어가는 사람은
참 자아가 진정한 자기라는 깨달음에 이른다.

14-15. "마음속에 있는 모든 욕망을 포기하면
죽을 존재가 불멸의 존재가 된다.
가슴을 얽어매고 있는 모든 매듭이 풀리면
죽을 존재가 불멸의 존재가 된다.
그는 이 세상에 살면서도 완전한 자유를 누린다.
이것이 《우파니샤드》 가르침의 결론*이다."

16. "심장에서 사방을 향해
백한 개의 에너지 통로*가 뻗어 있다.
그 가운데 하나가 정수리를 뚫고 위로 치솟는다.
그대는 이 길을 따라 불멸에 이를 수 있다.
다른 길을 따라가면
죽음의 손아귀에서 벗어나지 못한다.*"

17. "생명의 주 브라만은

엄지손가락만한 크기로

모든 존재의 심장 속에 깃들이어 있다.

그가 그대의 참 자아이다.

풀잎에서 줄기를 뽑아내듯이

그대의 육체에서 그를 끌어내야 한다.

진정한 그대는

순수하고 불멸하는 존재임을 알아야 한다."

18. 이야기하는 사람: "나치케타는 죽음의 신에게 배운 대로 열심히 수행하여 육체를 자기라고 생각하는 분별의식에서 벗어났다. 그는 죽음에서 벗어나 브라만 안에서 불멸의 존재가 되었다. 나치케타뿐만 아니라, 나치케타처럼 자신의 참 자아를 깨닫는 사람은 누구나 불멸에 이를 것이다."

옴! 샨티, 샨티, 샨티!

번역노트

제목: 이 《우파니샤드》의 저자라고 생각하는 현자 '카타(Katha)'의 이름이 그대로 제목이 되었다. 카타에 대해서는 브야사(Vyasa)의 제자 바이샴파야나(Vashampayana)의 제자라는 것밖에는 알려진 것이 없다.

제 1 부

1장

1-3. "경전의 가르침을 굳게 믿는": 글자대로의 뜻은 '경전에 대한 믿음이 그에게 들어갔다'이다. 이 수식어는 앞으로 보일 나치케타의 세 가지 중요한 영적인 자질을 암시하고 있다. 첫째, 나치케타는 제사를 진지하게 생각한다. 둘째, 아버지의 분노로 죽음의 신에게 제물로 바쳐질 것임에도 침착한 태도를 보인다. 셋째, 죽음의 신 야마의 가르침에 깊이 몰입할 정도로 영적인 수용력이 있다.

"나치케타": '나치케타(naciketa)'는 '나함 치케타(naham ciketa)' 곧 '자기에 대한 앎이 없으나 그러한 지혜를 추구하는 사람'이라는 뜻을 내포하고 있다.

5-8. "야마의 수행원 가운데 한 명": 야마의 수행원 가운데 한 명일 수도 있고 배우자인 '야미(Yami)'일 수도 있다.

"영적인 구도자": '바이슈바나라(vaishvanara)'의 번역이다. 바이슈바나라는 불의 신 아그니의 별명이다. 곧 '불의 신 아그니와 같은 손님이 오면'이라는 뜻이다. 여기서는 영적인 열정이 아그니의 불꽃같은 나치케타를 가리킨다.

9. "아무것도 먹지도 못하고": 죽음의 신 야마의 왕국에서 (죽음의 왕국의 열매를) 아무것도 먹지 않았다는 것은 상징적으로 죽음을 극복했다는 뜻을 지니고 있다.

12-13. "하늘나라": 나치케타가 알고 싶어 하는 것은 이 세상의 괴로움을 벗어난 차원에 이르는 길이다. 따라서 그가 말하는 '하늘나라(svarge loke)'는 공간적인 영역이 아니라 '해탈의 차원'을 가리킨다.

15. "생명의 근원인 불의 신": 글자대로의 뜻은 '세상의 시작인 아그니'이다.《리그 베다》에서는 아그니를 창조주 프라자파티(Prajapati)라고 부른다.

16-18. "'나치케타 아그니' 의식을 세 번 행하는 사람": '나치케다 아그니' 의식의 의미를 알고, 그 의미를 깊이 생각하고, 그것을 실천하는 사람이라는 뜻으로 볼 수도 있다.

23-25. "예쁜 여자": '이마 라마흐(ima ramah)'의 번역이다. 글자대로의 뜻은 '이 사랑스러운 것들'이다. 아래에 열거하는 감각의 즐거움을 총칭하는 말일 수도 있다. 야마의 말은 '이 세상을 다 줄 테니 죽음의 비밀에 대해서만은 묻지 말라'는 뜻이다.

26-27. "오직 죽음의 비밀만을 알고 싶습니다": 나치케타의 영적인 갈구가 한 점에 집중되어 있다. 라마크리슈나는 이렇게 말했다. "실이 한 가닥이라도 풀려 있으면 바늘귀를 통과하지 못한다." 옳은 것을 바라는 것도 쉽지 않지만, 바라는 것에 모든 의식과 에너지를 집중하는 것은 더 어렵다.

2장

1-2. "참 자아의 영속적인 기쁨", "일시적인 쾌락": '슈레야사(sreyasa)'와 '프레야사(preyasa)'의 번역이다. 슈레야사는 영속적인 기쁨이고, 프레야사는 일시적인 쾌락이다.

7-8. "자신이 참 자아와 하나 되지 못한 스승": 글자대로의 뜻은 '평범한 스승'이다. 머리로 이해하고 말로 설명할 수는 있으나 체험이 없는 스승을 가리킨다.

10. "이 세상 재물에 대한 모든 욕망을 포기했습니다": 글자대로의 뜻은 '나치케타 아그니를 행함으로써'이다. 불의 신 아그니에게 모든 것을 제물을 바치듯이 자신의 모든 것을 포기했다는 뜻이다.

12-13. "깊은 명상": '아디야트마 요가(adhyatma yoga)'의 번역이다. 글자대로의 뜻은 '내면의 자신과의 합일'이다. 내면의 자신은 참 자아 아트만이고, 아트만은 궁극적인 실재인 브라만이다. 궁극적인 실재 차원과 합일상태를 이루는 것이 요가의 목표이다. 파탄잘리는 이런 목적을 이루기 위해 여덟 가지 수행단계를 거쳐야 한다고 말한다. "요가는 다음과 같이 여덟 부문으로 이루어져 있다. 금지하는 계율인 금계(禁戒, Yama), 행해야 하는 계율인 권계(勸戒, niyama), 앉는 자세인 좌법(坐法, asana), 호흡을 통해 프라나를 조절하는 조식(調息, pranayama), 감각에 끌리는 마음을 제어하는 제감(制感, pratyahara), 마음을 집중하는 응념(凝念, dharana), 깊은 명상인 선정(禪定, dhyana), 아트만에 녹아드는 삼매(三昧, samadhi)."(《요가 수트라》 2장 29절)

"'나'는 영원한 신적인 참 자아라는 사실을 깨달은 사람": '신적인 존재 원리를 깨달은 사람' 또는 '참 자아의 정체를 안 사람'이라고 번역할 수도 있다.

"그곳으로 들어가는 문": 글자대로의 뜻은 '그 집으로 들어가는 문'이다. '영적인 가르침과 깨달음의 기쁨을 향해 들어가는 문' 또는 '브라만의 집으로 들어가는 문'이라고 볼 수 있다.

14. "옳고 그름을 넘어선 자리": 글자대로의 뜻은 '다르마와 다르고 다르마가 아닌 것과도 다른 것'이다. '다르마(dharma)'는 법, 진리, 의무 등 여러 가지 뜻으로 쓰이는 말이다. 여기서는 사람들이 진리라고 규정해 놓은 '~에 대한' 개념이라는 뜻으로 볼 수 있다. '이것도 아니고, 저것도 아닌 것(neti, neti)'이라고 번역할 수도 있다.

18-19. 이 부분은《바가바드 기타》에 나오는 크리슈나의 말과 아주 비슷하다. "자기가 죽이는 자라고 생각하는 사람이나 또는 죽임을 당하는 자라고 생각하는 사람은 둘 다 무지한 사람이다. 죽는 것도 없고 죽임을 당하는 것도 없기 때문이다. 그대는(영혼은) 태어난 적이 없으며, 죽지도 않는다. 그대는 결코 변하지 않는다. 태어나지도 않고 변하지도 않으며 태곳적부터 존재한 영원한 그대는 육체가 죽는다고 해도 죽지 않는다. 자기가 태어나지도 않고 변하지도 않으며 죽지도 않는 영원한 존재임을 깨달은 사람이 어떻게 다른 사람을 죽이거나 죽일 수 있다고 생각할 수 있겠는가?"(《바가바드 기타》 제2장 19-20절)

20. "에고의 욕망을 벗어던지고 꾸준히 수행의 길을 가는 사람": 글자대로의 뜻은 '행하지 않는 사람'이다. '집착이나 욕망에 따라 행위를 하지 않는 사람'이라는 뜻으로, 노자가 말하는 무위(無爲)의 길을 가는 사람을 가리킨다.

23. "참 자아는 참 자아를 찾고 구하는 자에게": '참 자아는 자기가 선택한 자에게'라고 번역할 수도 있다. 그러면 참 자아에 대한 깨달음이 인간의 노력에 의해서라기보다 참 자아 자체의 힘에 의해서 얻을 수 있는 것이라는 뜻이 된다.

24-25. "사제들이 드리는 제사와 위대한 전사의 권력도 빛을 잃는다": 글

자대로는 '브라만과 크샤트리야는 (참 자아가 매일 먹는) 카레라이스이다' 라는 뜻이다. '먹는 자가 음식보다 위대하다'(《아이타레야 아라냐카》 제3부 1장 4절)는 사상의 반영이다.

3장

1. "이 두 존재가 함께 머물고 있다": 글자대로의 뜻은 '둘이 리타(rita)를 마시고 있다'이다. '리타'는 선한 행위를 일컫는 '수크리타(sukrita)' 또는 선한 행위와 악한 행위 모두를 일컫는 '스와크리타(svakrita)'에서 온 말로써 행위의 열매를 뜻하는 말이다. 이 주제와 관련된 유명한 비유가《문다카 우파니샤드》와《슈베타슈바타라 우파니샤드》에 나온다. "서로 떨어질 수 없는 절친한 친구인 새 두 마리가 같은 나뭇가지에 함께 앉아 있다. 그 가운데 한 마리는 달콤하기도 하고 씁쓸하기도 한 열매를 쪼아 먹고 있으며 다른 한 마리는 친구 새가 하는 행위를 묵묵히 지켜보고만 있다. 열매를 탐닉하는 새와 마찬가지로 우리는 우리의 신적인 본성을 잊어버리고 쉬지 않고 변화하는 환영의 덫에 걸려 신음하고 탄식한다. 그러나 영광스러운 신적인 자아를 보게 되면 슬픔에서 벗어난다."(《슈베타슈바타라 우파니샤드》 4장 6-7절) "늘 함께 다니는 정다운 새 두 마리가 같은 나뭇가지에 앉아 있다. 그 가운데 한 마리는 열매를 따먹느라고 정신이 없다. 하지만 다른 한 마리는 아무 집착이 없이 열매를 탐닉하고 있는 친구를 초연하게 바라보고만 있다. 열매를 탐닉하고 있는 새는 에고이고, 그것을 초연하게 바라보고 있는 새는 참 자아이다. 그 둘이 함께 앉아 있는 나무는 육체이고 열매를 탐닉하는 새가 따먹고 있는 열매는 행위이다. 에고를 자기라고 생각하는 동안엔 열매를 탐닉하고 있는 새처럼 집착과 슬픔에서 벗어나지 못한다. 그러나 자신의 참 자아 브라만을 깨달으면 열매를 따먹는 새를 초연하게 바

라보는 새처럼 슬픔에 젖지 않는다. 지고한 빛과 사랑의 근원인 자신의 참 자아를 깨달으면 선과 악의 이원성(二元性)을 초월하여 모든 것이 하나로 통합되는 우주적인 합일 차원으로 들어간다."(《문다카 우파니샤드》 제3부 1장 1-3절)

"성스러운 생명의 불의 신께 제사를 드리는 사람": 글자대로는 '나치케타 아그니를 세 번 행한 사람'이다. "'나치케타 아그니' 의식을 세 번 행하는 사람은 태어남과 죽음의 강을 건널 수 있을 것"(제1부 1장 17절)이라는 말과 비교해 보면 자신의 모든 것을 제물로 바친 사람을 가리킨다는 것을 알 수 있다.

2. "그 불이 가슴속에서 활활 타오르게 하소서": 글자대로의 뜻은 '나치케타 아그니를 온전히 실행할 수 있게 하소서'이다.

9. "영원한 신성": '비슈누(Vishnu)'의 번역이다. 힌두교에서는 이 세상의 주재자를 이슈바라(Ishvara)라고 한다. 그리고 창조하고 유지하고 해체하는 이슈바라의 세 기능을 다시 인격화하여 브라마(Brahma), 비슈누(Vishnu), 시바(Shiva)라고 부른다. 브라마는 창조의 능력이 인격화된 신이고, 비슈누는 유지하고 지탱하는 능력이 인격화된 신이며, 시바는 파괴하는 힘이 인격화된 신이다. 비슈누는 말하자면 현재 이 세상의 주(主)이며, '편재하는 신' 또는 '최고의 신'이라는 뜻이 있다. 《바가바드 기타》에서 영적인 스승으로 나오는 크리슈나는 비슈누의 화신(化身)으로 알려져 있다.

10-13. "감각", "감각의 대상", "마음", "직관적인 지성", "우주의식", "잠재적인 가능성": 인드리야스(indriyas), 부타(bhuta), 마나스(manas), 마하트(mahat), 아트만(atman), 아브야크타(avyakta)의 번역이다. 이 구절은 베단타 철학이 말하는 우주의 기본 구조를 반영하고 있다.

"푸루샤": 《리그 베다》에 나오는 설명에 따르면, 푸루샤는 몸의 1/4은

이 땅에, 3/4은 하늘에 있는 '우주적인 사람'이다. 히브리 신비주의 전통에서 말하는 아담 카드몬과 비슷한 인간의 원형(原形)을 일컫는다.
"감각의 대상은 마음이 있음으로써 인식되며": '일체유심조(一切唯心造)' 곧 현상세계는 모두 마음이 만들어 낸 것이라는 불교의 가르침과 비교할 수 있다. 이 말의 핵심은 현상세계를 부정하는 데 있다기보다는 그 근원이 마음에 있다는 것을 강조하는 데 있다. 라마나 마하리쉬는 모든 현상의 근원이 되는 참 자아를 스크린에 비유한다. "질문: 이론적으로는 이해가 됩니다. 그럼에도 불구하고 식물 같은 것은 나와는 상관없이 그 자체로 존재하는 것이 아닙니까? 대답: 그렇다. 하지만 그것은 영화와 같다. 스크린 위에 빛과 그림자로 이루어진 영상들이 지나갈 때마다, 관객들은 마치 자기가 그 영화의 주인공이라도 된 양 흥분하기도 하고 가슴을 졸이기도 한다. 그런데 만약 관객을 스크린 위에 나타나도록 장치해 놓는다면, 보는 자와 보이는 대상이 같은 스크린 위에 나타날 것이다. 이 원리를 그대 자신에게 적용해 보라. 참 자아가 스크린이며, 스크린인 참 자아 위에 에고가 나타난다. 현상계의 사물은 에고가 생각하고 바라보는 대상이다. 따라서 에고가 나타남으로 인해 지금 그대가 묻고 있는 나무니 식물이니 하는 것들이 나타나는 것이다. 그러므로 실제로는 이 모든 것들이 참 자아와 하나이다. 그대가 만약 참 자아를 깨달으면, 현상계의 다양한 사물들이 언제 어디서나 참 자아로 보일 것이다. 오직 참 자아만이 존재한다."(《있는 그대로》, 한문화, p.47-48)
"초감각적인 지혜를 얻은 사람": 글자대로의 뜻은 '눈에 보이지 않는 현묘(玄妙)한 것을 보는 사람'이다. 노자는 도(道)의 세계를 "아득하고 신비롭다(玄之又玄)"(《도덕경》 제1장)고 말한다. 도와 하나 된 사람은 눈으로 볼 수 없는 아득하고 신비로운 것을 본다.

14. "일어나라!": 글자대로는 '너희들은 일어나라!'이다. 이어지는 모든 명령문이 복수형으로 되어 있다. 즉 나치케타가 받은 가르침은 나치케타 개인이 아니라 우리 모두에게 주어진 것이라는 뜻이다.

제 2 부

1장

3-5. "그대가 알고 싶어 하는 것이 바로 이 참 자아 주인공이다": 글자대로는 '이것이 그것(This is that)'이다. '이것이 그것이다'라는 구문(句文)은《우파니샤드》에서 지고한 브라만을 일컫는 말로 자주 등장한다. 여기서는 '이것이 그대가 찾고 있는 바로 그것이다'라는 뜻으로 보았다.

6. "창조의 신 브라마는 참 자아 자신의 깊은 명상 속에서 생명의 물보다 먼저 태어났다": 산스크리트어 원문이 파손되어 뜻이 명확하지 않은 부분이다. '브라만의 타파스(tapas, 집중명상 또는 고행)를 통해 히란야가르바(Hiranyagarbha)가 나타났다'고 번역하는 사람도 있다. '히란야가르바'는 '황금알(金卵)'이라는 뜻인데, 브라만이 형상으로 나타난 첫 모습이라고 한다. 다른 전승에 따르면 브라만에서 처음 나온 존재는 창조의 신 브라마이다. 따라서 '히란야가르바'는 창조의 신 '브라마'의 별칭으로 볼 수 있다.

12. "엄지손가락만한 크기": 실제로 크기가 엄지손가락만하다는 뜻이라기보다는, 심장 또는 가슴으로 표현되는 내면의 중심을 향해 의식을 집중하도록 유도하기 위한 표현으로 보아야 한다.

13. "연기 없는 불꽃": 우리가 경험하는 시간 속에 존재하는 불은 연기가 있다. 그러나 참 자아는 시간을 초월해 있는 불 그 자체이다. 연기가 없다는 것을 무지와 오류가 전혀 없는 순수함의 표현으로 볼 수도 있다.

2장

1. "문이 열한 개인 도시": 인간의 육체를 가리킨다. 눈 둘, 귀 둘, 콧구멍 둘, 입 하나, 항문 하나, 생식기 하나에 배꼽과 정수리 숨구멍을 합쳐 11개의 문이라고 한 것이다.
   "마음이 머물러 있는": '아누쉬타야(anushtaya)'의 번역이다. '마음을 다스리는'이라고 옮길 수도 있다. 그러면 참 자아가 육체를 다스리는 내면의 통치자라는 이미지가 부각된다.
2. "태양": 글자대로는 '백조'이다. 백조를 가리키는 '함사(hamsa)'와 '내가 그이다(I am He)'라는 뜻의 '소함(so'ham)'은 앞뒤 문자의 순서를 바꾼 말놀이[語戲]이다. 백조는 브라만과 아트만의 상징이기도 하고 태양의 상징으로 쓰이기도 한다.
5. "생명의 근원은 숨이 아니라, 숨을 쉬도록 만드는 그이다": 에너지, 기(氣), 또는 프라나를 전부로 보고 수련을 하는 사람들이 주목해야 할 구절이다.
7. "영적인 각성 수준에 따라": '야트하 카르마, 야트하 슈루탐(yatha karma, yatha shrutam)'의 번역이다. 글자대로의 뜻은 '행위와 앎(또는 배움)에 따라'이다.
11. "물들지 않는다": 집착이나 욕망에서 비롯되는 행위는 행위의 여파를 남긴다. 그것이 카르마이다. 그러나 집착이나 욕망이 없이 그저 행위가 일어나도록 하는 사람의 행위는 행위자에게 아무런 영향도 미치지 않는다. 노자는 이런 행위를 '무위(無爲)'라고 한다.
15. 《문다카 우파니샤드》에도 같은 내용이 나온다. "이 세상의 모든 빛은 모두 그의 빛을 반사하는 빛일 뿐이다."(제2부 2장 10절) 크리슈나도 《바가바드 기타》에서 같은 말을 한다. "이 세상을 밝게 비추는 해와 달과 모든 불빛은 나에게서 비롯된 것이다. 나의 에너지가 대지로 스며들어

가 만물을 나고 자라게 한다. 나는 생명의 물을 내려주는 달의 신이 되어 모든 식물에게 활기를 불어 넣는다. 나는 모든 존재의 호흡 속에 들어가 생명을 주는 숨이 된다."(제15장 12-14절)

3 장

2. "브라만 안에서 움직인다": 글자대로는 '그의 프라나[숨] 안에서 진동한다'이다.

5. "신적인 존재들의 세계": 글자대로는 '간다르바(Gandharvas)의 세상'이다. 간다르바는 천상에 사는 신적인 존재이며, 음악과 향연을 즐긴다고 한다. 그는 술과 고기를 먹지 않고 향기만 마신다고 한다. 우리말에서 할 일 없이 빈둥거리는 사람을 '건달'이라고 하는데, 이 말은 간다르바의 한역(漢譯)인 '건달바(乾闥婆)'가 와전된 것이다.

7-8. 이 부분은 글자대로 옮기면 다음과 같다. '감각 너머에 마음이 있다. 마음 너머에 지성이 있다. 지성 너머에 위대한 드러나지 않음이 있다. 위대한 드러나지 않음 너머에 모든 곳에 두루 존재하고 있는 인식할 수 없는 푸루샤[우주적인 사람]가 있다. 그를 아는 사람은 해탈하여 불멸을 얻는다.' 푸루샤에 대해서는 제1부 3장 10-13절 노트를 참고.

10-11. "생각의 흐름이 멎은": 파탄잘리는 요가를 "마음속에서 일어나는 생각의 흐름을 통제하는[완전히 없애는] 것"(《요가 수트라》 제1장 2절)이라고 정의한다. 크리슈나는 "요가란 고통과의 접촉점을 부수는 것"(《바가바드 기타》 제6장 23절)이라고 말한다. 그리고 "요가로 마음을 제어한 사람은 행위의 결과에 대한 집착을 포기하고 궁극의 평화를 얻는다"(제5장 12절)고 말한다. 크리슈나가 말하는 '고통과의 접촉점'은 생각이다. 어떤 경우든지 생각과 판단 때문에 고통이 생기기 때문이다.

15. "이것이 《우파니샤드》 가르침의 결론": 글자대로의 뜻은 '이것이 가

르침의 끝'이다. 많은 가르침이 있지만 이보다 더 깊은 가르침은 없다는 뜻이다.

16. "에너지 통로": '나디(nadis)'의 번역이다. 생명의 기운이 흐르는 눈에 보이지 않는 통로를 가리킨다. 한의학에서 말하는 경락(經絡)과 비슷한 개념이다.

"죽음의 손아귀에서 벗어나지 못한다": 글자대로는 '여러 방향으로 떠난다'이다. 불멸에 이르는 길이 아닌, '여러 방향'으로 향하는 다른 모든 길은 죽음을 벗어나지 못한다.

문다카 우파니샤드

두 종류의 앎

깨달음을 얻은 현자들은 세상에 두 종류의 앎이 있다고 말한다. 하나는 현상에 대한 앎인데, 이는 낮은 차원의 앎이다. 다른 하나는 눈에 보이지 않는 근원에 대한 앎인데, 이는 높은 차원의 앎이다. 성스러운 경전을 학문적으로 아는 것, 시를 어떤 운율로 읽어야 하는지를 아는 것, 제사 드리는 순서와 방법을 아는 것, 별들이 운행하는 법칙을 아는 것, 그리고 온갖 예술에 대한 이해 같은 것은 모두 낮은 차원의 앎이다. 반면에 불멸의 브라만에 대한 깨달음으로 인도하는 앎은 높은 차원의 앎이다.

제 1 부

1 장

1-2. 세상의 창조자이자 보호자인 브라마*는
신들 가운데서 제일 먼저 나타났다.
그는 모든 지혜의 토대인 브라만에 대한 앎을
맏아들 아타르바에게 전해 주었다.
아타르바는 아그니에게 전해 주었고,
아그니는 사트야바하에게 전했다.
그리고 사트야바하는 그 가르침을 앙기라스에게 전했다.

3-5. 샤우나카는 대가족의 가장이었다.
어느 날 그가 앙기라스를 찾아와
예의를 갖추어 인사를 하며 이렇게 물었다.
"스승이시여,
무엇을 알아야 모든 것을 알 수 있습니까?*"
스승 앙기라스가 대답했다.
"깨달음을 얻은 현자들은
세상에 두 종류의 앎이 있다고 말한다.
하나는 현상에 대한 앎인데,
이는 낮은 차원의 앎*이다.
다른 하나는 눈에 보이지 않는 근원에 대한 앎인데,

이는 높은 차원의 앎*이다.
성스러운 경전을 학문적으로 아는 것,
시를 어떤 운율로 읽어야 하는지를 아는 것,
제사 드리는 순서와 방법을 아는 것,
별들이 운행하는 법칙을 아는 것,
그리고 온갖 예술에 대한 이해 같은 것은
모두 낮은 차원의 앎이다.
반면에 불멸의 브라만에 대한 깨달음으로 인도하는 앎은
높은 차원의 앎이다."

6. "그는 모든 생각을 넘어서 있다.
그는 눈으로 볼 수도 없다.
그는 태어난 가문도 없고 계급도 없다.
귀도, 눈도, 손도, 발도 없다.
그는 영원하며 없는 곳이 없다.
현자*들은 말한다.
그는 가장 큰 것보다도 크고
가장 작은 것보다도 작다고.
영원불변하는 그가 생명의 근원*이라고."

7. "현자들은 말한다.
거미가 자기 몸에서 실을 뽑아냈다가
다시 거두어들이듯이,

식물이 땅에서 솟아나오듯이,
머리에서 머리칼이 자라나오듯이,
이 우주는 그 불멸의 존재로부터 태어난다고."

8. "불멸의 브라만이 자기 자신에게 의식을 집중했다.*
그러자 진화의 바람을 일으키는 에너지*가 탄생했다.
진화의 에너지에서 생명*이 탄생하고,
생명에서 마음이,
마음에서 물질의 원소(元素)가,
물질의 원소에서
원인과 결과의 법칙이 지배하는 이 세계가 태어났다."

9. "불멸의 참 자아 브라만은
모든 것을 주시하고 있는 자이며
모든 것을 아는 자이다.
그로부터 형태와 이름이 있는
현상계로 진화하는 과정을 이끄는
창조자 브라마가 나온다.
그리고 창조자 브라마에 의해
다양한 것들로 이루어진 우주가 태어난다."

2장

1. "그대는 이미
세 가지 《베다》가 가르치고 있는
여러 가지 성스러운 의무에 대해 들었다.
오 진리를 사랑하는 사람이여,
그 의무를 열심히 실천하라.
이것이 그대가
이 세상에서 가야 할 선한 길이다."

2-6. "불의 신 아그니의 성스러운 불꽃이
장작 가운데서 활활 타오르면
경건한 마음으로
그 불속에 공물을 바쳐라.
매달 초승달이 뜰 때와 보름달이 뜰 때와
네 달에 한 번씩 정해진 날에,
그리고 가을과 봄 추수 때
손님을 초청하여 대접하며
불의 신 아그니에게 제사를 드려라.
이 의무를 성실히 수행하는 사람은
태양의 빛줄기를 타고
창조자 브라마*의 세계에 도달하여
더없는 기쁨을 누리게 될 것이다."*

7-8. "하지만 이런 종교적인 의식*만으로는
태어남과 죽음이 반복되는 윤회의 바다를
완전히 건너가지 못한다.
이 배에 의지하여 윤회의 바다를 건너려는 사람은
언젠가는 배가 부서지고 다시 바다에 빠진다.
근원을 알지 못하는 어리석은 이들은
어둠 속에서 방황하고 있다.
스스로 지혜롭다고 자부하는 사람들도
현상계에 대한 헛된 지식만을 추구하며
마치 장님이 장님을 인도하듯
정처 없이 떠돌고 있다."*

9-10. "다양한 형태의 무지 속에서
형식적인 종교의식만 되풀이하는 사람,
더 높은 목표를 향해 전진하지 못하고
'이만하면 행복하다',
'할 만큼 충분히 했다'고 스스로 위안하는 어리석은 사람들,
그들은 쌓은 공덕의 보상을 다 받은 다음에는
죽고 다시 태어나는
윤회의 바다에 다시 떨어진다."

11. "그러나 숲 속에서 고요히 머물면서
부단한 명상을 통해

감각과 물질에 대한 욕망을 정복하는 사람은
모든 지혜와 생명의 근원인*
불멸의 참 자아에 이를 것이다."

12-13. "기쁨이나 이익을 기대하고 행하는 행위로는
윤회의 바다를 건너지 못한다.
불멸의 브라만을 알고자 한다면
참 자아를 깨달은 스승을 찾아 그의 제자가 되라.
그 감각과 욕망을 정복한 스승이
불멸의 존재 브라만에 대해
모든 것을 말해 줄 것이다."

제 2 부

1 장

1. "활활 타오르고 있는 불에서
수많은 불꽃이 나타났다 사라지듯이,
불멸의 브라만에서
뭇 존재들이 나왔다가
다시 그에게로 돌아간다."

2-3. "불멸의 브라만은 형태도 없고 이름도 없다.
그는 만물 안에 현존하고 있으며
동시에 만물을 초월하여 있다.
태어나지도 않고,
몸도 없고,
마음도 없는 그에게서
모든 육체와 마음이 태어난다.
생명의 기운과 마음과 감각기관이 그에게서 나왔다.
또한 하늘과 공기와 물과 불이,
그리고 세상을 지탱하고 있는 땅이
모두 그에게서 나왔다."

4. "불은 그의 머리이며,
해와 달은 그의 눈이다.
하늘은 그의 귀이며,
경전들은 그의 목소리이다.
공기는 그의 숨이며,
우주는 그의 가슴이다.
그리고 땅은 그의 발판이다.
이 불멸의 존재가
뭇 존재의 심장에 깃들이어 있는 참 자아이다."

5. "태양 속에서 이글거리며 타오르고 있는 불이,

그 불의 신 아그니가 그에게서 나왔다.
그가 달에서 구름을 만들고
비로 곡식을 자라게 하며,
곡식을 다시 씨가 되도록 한다.
모든 존재는 이렇게
불멸의 브라만에서 나온다."

6. "모든 경전과 찬송과 기도가
그에게서 나왔다.
종교의식과 제사 드리는 사람에게 내리는 은총이
그에게서 나왔다.
제사에 필요한 공물과 절기(節氣)와 장소가
그에게서 나왔다.
그리고 해와 달 아래 있는 모든 것들이
그에게서 나왔다."

7. "자연을 다스리는 힘들*이
그에게서 나왔다.
사람과 동물과 새와 그들이 먹고 사는 음식이
그에게서 나왔다.
영적인 훈련과 명상과 믿음과 금욕과 규칙이
그에게서 나왔다."

8. "일곱 개의 감각기관*과
그 감각기관의 일곱 가지 활동*과
일곱 가지 활동의 대상이
그에게서 비롯되었다.
심장의 비밀스러운 동굴 속에 깃들이어 있는
의식의 일곱 차원도
그에게서 비롯되었다."

9. "모든 산과 바다가
그에게서 비롯되었다.
모든 식물과 그들의 생명을 유지시키는 강물이
그에게서 비롯되었다.
그는 모든 존재의 참 자아로서
만물의 가장 깊은 곳,
심장의 동굴에 은밀히 깃들이어 있다.

10. "온 우주가 브라만으로 충만하다.
모든 행위가 브라만의 행위이며
모든 수행이 브라만의 수행이다.
심장의 동굴 속에 숨어 있는 그를 깨달아라.
그러면 '지금-여기'에서
무지의 속박에서 벗어나리라."

2 장

1. "밝게 빛나는 브라만은
아주 가까이,
그대의 심장의 동굴 속에 숨어 있다.
모든 존재가 브라만 안에서
숨 쉬며 움직이고 있으며,
모든 존재가 브라만 안에서
나고 죽는다.
그는 존재이면서 비존재이다.
생각으로는 그를 알 수 없다.
그는 오직 가슴을 통해서만 알려진다.
벗이여,
그를 찾는 것을 삶의 목표로 삼도록 하라."

2. "빛나는 참 자아가 심장 속에 머물고 있다.
세상에 존재하는 크고 작은 모든 것들이
그 안에서 살고 있다.
그 불멸의 브라만이 생명의 근원이다.
그는 이 세상의 덧없음을 초월해 있는
영원한 진리이다.
벗이여,
그를 깨닫는 것을 삶의 목표로 삼도록 하라.*"

3-4. "벗이여,
성스러운 경전*이라는 활에
헌신의 화살을 매겨라.
그리고 과녁인 브라만에 마음을 집중하고
힘껏 활시위를 당겨라.
벗이여,
성스러운 음절 '옴'이라는 활에
그대의 영혼*을 화살로 매겨라.
그리고 과녁인 브라만에 마음을 집중하고
힘껏 활시위를 당겨라.
그러면 화살과 과녁이 하나가 되듯
그대는 브라만과 하나가 될 것이다."

5. "브라만 안에서 하늘과 땅이
옷감 짜듯이 짜지고 있다.
브라만 안에서 마음과 육체가
옷감 짜듯이 짜지고 있다.
그가 다양한 만물의 공통의 토대이며,
그대의 참 자아임을 깨달아라.
공허한 이론은 다 집어치워라.
그만이 불멸에 이르는 다리이기 때문이다."

6. "모든 바퀴살이 중심축에 연결되어 있듯이

생명의 기운이 흐르는 모든 길*이 브라만에 연결되어 있다.
성스러운 음절 '옴'을 암송하면서
생명의 출발점인 그에게 마음을 모아라.
그러면 그대는 무지의 바다를 건너
불멸의 땅에 이르리라."

7. "모든 것을 알고 있는 자,
모든 것을 지켜보고 있는 자,
그의 영광이 온 우주를 가득 채우고 있다.
그는 그대의 중심,
심장의 동굴*에 살고 있다.
육체와 마음이 그의 힘으로 움직이며,
숨을 쉬게 하는 것도 그이다.
그를 깨달은 지혜로운 사람은
불멸하는 환희의 빛을 본다."

8. "만물 안에 있으면서 동시에 만물을 초월해 있는
그를 깨닫는 순간,
마음을 얽어매고 있던 매듭이 풀리고
모든 의심이 사라지리라.
의무와 행위의 속박에서도 벗어나리라.*"

9-10. "심장의 황금 칼집,

곧 순수한 의식 안에
더럽혀지지도 않고 나누어지지도 않는
브라만이 빛나고 있다.
모든 앎의 원천인 그 순수한 빛을 깨달아라.
그 빛 속에서는 태양도 빛을 발하지 못하고
달도 별도 빛을 내지 못한다.
번개조차 번쩍이지 못하며
불길조차 더 이상 빛을 내지 못한다.
이 세상의 모든 빛은
모두 그의 빛을 반사하는 빛일 뿐이다."*

11. "오직 이 불멸의 브라만이
홀로 현존하고 있다.
앞에도 뒤에도,
왼쪽에도 오른쪽에도,
위에도 아래에도,
오직 그가 전체로서 홀로 존재한다."

제 3 부

1장

1. "늘 함께 다니는 정다운 새 두 마리*가
같은 나뭇가지에 앉아 있다.
그 가운데 한 마리는
열매를 따먹느라고 정신이 없다.
하지만 다른 한 마리는 아무 집착이 없이
열매를 탐닉하고 있는 친구를
초연하게 바라보고만 있다.
열매를 탐닉하고 있는 새는 에고이고,
그것을 초연하게 바라보고 있는 새는 참 자아이다.
그 둘이 함께 앉아 있는 나무는 육체이고
열매를 탐닉하는 새가 따먹고 있는 열매는 행위이다."

2-3. "에고를 자기라고 생각하는 동안엔
열매를 탐닉하고 있는 새처럼
집착과 슬픔에서 벗어나지 못한다.
그러나 자신의 참 자아 브라만을 깨달으면
열매를 따먹는 새를 초연하게 바라보는 새처럼
슬픔에 젖지 않는다.
지고한 빛과 사랑의 근원인 자신의 참 자아를 깨달으면

선과 악의 이원성(二元性)을 초월하여
모든 것이 하나로 통합되는
우주적인 합일 차원으로 들어간다."

4. "브라만은 생명의 숨이다.*
그는 모든 존재의 심장 속에서 빛나고 있다.
모든 존재 속에서 그를 보는 현자는
'나'와 '나의 것'이라는 생각이 없이
무위(無爲)의 길을 간다.*
그들은 오직 브라만 안에 머무는 것을
기쁨과 안식으로 여긴다.
이런 사람이 브라만을 깨달은 사람이다."

5. "진리에 대한 열망과 부단한 지혜의 연마,
그리고 명상과 감각을 제어하는 훈련을 통해서
기쁨으로 충만한 참 자아에 이를 수 있으며,
순수한 가슴에서 빛나는 참 자아를 볼 수 있다."

6. "진실이 승리할 것이다.
진실이 아닌 것*은 사라질 것이다.
진실은 삶의 길이자 목표이다.
현자들은 이 길을 통해 에고의 굴레를 벗어던지고
불멸의 경지에 도달했다."

7. "빛나는 참 자아 브라만은
모든 생각 너머에 있다.
그의 모습은 상상할 수조차 없다.
그는 가장 큰 것보다 더 크며
가장 작은 것보다 더 작고,
가장 멀리 있는 것보다 더 멀리 있고
가장 가까이 있는 것보다 더 가까이 있다.
이런 그가
심장의 깊은 동굴 속에서
빛을 발하고 있다."

8-9. "그는 감각이 닿지 않는 곳에 있다.
그는 오직
깊은 명상으로 고요해진 마음으로만 볼 수 있다.
그는 모든 말과 행위 너머에 있다.
그러므로 고행이나 제사로는 그를 알 수 없다.
그는 오직
감각의 바람이 가라앉은 순수한 가슴으로만 볼 수 있다."

10. "브라만을 깨달은 사람은
모든 일을 브라만의 일로 알고 한다.
그는 먹고 사는 문제로 걱정하지 않지만
필요한 대로 얻는다.

그러므로 행복하기를 바라는 사람이라면
마땅히 참 자아에 대한 깨달음을 구해야 하리라."

2 장

1. "참 자아를 깨닫고 합일상태에 도달한 사람은
순수한 빛을 발하고 있는 브라만만을 본다.
그는 육체에 관련된 모든 욕망을 버리고
불멸의 브라만과 하나 됨으로써
태어남과 죽음이 반복되는
윤회의 바다를 영원히 건너간다.*"

2. "감각의 즐거움을 갈망하는 사람은
그 갈망의 힘에 이끌려
이원성으로 고통 받는 세계에 반복해서 태어난다.
그러나 참 자아를 깨달음으로써
감각의 즐거움에 대한 갈망을 넘어선 사람은
아무것에도 걸림이 없는 자유의 경지에 이른다."

3. "참 자아는 경전 연구로 깨달을 수 없다.
토론을 통해서도 깨달을 수 없고,
지적인 탐구를 통해서도 깨달을 수 없다.

참 자아는 오직 참 자아를 동경하며
마음을 다해 참 자아를 찾는 사람에게
스스로 그 모습을 드러낸다."

4. "적당히 찾아서는 참 자아를 찾지 못한다.
굳은 의지와 간절한 기도가 없이는 참 자아를 깨닫지 못한다.
욕망에 이끌려 행하는 수행이나 고행은
아무리 열심히 해도 참 자아를 깨닫지 못한다.
자만심과 애착을 포기하고,
올바른 방법*으로 수행에 정진하면
참 자아가 스스로 그 모습을 드러낼 것이다."

5. "참 자아를 완전히 깨달은 사람은
삶에 의문이 생기지 않는다.
그들은 에고의 의지를 내버림으로써
완전한 평화의 상태에 머문다.
그들은 모든 것 속에서 브라만을 보며
무슨 일을 하든지 브라만을 위해서 한다.
그들은 브라만 속으로 들어가
영원히 그와 하나가 된다."

6-7. "포기를 통해 참 자아를 추구하는 사람은
깨달음의 정점에 도달할 것이다.

그들은 브라만과 하나 됨으로써
불멸의 세계에 이를 것이다.
그들이 육체를 떠날 때,
육체를 구성하고 있던 요소들과 생명력은
그것들의 근원인 우주의 자궁으로 돌아간다.
그러나 그의 행위와
지각(知覺) 속에서 빛나고 있던 참 자아는
브라만 속으로 흡수되어 브라만과 하나가 된다."

8. "바다로 흘러들어 간 강물이
그 이름과 형태를 잃어버리듯이,
참 자아를 깨달은 사람은
모든 이름과 형태에서 벗어나
순수의식인 브라만에 잠긴다."

9. "브라만을 깨닫는 사람은 브라만이 된다.
이런 현자의 가문에는
브라만을 모르는 어리석은 사람이 태어나지 않는다.
브라만을 깨달은 현자는
가슴을 조이던 고통과 슬픔의 사슬을 풀고
선악의 이원성의 바다를 건너
불멸의 존재가 된다."

10. "경전*은 이렇게 말한다.

'《베다》가 명하는 것을 그대로 지키는 사람에게만
브라만의 진리를 가르쳐라.
흔들리지 않는 믿음을 가지고
브라만에 삶을 바치는* 헌신하는 사람에게만
브라만의 진리를 가르쳐라.'"

11. 이 위대한 가르침은 오랜 옛날 현자 앙기라스를 통해 샤우나카에게 전해진 것이다.

지극한 깨달음에 이른 현자들에게 머리를 숙이노라!
지극한 깨달음에 이른 현자들에게 머리를 숙이노라!

옴! 샨티, 샨티, 샨티!

번역노트

제목: '문다(Munda)'는 '잘라 버린' 또는 '베어 버린'이라는 뜻이다. 이 말이 마지막 부분(제3부 2장 10절)에 "브라만에 삶을 바치는 헌신하는 사람"으로 표현된, 속세와의 인연을 완전히 자른 금욕주의 일파(一派)를 가리킨다고 보는 사람도 있다. 잘 알려지지 않은 《우파니샤드》 가운데 《크슈리카 우파니샤드》가 있는데, '크슈리카(Kshurika)'는 '면도칼'이라는 뜻이다. 그 본문에서 '면도칼'은 망상을 잘라내는 도구로 언급되고 있다.

제 1 부

1장

1. "브라마": 힌두교에서는 이 세상의 주재자를 이슈바라(Ishvara)라고 한다. 그리고 창조하고 유지하고 해체하는 이슈바라의 세 기능을 다시 인격화하여 브라마(Brahma), 비슈누(Vishnu), 시바(Shiva)라고 부른다. 브라마는 창조의 능력이 인격화된 신이고, 비슈누는 유지하고 지탱하는 능력이 인격화된 신이며, 시바는 파괴하는 힘이 인격화된 신이다.

3-5. "무엇을 알아야 모든 것을 알 수 있습니까?": 비슷한 질문이 《찬도기야 우파니샤드》에도 나온다. 우달라카는 공부를 하고 돌아온 아들 슈베타케투에게 묻는다. "아버지 우달라카가 말했다. '진흙이 무엇인지를 알면 진흙으로 만든 모든 것을 알게 되지. 진흙으로 여러 가지 물건을 만들 수 있지만, 이름만 다를 뿐 본질은 다 같은 진흙이기 때문이지. 금(金)이 무엇인지를 알면 금으로 만든 모든 것을 알게 되지. 금으로 여

러 가지 장신구를 만들 수 있지만, 이름만 다를 뿐 본질은 다 같은 금이기 때문이지. 쇠가 무엇인지를 알면 쇠로 만든 모든 것을 알게 되지. 쇠로 여러 가지 도구를 만들 수 있지만, 이름만 다를 뿐 본질은 다 같은 쇠이기 때문이지. 마찬가지로 하나를 알면 모든 것을 알게 되는 그 하나를 알았느냐고 묻는 것이다.'"(제6부 1장 4-6절)

"낮은 차원의 앎", "높은 차원의 앎": '낮은 차원'과 '높은 차원'은 각각 '아파라(apara)'와 '파라(para)'의 번역이다. '파라'는 '초월적인'이라는 뜻이고 '아파라'는 '초월적이지 않은'이라는 뜻이다.

6. "현자": '드히라스(dhiras)'의 번역이다. '드히라스'의 글자대로의 뜻은 '물러서지 않는 용감한 사람'인데 '명상 상태가 흔들리지 않는 사람'을 가리킨다. 일반적으로 전통적인 권위를 대표하는 현자를 가리키는 말로 쓰인다.

"근원": 자궁 또는 여자의 성기를 일컫는 '요니(yoni)'의 번역이다.

8. "의식을 집중했다": '타파스(tapas)'의 번역이다. '타파스'의 글자대로의 뜻은 '열(熱)을 내는 것'이다. 감각과 마음을 통제하고, 집중하여 명상하는 수행을 하면 몸에 열기가 돌기 때문에 '고행' 또는 '집중명상'을 가리키는 말로 쓰인다.

"진화의 바람을 일으키는 에너지": 글자대로는 '음식'인데, 형상화되지 않는 사물의 원형(原形) 에너지라고 할 수 있다.

"생명": '황금알(金卵)'이라는 뜻의 '히란야가르바(hiranyagarbha)'의 번역이다. '히란야가르바'는 브라만이 형상으로 나타난 첫 모습이라고 한다. 다른 전승에 따르면 브라만에서 처음 나온 존재는 창조의 신 브라마이다. 따라서 '히란야가르바'는 창조의 신 '브라마'의 별칭으로 볼 수 있다. 여기서는 아직 마음이 형성되지 않은 처음으로 창조된 생명을 가리킨다.

2장

2-6. 본문에는 아그니의 여러 별칭과 제사 드리는 규례에 대한 자세한 언급이 나오는데, 여기서는 축약해서 번역했다.
"창조자 브라마": 글자대로는 '신들의 왕'이다. 샹카라는 '인드라' 신을 가리킨다고 하는데, 여기서는 '최초의 신'이라는 뜻으로 보고 '창조자 브라마'라고 했다.

7. "이런 종교적인 의식": 글자대로는 '열여덟 제례'인데 그 뜻이 분명하지 않다. 열여섯 명의 사제와 제사 드리는 본인과 그의 부인, 이렇게 열여덟 명이 드리는 제사라고 해석하는 사람도 있다.

8. 《카타 우파니샤드》에도 같은 구절이 있다. "자기가 무지하다는 것을 알지 못하고 스스로 지혜롭다고 착각하는 사람이 있다. 그들이 알고 있는 것은 모두 공허한 지식이다. 그들의 가르침을 따라가는 동안에는 다람쥐 쳇바퀴 돌듯 괴로움의 세계에서 벗어나지 못한다. 마치 장님이 장님을 인도하면 둘 다 구덩이에 빠지는 것과 다를 바가 없다."(제1부 2장 5-6절) 예수도 율법준수를 고집하며 예수의 말에 반대하는 사람들에 대해 "그들은 눈먼 사람이면서 눈먼 사람을 인도하는 길잡이들이다. 눈먼 사람이 눈먼 사람을 인도하면, 둘 다 구덩이에 빠질 것이다"(《마태복음》 15장 14절)라고 말한다.

11. "모든 지혜와 생명의 근원인": 글자대로는 '태양의 문을 통하여'이다.

제 2 부

1장

7. "자연을 다스리는 힘들": 글자대로는 '많은 신들과 신적 존재들'이다. 《베다》의 신들은 자연력이 신격화된 존재들이기 때문에 '자연을 다스리는 힘'이라고 옮겼다.

8. "일곱 개의 감각기관": 샹카라는 '두 눈, 두 귀, 두 콧구멍, 입'을 가리키는 말이라고 한다.
"그 감각기관의 일곱 가지 활동": 글자대로는 '일곱 가지 빛' 또는 '일곱 개의 불꽃'이다. 일곱 갈래로 갈라진 아그니의 불꽃이라고 보는 사람도 있지만, 여기서는 일곱 감각기관의 활동으로 보았다.

2장

2. "그를 깨닫는 것을 삶의 목표로 삼도록 하라": 글자대로는 '그것이 (화살로) 명중시켜야 할 목표'이다.

3. "성스러운 경전": 글자대로는 '《우파니샤드》'이다. 여기서는 비밀스러운 지식을 전하고 있는 경전으로 보았다.

4. "영혼": '아트만'의 번역이다. 아직 아트만을 깨닫기 이전이기 때문에 '영혼'이라고 옮겼다. '존재 전체'라고 옮길 수도 있다.

6. "생명의 기운이 흐르는 모든 길": '나디(nadis)'의 번역이다. 생명의 기운이 흐르는 눈에 보이지 않는 통로를 가리킨다. 한의학에서 말하는 경락(經絡)과 비슷한 개념이다. '에너지 통로'라고 옮길 수도 있다.

7. "심장의 동굴": 글자대로는 '브라만의 도시의 공간'이다. '브라만의 도시'는 육체를 가리킨다. "육체는 브라만이 머물고 있는 도성(都城)이다. 이 도성에는 '작은 연꽃[심장]'이 있고, 이 작은 연꽃 속에는 또 '작은 공

간'이 있다."(《찬도기야 우파니샤드》 제8부 1장 1절)

8. "의무와 행위의 속박에서도 벗어나리라": 글자대로는 '카르마가 사라진다'이다.

10. 《카타 우파니샤드》에서 죽음의 신 야마도 같은 말을 한다. "참 자아 주인공이 빛의 근원이다. 해와 달과 별, 그리고 번갯불과 이 세상의 모든 빛이 참 자아 주인공이 반사된 빛이다. 뭇 존재는 그의 빛을 받아서 자신의 빛을 발하는 것이다."(제2부 2장 15절)

제 3 부

1장

1. "새 두 마리": 참 자아와 에고 의식을 같은 나무에 앉아 있는 두 마리 새에 비유하고 있다. 이 비유는《슈베타슈바타라 우파니샤드》4장 6-7절에도 나온다.

4. "브라만은 생명의 숨이다": 글자대로는 '그는 모든 존재 속에서 빛나고 있는 숨(prana)이다'라는 뜻이다.

"'나'와 '나의 것'이라는 생각이 없이 무위(無爲)의 길을 간다": 이렇다 저렇다 말이 많지 않다'라고 옮길 수도 있다.

6. "진실이 아닌 것": '실재가 아닌 것'이라는 뜻의 '안리탐(anritam)'의 번역이다. '안리탐'은 '리타(rita)' 곧 (존재의) 리듬에서 벗어난 것이라는 뜻을 함축하고 있다.

2장

1. "태어남과 죽음이 반복되는 윤회의 바다를 영원히 건너간다": 글자대로는 '씨를 초월한다'이다. 다시 태어나지 않는다는 뜻이다.

4. "올바른 방법": 진정한 포기가 전제된 수행을 가리킨다.

10. "경전": '리크(rik)의 구절'의 번역이다. '리크의 구절'은 《리그 베다》를 가리킨다.

"브라만에 삶을 바치는": 글자대로는 '(불의 신) 아그니에게 자신을 제물로 바치는'이다.

슈베타슈바타라 우파니샤드

신의 세 얼굴

현자들은 깊은 명상 속에서 세상을 창조한 브라만의 신성한 힘이 자신들의 내면에 숨어 있음을 발견했다. 현자들은 깨달았다. 만물의 중심에도 똑같은 그 힘이 깃들이어 있다는 것을. 그들은 창조와 유지와 파괴를 하는 세 기운 속에 숨어 있는 브라만이 시간과 공간과 영혼, 그리고 원인과 결과의 법칙을 지배하는 근본 원인이라는 것을 깨달았다.

1장

구도자의 질문:

1. 이 세상이 탄생한 최초의 원인이 무엇인가?
브라만이 최초의 원인인가?
우리는 어디에서 왔는가?
우리가 살아가고 있는 힘은 어디에서 오는가?
죽은 다음에는 어디로 가는가?
우리가 기쁨과 슬픔을 반복해서 경험하며,
이원성의 세계에서 살 수밖에 없도록 하는 것은
누구의 의지인가?

대답:

2. 시간, 사물의 본성, 우연과 필연의 법칙,
물질의 근본원소, 에너지와 의식*-
이런 것들은 세상의 최초 원인이 아니다.
이 모든 것을 합한 것도 최초 원인이 아니다.
이런 것은 모두 스스로 존재하는 것이 아니라,
어떤 원인의 결과로 나온 것이다.
영혼조차도 즐거움과 괴로움의 파도를 타고 있다.
그러므로 영혼도 최초 원인이 아니다.

3. 현자들은 깊은 명상 속에서

세상을 창조한 브라만의 신성한 힘*이
자신들의 내면에 숨어 있음을 발견했다.
현자들은 깨달았다.
만물의 중심에도
똑같은 그 힘이 깃들이어 있다는 것을.
그들은 창조와 유지와 파괴를 하는
세 기운* 속에 숨어 있는 브라만이
시간과 공간과 영혼,
그리고 원인과 결과의 법칙을 지배하는
근본 원인이라는 것을 깨달았다.

4-6. 세상은 브라만의 거대한 바퀴이다.
쉬지 않고 돌고 있는 그 바퀴 속에서
생명체의 탄생과 죽음이 끝없이 이어지고 있다.*
세상은 브라만의 거대한 강이다.
브라만에서 흘러나와 브라만으로 흘러들어 가는
그 강물의 수많은 갈래와 출렁임* 속에서
뭇 존재들의 태어남과 죽음,
울고 웃음이 끝없이 이어지고 있다.
개체적인 자아*는 자기를 독립적인 존재로 믿으며
생과 생을 이어가면서
태어남과 죽음을 반복한다.
그러나 브라만과 하나임을 깨달으면

나눌 수 없는 전체 속에 통합되어 불멸에 이른다.

7. 모든 경전이 노래하고 있는 것이
바로 이 브라만이다.
그는 영원한 실재이자 존재의 토대이다.
그는 영혼 곧 경험하는 자이며,
세상 곧 경험의 대상이고,
이슈바라 곧 경험하게 하는 자이다.*
모든 존재와 창조현상 속에서 그를 보는 사람은
브라만 속으로 녹아들어간다.
그리하여 태어남과 죽음이 반복되는
윤회의 수레바퀴에서 영원히 풀려난다.

8. 사랑의 주(主)께서
변하는 것과 변하지 않는 것,
눈에 보이는 것과 보이지 않는 것들로 이루어진
이 세상을 유지하며 기르고 있다.
창조하고 유지하는 이 신을
자기와 별개의 존재로 인식하는 동안에는
이원성의 갈등 속에서
끊임없이 이어지는 행위와
행위의 결과의 구속에서 벗어나지 못한다.
그러나 창조하고 유지하는 그 신이

자기 속에 있는 주인공임을 깨달으면
모든 속박에서 벗어나게 된다.

9. 아는 자와 알지 못하는 자,
의식이 있는 영혼과 의식이 없는 물질은
본래 태어나거나 죽는 일이 없다.
이 둘은 시간이 시작될 때부터 함께 있었다.
환영(幻影)의 힘이 이 둘을 엮어
영혼으로 하여금
자신이 세상을 '경험하는 자'인 줄 착각하게 만든다.
영혼과 물질과 환영의 힘 뒤에는
스스로는 아무런 활동도 하지 않는
무한한 공통의 참 자아가 있다.
그가 곧 브라만이다.
이를 깨닫는 사람은 모든 속박에서 벗어난다.

10. 감각을 통해 경험하는 세상은
한순간도 쉬지 않고 변화하지만
지고한 브라만은 영원히 변하지 않는다.*
그에 대한 명상을 통해
그에게 녹아들어감으로써
분리되어 있다는 착각에서 생기는
고통스러운 꿈에서 깨어날 수 있다.

11. 브라만을 알면 모든 속박이 풀린다.
육체를 자기라고 생각하지 않으면
모든 고뇌가 사라지고 생사의 윤회도 끝난다.
브라만에 대한 명상이 깊어지면
육체에 대한 의식이 소멸된다.
그러면 브라만 속으로 녹아들어가 그와 하나 되어
더 이상 아무런 욕망이나 갈망이 일어나지 않는
충족감으로 충만한 제3의 차원*에 이른다.

12. 경험하는 자인 그대의 영혼과
경험의 대상인 세상
그리고 경험하게 하는 자 이슈바라*는
브라만의 세 얼굴이다.
그대 안에 머물고 있는 그를 깨달으라.
인생에서 그 이상 알아야 할 것이 없다.

13. 나무토막 속에 숨어 있는* 불이
나무토막 두 개를 마찰시키면 그 모습을 드러내듯이,
그대의 육체 속에 숨어 있는 브라만은
명상과 성스러운 음절 '옴'의 반복을 통해
그 모습을 드러낸다.

14. 육체를 아래에 놓이는 장작으로 하고,

성스러운 음절 '옴'을 문지르는 장작으로 삼아
계속 문지르는 명상을 하라.
그러면 나무토막 두 개를 문지를 때
그 속에 숨어 있던 불이 일어나듯이
육체 속에 숨어 있는 참 자아가 드러나리라.

15. 참깨 속에 기름이 들어 있듯이,
엉긴 우유 속에 버터가 들어 있듯이,
마른 강바닥에 물이 스며 있듯이,
그리고 나무토막 속에 불이 잠재되어 있듯이
의식 깊은 곳에 참 자아가 깃들이어 있다.
처음 먹은 마음을 흩트리지 않고
용맹정진함으로써 그 참 자아를 깨닫도록 하라.

16. 엉긴 우유 속에 버터가 들어 있듯이
브라만은 모든 존재의 가슴속에 머물고 있다.
깊은 명상을 통해 그를 깨달아라.
궁극적인 실재인 그가 모든 앎의 목표이며,
《우파니샤드》가 가르치는 브라만이다.

2 장

1-3. 모든 존재 속에 머물고 있는
생명의 주, 태양의 신 사비트리여!
우리로 육체와 마음을 제어하여
당신을 보게 하소서.
우리로 마음을 집중하여
당신과 하나 됨을 추구하게 하소서.
우리의 감각을 훈련시켜
당신의 찬란한 빛을 보는 도구가 되게 하소서.

4. 마음과 생각과 에너지를 모아
명상에 몰입하는 위대한 현자들이여,
생명의 주 사비트리의 신비를 깨닫고
그의 무한한 권능을 찬양하라.

5. 불멸하는 기쁨의 자녀들이여,
그대들은 본래 생명의 주와 하나이니
깨달음에 이른 현자들의 길을 따라
생명의 주와 하나 되길 바라노라.

6. 깊은 명상을 통해
생명의 기운에 불을 붙여라.*

숨을 조절하고 마음을 제어하라.
신성한 기운에 흠뻑 젖어
모든 것이 하나로 녹아드는
합일의 상태를 성취하라.

7. 생명의 주 사비트리,
우주의 근원인 브라만에게
그대의 모든 것을 바쳐 헌신하라.
그러면 모든 고통의 원인이 제거되고
행위와 행위의 결과의 구속에서
영원히 벗어나게 될 것이다.

8. 가슴과 목과 머리를 곧게 세우고
흔들리지 않는 자세로 앉아라.
그런 다음 감각과 마음을 내면으로 모으고
내면에서 울리는 성스러운 주문을 배(舟)로 삼아
온갖 욕망과 괴로움의 파도가 쉬지 않고 휘몰아치는
태어남과 죽음의 바다를 건너라.

9. 숨이 들고 나는 것을 느낄 수 없을 정도까지
호흡을 안정시켜라.
밖으로 내달리는 감각을
안으로 거두어들여라.

다루기 힘든 거친 말의 고삐를 움켜잡듯이*
그대 마음의 고삐를 늦추지 마라.

10. 명상에 적합한 장소*를 찾아라.
깨끗하고, 조용하고, 시원하고,
너무 높지도 않고 너무 낮지도 않고,
바닥에 울퉁불퉁한 돌이 없고,
먼지가 많이 일지 않고,
비와 바람을 막을 수 있는 동굴 같은 곳,
그러나 너무 안락하지 않은 곳을 찾아
그곳에서 명상 수행에 몰두하라.

11. 명상이 깊어지면
안개나 연기 같은 형상이 보이기도 하고
강한 바람이나 뜨거운 불기운을 느끼기도 한다.
번개처럼 강한 불빛이나
수정처럼 맑은 빛*이 보이기도 한다.
이런 현상들이 보이기 시작하면
브라만에 이르는 길 입구에 들어선 것이다.

12-13. 요가 수행자가 강인한 수행을 통해
5가지 원소로 구성된 육체를 통제할 수 있게 되면
질병과 늙음과 죽음을 뛰어넘는

새로운 육신을 얻는다.
수행의 첫 번째 결과는 육체의 건강이다.
몸의 이곳저곳에 쌓인 불순물이 제거되고,
피부가 탄력과 윤택을 되찾으며,
목소리가 부드러워지고,
몸에서 향기가 난다.
이런 증거가 나타나면
수행이 잘 진행되고 있다고 보아도 된다.

14. 거울의 먼지를 닦아내면
처음처럼 맑게 빛나듯이,
수행을 통해 참 자아를 깨닫고
지고한 목표에 도달한 사람에게는
모든 슬픔의 그림자가 사라진다.

15. 등불이 스스로 자기의 모습을 밝게 비추듯이
수행자의 진정한 본성인 브라만이
스스로 자신의 모습을 비춘다.
자신의 가슴속에서 빛나고 있는
순수하고 영원한 브라만을 보는 사람은
모든 속박에서 풀려나게 된다.

16. 브라만은 모든 존재의 내면에

충만하게 머물고 있다.
이 세상에 맨 처음 있었던 것도 그이고,
태어나기 위해 자궁 속에 있는 것도 그이다.
과거에 태어난 모든 것이 그이며,
앞으로 태어날 모든 것이 그이다.
모든 존재 속에 그가 머물고 있으니
모든 존재가 곧 그의 얼굴이다.

17. 생명의 주께 경배하라!
그는 불속에도 있고 물속에도 있으며,
풀 속에도 있고 나무 속에도 있다.
그는 이 세상 전체 속에
충만하게 머물고 있다.
그 생명의 주께 경배하라!

3 장

1. 궁극적인 실재인 브라만은
환영(幻影)의 그물을 치고
환영으로 나타난 현상세계를 지배하고 있다.
이것이 브라만의 신성한 힘이다.
그는 세상이 생겨나기 전에도 있었고

세상이 사라진 다음에도 있을 것이다.
지금 현상으로 나타난 모든 것 또한 그이다.
이런 그를 깨닫는 사람은 불멸에 이른다.

2. 루드라가 유일한 신이다.*
그 밖에는 다른 신이 없다.
그는 모든 존재의 내면에 머물고 있는
이 세상의 통치자이다.
온 우주가 그에게서 나와 유지되다가
때가 되면 다시 그에게로 돌아간다.

3. 모든 곳에 그의 눈이 있으며
모든 곳에 그의 입과 팔과 다리가 있다.
이 세상은 모두
브라만인 루드라가 자신을 투사(投射)한 영상(影像)이다.

4-5. 모든 생명력의 근원이며,
모든 것을 알고 있으며,
모든 것을 다스리고 있는 루드라여!
우주가 태어나는 자궁 안에 영원히 머물고 있는 루드라여!
원컨대, 우리의 의식을 거울같이 맑게 해주소서.
오, 주여!
우리는 당신 안에서만 평화를 찾을 수 있나이다.

원컨대, 우리로 당신의 신성한 자아를 깨닫고
모든 의심과 두려움에서 벗어나게 하소서.

6-7. 오, 높은 곳에 계신 주여!
에고의 의지를 쳐부술 수 있는 무기를 주소서.
모든 존재의 영혼을 보호하여 주소서.
당신은 모든 존재의 가슴속에 숨어 있는
가장 높은 무한한 브라만입니다.
어느 곳이나 당신으로 충만합니다.
원컨대, 우리로 당신을 깨닫고
불멸에 이르게 하소서.

8. 사랑의 주님은
무지의 어둠을 몰아내는 태양이다.
그를 깨닫는 사람은 죽음을 초월한다.
그 밖에 다른 길로는 불멸에 이르지 못한다.

9. 사랑의 주님이 온 우주를 충만하게 채우고 있다.
그보다 더 뛰어난 존재는 없다.
그는 가장 작은 것보다 더 작으며
가장 큰 것보다 더 크다.
그런 그가
하늘을 가득 채우고 있는 큰 나무처럼

세상을 가득 채우고 서서
모든 존재에게 빛을 비추고 있다.

10. 그는 우주를 가득 채우고 있으면서
동시에 우주를 초월해 있다.
그는 형태도 없으며,
그에게는 고통도 없다.
그를 깨닫는 사람은 슬픔과 죽음을 넘어가지만
깨닫지 못하는 사람은 고통에서 벗어나지 못한다.

11. 온 우주가 시바의 영광으로 충만하다.*
그는 모든 존재의 가슴속 동굴에 머물면서
모든 곳에 두루 깃들이어 있다.
모든 생명체의 얼굴이 그의 얼굴이며,
모든 생명체의 머리가 그의 머리이고,
모든 생명체의 목이 그의 목이다.

12. 그는 지고한 주님이다.
그는 자기를 찾는 사람에게 은총을 베풀어
구도자 자신의 가슴속에서
자기를 발견하도록 이끈다.
그는 영원히 사라지지 않는 빛이다.

13. 그는 심장 속에 작은 불꽃으로 숨어 있는
모든 존재의 참 자아이다.
우리는 마음을 고요히 함으로써
가슴으로 그를 느낄 수 있다.
마음을 고요하게 하여
순수한 의식으로 그를 깨닫는 사람은 불멸에 이른다.

14-15. 그는 천 개의 머리, 천 개의 눈,
그리고 천 개의 다리를 가지고
온 우주를 감싸고 있다.*
모든 존재의 가슴속에
이 무한한 브라만이 현존하고 있다.
그가 우주 전체이며
과거에 있던 것과 앞으로 있을 모든 것이
다 그이다.
그는 모든 생명을 주관하는
영원히 변하지 않는 불멸의 주이다.

16. 어디에나 그의 손과 발이 있으며
그의 눈과 머리도 없는 곳이 없다.
그는 만물 속에 두루 깃들이어 있으면서
모든 것을 보고 모든 것을 듣는다.

17. 그는 감각기관이 없지만
뭇 존재의 감각기관을 통해
자신이 벌여 놓은 세계를 경험한다.
그는 만물을 다스리는 주,
내면에 머물고 있는 통치자이다.
그는 모든 존재의 보호자이자 안식처이다.

18. 그는 아홉 개의 문*이 있는 성(城)
곧 육체 속에 살면서,
성 밖으로 날아다니는 새*처럼
세상에서 움직이며
무수히 많은 자신의 모습을 즐긴다.
호흡이 없는 모든 존재와
호흡이 있는 뭇 생명체가
그로 인해 존재하고 활동한다.
온 우주가 그의 나타남이고
우주를 지배하는 것도 그이다.

19. 그는 발 없이 달리며 손 없이 잡는다.
그는 눈 없이 보며 귀 없이 듣는다.
그는 모든 것을 알고 있지만
그를 아는 존재는 아무도 없다.
사람들은 그를

'최초이며 가장 위대한 자'라고 부른다.

20. 모든 존재의 가슴속에 숨어 있는 그는
가장 작은 것보다도 작고
가장 큰 것보다도 크다.
신의 은총을 받아,
아무 욕망 없이 모든 것을 행하는
그의 권능을 깨닫는 사람은
모든 슬픔과 고뇌에서 벗어난다.

21. 브라만을 깨달은 현자
슈베타슈바타라는 이렇게 말했다.
"나는 참 자아가 영원불멸의 존재이며
그 안에서는 태어남과 죽음이 없다는 것을 안다.
나는 이 참 자아가
옛 성자들이 '영원한 자'라고 부른
모든 존재의 진정한 본질임을 안다."

4장

1. 브라만은 특정한 형상이 없지만*
그만이 알 수 있는 뜻에 따라

자신을 다양한 형상으로 나타낸다.
모든 존재가 그에게서 나왔다가
그에게로 돌아간다.
원컨대, 그가 우리에게
순수한 지혜의 빛을 비추어 주시기를.

2. 그는 불이며 태양이고 달이며 별이다.
그는 바람이며 바다이다.
그는 창조자 프라자파티이며
모든 창조가 비롯되는 황금의 자궁이다.

3. 그는 소년이며 소녀이다.
그는 남자이며 여자이다.
지팡이를 짚고 가는 노인 역시 그이다.
온 세상이 그의 얼굴로 가득 차 있다.

4. 그는 깃이 푸른 새이며
빨간 눈을 반짝이는 새이다.
그는 번개 치는 먹구름이다.
계절과 푸른 바다도 그이다.
그는 시작도 없고 끝도 없이
온 누리에 충만하게 깃들이어 있다.
그는 이 세상을 낳은 어머니이다.

5. 태어난 적이 없는 그로부터
각기 다른 이름과 모양을 가진 존재가 나타나는
마술적인 환영이 펼쳐진다.
뭇 존재들은 그 마술에 걸려서
괴로움에 울고 즐거움에 웃고 있다.
그러나 이 마법의 장막을 찢어버리면
자신의 모습을 다양하게 나타내는
'유일자'가 드러난다.

6. 서로 떨어질 수 없는
절친한 친구인 새 두 마리*가
같은 나뭇가지에 함께 앉아 있다.
그 가운데 한 마리는
달콤하기도 하고 씁쓸하기도 한 열매를 쪼아 먹고 있으며
다른 한 마리는
친구 새가 하는 행위를 묵묵히 지켜보고만 있다.

7. 열매를 탐닉하는 새와 마찬가지로 우리는
우리의 신적인 본성을 잊어버리고
쉬지 않고 변화하는 환영의 덫에 걸려
신음하고 탄식한다.
그러나 영광스러운 신적인 자아를 보게 되면
슬픔에서 벗어난다.

8. 브라만은 신들과 이 세상의 근원이다.
경전도 브라만에서 나왔다.
따라서 근원인 브라만을 모르는 사람은
경전을 아무리 많이 읽어도 소용이 없다.
하지만 그를 아는 사람은
충만한 내면의 기쁨 가운데 머문다.

9. 브라만은 위대한 마술사이다.
경전, 제물, 제사의식, 영적인 수행
그리고 과거와 현재와 미래가 모두
그의 마술로 만들어진 환영이다.
위대한 마술사인 브라만은
자신이 만든 환영들의 심장 가운데 숨어 있다.

10. 물질현상은 환영이며
브라만은 이 환영을 만드는 마술사이다.
그리고 이 세상의 모든 존재는
그의 신적인 광채를 나누어 받은
그의 조각들이다.

11. 브라만은 위대한 마술사이다.
소년이 되기도 하고 소녀가 되기도 하며,
새가 되기도 하고 짐승이 되기도 한다.

그는 은총을 베푸는 자이다.
그의 은총이 가슴을 채우면
초월적인 깊은 평화에 잠기게 된다.

12. 브라만은 모든 존재의 근원이다.
모든 신과 그들의 힘이 브라만에서 나왔다.
그는 생명의 씨를 뿌리는 자이다.
그는 지혜와 깨달음의 은총을 베푸는 자이다.

13. 브라만은 신들의 신이다.
이 세상 모든 것이 그에게서 생명을 얻는다.
그는 모든 존재를 지배하는 내면의 통치자이다.
그는 이 세상 모든 존재의
찬양과 경배를 받을 자이다.

14. 브라만은 세상을 감싸고 있는 자이다.
그가 이 세상을 창조하고
모든 존재에게 형상을 부여해 주었다.
그 안에서는 이 세상 전체가
가장 작은 원자보다도 더 작다.
그를 깨달으면
무한한 평화에 이른다.

15. 브라만은 세상의 보호자이다.
그는 모든 존재의 내면에 머물고 있는
온 세상의 주(主)이다.
그를 깨닫는 사람은 그와 하나 되어*
죽음의 굴레에서 벗어난다.

16. 브라만은 지고한 유일자이다.
그는 우유 속에 들어 있는 크림처럼
모든 존재의 내면에 깃들이어 있다.
그는 또 밖에서 모든 존재를 감싸고 있다.
그를 깨닫는 사람은
모든 속박에서 풀려난다.

17. 브라만은 위대한 조물주이다.
그는 모든 존재의 심장 속에 머물고 있다.
명상으로 마음을 고요히 하여
가슴속에서 그를 깨닫는 사람은
불멸에 이른다.

18-19. 브라만은 모든 가르침과 깨달음의 근원이다.
그는 불멸의 태양이다.
모든 지혜와 빛이 그에게서 나온다.
그의 빛으로 무지의 어둠이 걷히면

낮도 아니고 밤도 아니며,
존재도 아니고 비존재도 아닌,
그만이 홀로 존재하는 상태에 이른다.
마음으로는 그를 알 수 없다.
위에 있다고 할 수도 없고
아래에 있다고 할 수도 없다.
그렇다고 가운데에 있다고 할 수도 없다.
그는 있는 그대로 현존하고 있으며
자신의 빛으로 온 세상을 가득 채우고 있다.

20. 브라만은 형상이 없다.
그래서 눈으로는 그를 볼 수 없다.
그는 깊은 명상 속에서
가슴으로 깨달을 수 있을 뿐이다.
그를 깨닫는 사람은 불멸에 이른다.

21-22. 어떤 구도자는 이렇게 기도했다.
"루드라여!
태어나지 않은 유일한 신이시여,
저는 죽음의 두려움에 떨고 있나이다.
당신의 발 아래 엎드리오니
저를 보호해 주소서.
저의 가족과 가축을 보호해 주소서.

당신을 예배하며
당신을 찾는 용맹스러운 구도자들이
모두 죽음의 굴레에서 벗어나기를 바라나이다."

5 장

1. 무한한 불멸자 브라만 속에는
지혜와 무지라는 두 가지 속성이 있다.
이 가운데 무지는 변하는 것이고
지혜는 변하지 않는 것이다.
그러나 브라만 자신은
이 두 가지 속성을 초월해 있다.

2. 브라만이
만물의 내면에서 만물을 다스리는 유일자이다.
시간이 시작될 때
그가 생명의 씨앗을 뿌렸고
그의 자녀들로 하여금 그와 하나임을 깨닫도록 돕는다.

3. 브라만이
수많은 존재들의 환영의 그물을 펼쳤다가
다시 거두어들인다.

이 지고한 참 자아 브라만이
모든 생명의 힘을 창조하고
생명의 힘으로 창조된 만물을 지배한다.

4. 태양이 위와 아래,
그리고 여기저기 가로질러 빛을 비추어
온 세상을 빛으로 가득 채우듯이
브라만은 모든 존재의 가슴에 빛을 비추어
그들의 존재 전체를 신성한 빛으로 충만하게 채운다.

5. 브라만은 자신의 확장을 통해
세상 만물로 나타난다.
그는 뭇 존재들이
자신이 나누어 받은 신적인 본성을 따라
완전함을 성취하도록 지혜의 빛을 비추어 준다.

6. 브라만은
경전의 비밀스러운 가르침이 전하는 창조주이다.
고대의 신들과 현자들이 깨달은 것이 바로 그이며,
그들은 그 깨달음으로 말미암아
불멸에 이르렀다.

7. 사람들은 브라만이 펼쳐놓은 환영의 그물에 걸려

수없는 생을 거치면서
자신의 행위로 맺은 과실을 먹으며
때로는 기뻐하고 때로는 슬퍼하는 삶을 반복한다.
이것은 생명의 주(主)가 가지고 있는 세 기운,
곧 맑고 밝은 기운인 사트바 구나와
어둡고 무거운 기운인 타마스 구나
그리고 활동을 일으키는 격정적인 기운인 라자스 구나가
각자 자기의 길*을 가면서 벌이는 일이다.

8-9. 가슴속에 머물고 있는
손가락 크기만한 신적인 참 자아가
태양이 빛을 비치듯이 존재를 비치고 있다.
사람들은 그 빛을 받아
생각과 마음과 육체의 특성을 갖게 된다.
그러나 참 자아와 에고를 동일시하면
신적인 자아의 참모습을 볼 수 없다.
각 존재 속에 깃들이어 있는 참 자아는
머리카락 끝의 일만분의 일보다도 작다.
하지만 또한 무한하다는 것을 알아야 한다.

10-11. 참 자아는 남자도 여자도 중성도 아니다.
그는 남자의 몸을 입으면 남자가 되고
여자의 몸을 입으면 여자가 된다.

참 자아인 영혼은 욕망과 집착과 망상 때문에
육체 속에 갇힌다.
무슨 음식을 먹고 마시느냐에 따라
육체의 상태가 변하듯이,
육체 속에 갇혀 있던 영혼은
무엇을 보고 무엇을 듣고 무슨 생각을 하느냐에 따라
육체가 행한 행위에 알맞은
새로운 육체와 환경 속에 다시 태어난다.

12. 영혼은 이전 생의 상태에 따라
그에 어울리는 모습으로 다시 육체를 입는다.
새로운 육체의 성질이
무거울 수도 있고 가벼울 수도 있다.
어쨌든 이전 생의 행위에 가장 잘 어울리는 모습,
영혼의 성숙에 가장 적합한 모습을 취한다.

13. 그러나 혼돈의 한가운데 서서
수많은 형태의 존재들을 생성해 내고
그 모든 존재들을 감싸고 있는
시작도 없고 끝도 없는 브라만을 깨달으면
모든 속박에서 풀려난다.

14. 지복 속에 머물고 있는 시바여!

창조하기도 하고 파괴하기도 하는 자여!
모든 지혜와 아름다움의 근원이여!
우리를 삶과 죽음의 이 악순환에서 구해 주소서.
우리의 영혼이 당신과 하나 되어
육체의 감옥에서 벗어나게 하소서.

6 장

1. 미혹에 빠진 어떤 사람은
자연이 생명의 근원이라고 하고,
미혹에 빠진 다른 사람은
원인과 결과로 이어지는 시간이
생명을 주관하는 힘이라고 말한다.
그러나 이 세상을 낳고 주관하는 이는
브라만뿐이다.
브라만의 바퀴가 회전함으로써
생성과 유지와 파괴가 쉬지 않고 이어지는 것이다.

2. 그는 전지전능하며 무소부재한 순수의식이다.
그가 시간의 파괴자*이며,
세 가지 기운의 조화로 일어나는
모든 현상을 주관하는 주인이다.

행위와 행위의 결과의 연속도
그의 명령에 따라 쉬지 않고 이어진다.

3-4. 마음을 잘 훈련시켜서
이기적인 욕망이 없이 행위를 하는 사람은
모든 형태의 생명이
결국 하나라는 것을 깨닫게 된다.
모든 행위를 신께 바치는 제물로 여기고
행위를 하는 사람에게는
행위의 결과가 따라오지 않는다.
행위와 행위의 결과로 이어지는
카르마의 법칙에서 해방되는 것이다.*

5. 브라만은 생명의 근원이다.
온 우주가 그의 빛으로 충만하다.
그는 시간과 공간을 초월한 자이며
나누어질 수 없는 자이다.
다양한 모습으로 나타나는 그에게 경배하라.
그는 명상을 통해
가슴속에서만 발견할 수 있나니,
그와 하나가 되면 영원한 자유를 얻는다.

6. 그는 이 세상과 시간 너머에 머물고 있다.

그의 권능으로 별들이 운행하고 있다.
정의의 법이며 동시에 용서하는 사랑인 그에게 경배하라.
그는 명상을 통해
가슴속에서만 발견할 수 있나니,
그와 하나가 되면 불멸에 이른다.

7-10. 그는 모든 신들의 신이고
왕 중 왕이며 만주(萬主)의 주(主)이다.
그는 행위를 하는 기관도 없고 행위도 하지 않으면서
수없이 많은 일을 한다.
그의 능력이 미치지 않는 곳이 없다.
그는 원인이 없는 원인이다.
그에게는 부모도 없고 주인도 없다.
그가 만물의 지배자이기 때문이다.
자기 몸에서 뽑아낸 실로 고치를 지은 누에가
고치 속에 숨어 있듯이
자기가 창조한 만물 속에 숨어 있는
그와 하나가 되도록 하라.

11. 브라만은 모든 존재의 가슴속에 숨어 있다.
그는 모든 곳에 충만하게 깃들이어 있다.
그는 세 가지 기운의 활동 너머에서
이 세상에서 일어나고 있는 모든 것을

지켜보고 있는 증인이다.
그는 순수한 의식이지만
스스로는 어떠한 성격도 가지고 있지 않다.

12. 브라만은 하나의 씨앗에서
만물을 만들어 내는 자이다.
그는 행위를 하는 것처럼 보이나
실제로는 아무런 행위도 하지 않는 통치자이다.
자신의 가슴속에서 그를 깨닫는 사람은
영원한 기쁨을 얻는다.

13. 브라만은
덧없는 것들 가운데 머물고 있는
불멸의 존재이다.
그는 모든 의식의 근원이며
우리의 기도를 들어 주는 자이다.
지혜와 수행을 통해 그를 깨닫는 사람은
모든 속박에서 벗어난다.

14-15. 해와 달과 별의 빛,
그리고 모든 불이 내뿜는 빛이 모두
브라만의 빛을 받아 반사하는 빛이다.
그가 없으면 아무것도 빛을 발하지 못한다.

그는 알아야 할 것을 모두 아는
유일한 자이다.
그가 삶의 바닷속에서
불길처럼 타오르고 있다.
그를 앎으로써 죽음의 바다를 건너갈 수 있다.
다른 길은 없다.
오직 그를 아는 것만이 불멸에 이르는 길이다.

16-17. 그는 모든 것을 창조하는 자이다.
그는 모든 것을 아는 자이다.
그는 태어나지 않고 스스로 존재하는 자이다.
그는 시작과 끝을 만드는 자이다.
그는 근원이며 만물의 내면에 머무는 참 자아이다.
그는 태어남과 죽음을 지배하는 자이다.
그는 세 가지 기운의 주인이다.
이 삶과 죽음으로 이어지는 끝없는 방황과
거기에서의 해탈도 그에게서 비롯된다.
그는 '아는 자'이며
영원히 현존하는 불멸의 보호자이다.
그가 영원히 이 세상을 통치한다.
그 밖에는 세상을 통치할 수 있는 존재가 없다.

18-19. 태어남과 죽음의 굴레에서 해방시켜 주는

브라만이 나의 귀의처이다.
시간이 시작될 때 성스러운 가르침을 전해 준
브라만이 나의 귀의처이다.
순수함과 완전함의 근원인
브라만이 나의 귀의처이다.
죽음에서 불멸로 건너가는 다리인
브라만이 나의 귀의처이다.
장작에서 피어오른 불이
연료인 장작을 태워 재로 만들듯이
육체 속에서 빛을 발하고 있는 브라만이
육체를 초월하게 하나니.

20. 저 허공을 한 장의 가죽 조각처럼
둘둘 말아 치울 능력이 있다면
그를 깨닫지 못하고도 슬픔을 끝낼 수 있으리라.

21. 브라만은 자기에게 헌신한 제자들에게
고귀한 지혜와 무한한 은총을 나누어 준다.
현자 슈베타슈바타라는
브라만이 베풀어 준 지혜와 은총을 통해
깊은 명상 속에서 그를 깨닫고
그 고귀한 깨달음을 다른 구도자들에게 전했다.
구도자들은 그 가르침을 기쁘게 받아들였다.

22-23. 시간이 시작될 무렵부터 전해진
이 지극히 신비한 가르침은
가슴이 순수한 사람에게만 전해 주어야 한다.
제자나 자기 자식이 아닌,
헌신이 절정에 이르지 않는 사람*에게는 전해서는 안 된다.
그대에게 브라만과
이 가르침을 전하는 스승에 대한
깊은 사랑과 헌신이 있다면
그대의 가슴속에서
이 가르침의 빛이 광채를 발할 것이다.

옴! 샨티, 샨티, 샨티!

번역노트

제목: 원래 제목은《슈베타슈바타라 후손들의 우파니샤드》이다. 슈베타슈바타라와 그의 제자 또는 후손에 대해서 알 수 있는 자료는 없다. '슈베타슈바타라'의 글자대로의 뜻은 '흰 말(馬)의 주인'이다.《카타 우파니샤드》제1부 3장 4절에서는 말이 감각의 상징으로 등장한다. 그래서 전통적으로 '슈베타슈바타라'를 '순수한 감각을 지니고 있는 사람'이라는 뜻으로 본다.

1장

2. "에너지와 의식": 글자대로는 '요니(yoni)와 푸루샤(purusha)'이다. '요니'는 자궁을 가리키는데, 만물을 생성해 내는 여성적인 에너지를 상징한다. '푸루샤'는 원래 우주적인 인간의 원형(原形)을 가리키지만, 여기서는 물질의 근원인 프라크리티 배후에 있는 의식세계라는 뜻에서 '의식'이라고 옮겼다.

3. "브라만의 신성한 힘": '데바트마샥티(devatmashakti)'의 번역이다. '데바트마샥티'는 신(deva)과 자아(atma)와 에너지(shakti)가 합쳐진 말이다.
"세 기운": 우주 변화의 동인(動因)인 사트바 구나, 라자스 구나, 타마스 구나를 말한다. 마음과 물질로 이루어진 현상세계는 세 가지 구나의 상호 작용에 의해 나타나는 것이다. 맑고 밝은 기운인 사트바 구나, 격정적이고 활동적인 기운인 라자스 구나, 어둡고 무거운 기운인 타마스 구나. 이 세 기운의 상호 결합과 작용에 의해 현상세계가 나타난다. 영적인 진화는 타마스에서 라자스로, 또 라자스에서 사트바로 진행되며 마지막에는 이 세 기운을 초월하여 자유의 경지에 도달한다.

4-6. 본문에는 바퀴, 바퀴테, 바퀴살 등에 대한 자세한 묘사가 나오는데, 여기서는 뜻을 취해서 옮겼다.

"그 강물의 수많은 갈래와 출렁임": 본문에는 '다섯 개의 강줄기, 다섯 개의 소용돌이, 다섯 가지 파도' 등으로 되어 있는데, 여기서는 뜻을 취해서 옮겼다.

"개체적인 자아": '백조'를 가리키는 '함사(hamsa)'의 번역이다. 호수 위를 자유롭게 떠다니는 백조가 참 자아를 상징하기도 하지만(《브리하다란야카 우파니샤드》 제4부 3장 11-13절 노트 참조), 여기서는 '세상을 떠도는 자' 곧 '개체적인 자아'의 뜻으로 쓰였다.

7. "그는 영혼 곧 경험하는 자이며, 세상 곧 경험의 대상이고, 이슈바라 곧 경험하게 하는 자이다": 글자대로는 '(브라만) 그 안에 3조(組)가 있다'이다. 12절의 내용을 참고하여 이렇게 옮겼다.

10. "감각을 통해 경험하는 세상은 한순간도 쉬지 않고 변화하지만 지고한 브라만은 영원히 변하지 않는다": 글자대의 뜻은 '파멸할 것은 프라다나이고, 불멸하는 것은 하라"이다. '프라다나(Pradhna)'는 물질의 근원인 프라크리티를 가리키고, '하라(Hara)'는 시바(Shiva) 또는 루드라(Rudra)의 다른 이름이다. '하라'의 뜻은 '거두어들이는 자'인데, 샹카라는 '무지를 거두어들이는 자' 곧 브라만을 가리키는 말로 본다.

11. "제3의 차원": 샹카라는 이 차원을 '모든 분별이 사라지고, 브라만에 도달하여 모든 것이 하나 되는 단계'라고 말한다.

12. "경험하게 하는 자 이슈바라": '다스리는 자' 또는 '조정하는 자'라는 뜻의 '프레리타람(preritaram)'의 번역이다. 힌두교에서는 이 세상의 주재자를 이슈바라(Ishvara)라고 한다. 그리고 창조하고 유지하고 해체하는 이슈바라의 세 기능을 다시 인격화하여 브라마(Brahma), 비슈누(Vishnu), 시바(Shiva)라고 부른다.

13. "속에 숨어 있는": 글자대로는 '자궁 속에 있는'이다. 브라만을 깨닫는 것이 영적인 재탄생임을 암시하는 표현이다.

2장

6. "생명의 기운에 불을 붙여라": 6절을 글자대로 옮기면 '(장작을 비벼) 불을 일으키고, 바람이 정지하고, 소마가 흘러넘치는 그곳에서 마음이 태어난다'이다. 이것은 '소마 제의(Soma sacrifice)'의 모습을 묘사한 것이다. 먼저 나무토막 두 개를 비벼서 불을 일으키고, 불이 잘 타오르도록 부채질을 한다. 불이 활활 타오르면 부채질을 멈추고 사제들은 소마즙을 마시고 합일의 황홀경으로 들어간다. 소마가 무엇인지는 확실하게 밝혀지지 않았지만, 많은 사람들이 제주(祭酒)나 특별한 힘이 나게 하는 약초로 본다.

9. "거친 말의 고삐를 움켜잡듯이":《카타 우파니샤드》 제1부 3장 3절에 비슷한 비유가 있다. "참 자아는 육체라는 수레를 타고 가는 주인공이다. 그대의 식별능력은 수레를 모는 마부이며, 그대의 마음은 말을 제어하는 고삐이다. 감각기관은 말(馬)이며, 감각이 좇는 여러 대상은 말이 달리는 길이다."

10. "명상에 적합한 장소":《바가바드 기타》에서 크리슈나도 똑같은 말을 한다. "깨끗한 장소를 골라 너무 높지도 너무 낮지도 않게 자리를 마련하고 깨끗한 풀 위에 헝겊이나 사슴 가죽을 깔고 흔들리지 않는 자세로 앉도록 하라. 자리에 앉으면 먼저 마음을 고요히 하여야 한다. 생각과 감각기관의 활동을 제어하면서 마음을 한 곳에 집중하는 명상을 하라. 그러면 그대 자신이 정화될 것이다. 머리와 목과 몸통을 일직선이 되도록 꼿꼿하게 세우고, 흔들림이 없는 자세로 앉아서 시선을 코끝에 고정시켜라. 참 자아의 평화 속에서 모든 두려움을 벗어던지고,

모든 욕망을 브라만에게 제물로 바치라. 마음을 제어하여 오직 나에게만 집중하도록 하라. 그렇게 나에게 집중한 상태로 앉아 있으라. 이렇게 명상을 통해 감각기관과 마음의 활동을 지속적으로 제어하는 구도자는 내면의 참 자아인 나와 하나로 합일되어 완전한 평화 속에 거하게 된다."(제6장 11-15절)

11. "수정처럼 맑은 빛": '수정처럼 맑은 달'로 옮길 수도 있다.

3장

2. "루드라가 유일한 신이다": 《베다》에서 폭풍과 번개의 신으로 등장하는 루드라는 시대가 흐르면서 시바와 동일한 존재로 여겨지다가 여기부터는 우주의 주재자인 이슈바라 또는 브라만과 같은 존재로 등장한다.

11. "온 우주가 시바의 영광으로 충만하다": '시바'는 2절부터 언급된 '루드라'의 다른 이름이다.

14. 《리그 베다》 제10부 90장 1절에 나오는 유명한 '창조의 찬가'에서 인용한 구절이다.

18. "아홉 개의 문": 인간의 육체를 가리킨다. 9개의 문은 눈 둘, 귀 둘, 콧구멍 둘, 입 하나, 항문 하나, 생식기 하나를 가리킨다. 《카타 우파니샤드》에는 '문이 11개인 도시'라고 되어 있는데, 9개의 문에 배꼽과 정수리 숨구멍을 합쳐 11개의 문이라고 한 것이다(제2부 2장 1절).

"성 밖으로 날아다니는 새": '백조'를 가리키는 '함사(hamsa)'의 번역이다. 호수 위를 자유롭게 떠다니는 백조는 참 자아의 상징이다. 백조의 자유로움에 대해서는 《브리하다란야카 우파니샤드》 제4부 3장 11-13절 노트를 참조.

4장

1. "특정한 형상이 없지만": 글자대로의 뜻은 '어떤 색깔도 없지만'이다. 인간의 언어나 개념으로 결코 포착할 수 없는 존재라는 뜻이 담겨 있다.

6. "새 두 마리": 개체적인 자아와 참 자아에 대한 비유이다. 같은 내용의 비유가 《문다카 우파니샤드》 제3부 1장과 《카타 우파니샤드》 제1부 3장 1절에도 나온다.

15. "그를 깨닫는 사람은 그와 하나 되어": '거룩한 현자들과 신들이 그 안에서 하나가 되었고, 그를 아는 사람은'이라는 구절을 줄여서 옮겼다.

5장

7. "각자 자기의 길": 본문에는 '세 길'로 되어 있다.

6장

2. "시간의 파괴자": 글자대로는 '시간의 시간'이다. 시간은 영원성을 파괴한다. 그런데 시간의 시간은 영원성을 파괴한 시간을 파괴하여 영원성으로 회귀하게 만든다. 따라서 '시간의 파괴자'란 영원한 존재의 다른 이름이다.

3-4. "카르마의 법칙에서 해방되는 것이다": 《바가바드 기타》에서 크리슈나도 똑같은 말을 한다. "그대는 어떤 결과를 기대하는 이기적인 욕망이 없는 행위를 하도록 하라. 모든 행위를 신께 제물을 바치듯이 아무런 대가를 바라지 말고 행하도록 하라. … 그러므로 언제나 결과를 목적으로 삼지 말고 그대가 해야 될 행위를 하라. 그대는 집착 없는

행위에 헌신함으로써 깨달음과 평화에 도달하게 될 것이다."(제3장 9절, 19절)

22-23. "헌신이 절정에 이르지 않는 사람": 제자가 된다는 것은 스승에게 몸을 바쳐 순종하는 것을 의미한다. 스승에 대한 순종은 에고가 죽어야만 가능하다. 따라서 깨달은 스승의 진정한 제자가 되었다면 그것으로 이미 깨달음에 도달한 것이다. 크리슈나는 "모든 존재의 참 자아가 바로 나의 세계이며 궁극적인 거주처이다. 진정한 헌신이 있으면 만물 속에 두루 깃들이어 있는 이 세계를 깨달을 수 있다"(《바가바드 기타》 제8장 22절)고 말한다.

프라쉬나 우파니샤드

생명의 숨

지혜로운 사람은 태양이 남과 북의 두 길을 따라가는 계절의 흐름 속에서 생명의 주를 본다. 외적인 현상에 매여서 자신의 기쁨만을 추구하는 사람은 태양이 남쪽 진로를 따라가는 어둠의 길을 가는 사람이다. 이 길은 달의 길이며 물질의 길이다. 수없이 많은 사람들이 이 길을 따라갔는데 이 길을 따라가는 사람은 이 세상에 다시 태어난다.

1장

1. 수행에 몰두하고 있던 여섯 명의 젊은이 수케샤, 사트야카마, 가르기야, 카우살리야, 바르가바, 카반디는 깨달음에 대한 열정에 가득 차서* 스승 피팔라다를 찾아갔다.

2. 이들이 찾아오자 스승 피팔라다가 말했다.

"젊은이들이여, 감각을 제어하고 나를 온전히 신뢰하며 일 년 동안* 내 밑에서 수행에 전념하도록 하라.* 그런 다음 알고 싶은 것이 있으면 무엇이든지 물어보라. 그러면 내가 아는 것은 모두 말해 주겠다."

3. 일 년 동안 열심히 수행한 다음 카반디가 스승에게 물었다.

"선생님, 이 세상은 누가 창조한 것입니까? 이 수많은 존재들이 어떻게 생겨난 것입니까?"

4. 스승이 말했다.

"태초에 창조주 프라자파티는 창조하고자 하는 열정으로 가득 차 있었다. 그가 창조에 의식을 집중하자* 모든 만물의 기본이 될 물질 원소[라위]와 생명 에너지[프라나]가 나타났다. 이름과 형태가 있는 만물은 모두 이 물질 원소와 생명 에너지의 결합으로 태어났다."

5. "생명 에너지는 태양이고

물질 원소는 달이다.
물질은 형태가 있는 견고한 상태로 존재하기도 하고
형태가 없는 미묘한 상태로 존재하기도 한다.
물질은 어디에나 있다."

6-7. "태양이 동서남북
상하좌우의 모든 생명체들에게 빛을 비추듯이
생명 에너지는 모든 존재에게
생명의 기운을 불어 넣는다."*

8. "지혜로운 사람은
황금빛 햇살을 비추며 떠올라
만물에게 빛과 따뜻함을 주는 태양 속에서
생명의 주를 본다.
지혜로운 사람은
그 태양의 에너지가
모든 형상 속에 존재하고 있음을 본다."

9. "지혜로운 사람은
태양이 남과 북의 두 길을 따라가는*
계절의 흐름 속에서 생명의 주*를 본다.
외적인 현상에 매여서
자신의 기쁨만을 추구하는 사람은

태양이 남쪽 진로를 따라가는
어둠의 길을 가는 사람이다.
이 길은 달의 길이며 물질의 길이다.
수없이 많은 사람들이 이 길을 따라갔는데
이 길을 따라가는 사람은
이 세상에 다시 태어난다."

10. "그러나 참 자아를 깨닫기 위해
명상과 감각을 제어하는 훈련에 힘쓰고
지혜를 연마하며 믿음을 굳게 지키는 사람은
태양이 북쪽 진로를 따라가는
빛의 길을 따라가는 사람이다.
이 길은 태양의 길이며 생명의 길이다.
이 길을 가는 사람은
모든 두려움을 벗어난 궁극의 안식처에 도달하여
태어남과 죽음이 반복되는
윤회의 사슬에서 벗어난다."

11. "어떤 사람들은 태양을
일 년을 열두 달과 다섯 계절*로 나누고,
생명체를 양육하기 위해 비를 내려주는
생명의 주의 상징으로 본다.
또 어떤 사람들은 태양을

일곱 마리의 말이 끄는
살이 여섯 개인 바퀴가 달린 지혜의 마차를 타고
동쪽에서 서쪽으로 허공을 가로질러 가는
생명의 주의 상징으로 본다.
살이 여섯 개인 빙빙 도는 바퀴는
쉬지 않고 흐르는 시간과 계절의 상징이다."*

12. "지혜로운 사람은
달이 차고 기우는 변화 속에서
생명의 주를 본다.
물질은 어두움이고 생명은 밝음이다.
보름에서 그믐까지 달이 점점 어두워지는 기간은
물질과 무지의 상징이고,
초승에서 보름까지 달이 점점 밝아지는 기간은
생명과 지혜의 상징이다.
지혜로운 사람은 지혜의 빛을 따라간다.
그러나 어리석은 사람은 무지의 어두움을 따라간다."

13. "지혜로운 사람은
낮과 밤의 변화 속에서
생명의 주를 본다.
낮은 생명이고 밤은 물질이다.
낮에 성적인 쾌락을 탐닉하는 사람은

생명 에너지를 소진하는 어리석은 자이다.
그러나 성적인 욕망을 절제하는 사람*은
성 에너지를 깨달음에 이르게 하는
영적인 에너지로 승화시킨다."

14-15. "지혜로운 사람은
모든 곡물과 음식 속에서
생명의 주를 본다.
음식은 생명을 낳는 씨를 만든다.
성욕을 절제하지 못하는 사람은
어두운 달의 길을 간다.
그러나 절제하는 사람은
밝은 태양의 영역에 이른다."

16. "빛으로 충만한 브라만의 세계는
순수하고 거짓이 없는* 사람만이 도달할 수 있다."

2 장

1. 이번에는 바르가바가 스승에게 물었다.
"선생님, 어떤 힘들이 이 육체를 유지하도록 만드나요?
육체의 각 기관을 다스리는 여러 힘이 있는데,

그 가운데 어떤 것이 으뜸인가요?"

2-3. 스승이 말했다.
"허공, 바람, 불, 물, 흙
그리고 생각하는 힘, 보는 힘, 듣는 힘이 모두
육체*를 유지하는 힘이다.
이들은 저마다
'내가 육체를 유지하는 힘이다'라면서 우쭐댔다.
그러나 생명 에너지인 프라나가 말했다.
'그대들은 착각하지 마라. 육체를 유지시키는 것은 나다.
내가 내 힘을 다섯으로 나누어* 육체를 유지하고 있다.'
그러나 다른 힘들은 이 말을 인정하려고 하지 않았다."

4. "그러자 생명 에너지 프라나가
몸 밖으로 나가려고 했다.
프라나가 몸 밖으로 나가려고 하자
다른 힘들도 프라나를 따라 육체를 빠져나가려고 했다.
프라나는 다시 몸속으로 들어왔다.
그러자 다른 힘들도 따라 육체 속으로 들어왔다.
보고 듣고 말하고 생각하는 육체의 능력들은
마치 여왕벌이 벌집 밖으로 나가면
모든 벌이 여왕벌을 따라 나가고,
여왕벌이 벌집 안으로 들어오면

모든 벌이 벌집 안으로 들어오는 것처럼
생명 에너지인 프라나를 따라 움직였다.
그래서 그들은 생명 에너지 프라나의 능력을 깨닫고
이렇게 찬양했다."

5. "'프라나는 타오르는 생명의 불이다.
프라나는 빛나는 태양이며 비를 내리는 구름이다.
프라나는 하늘을 찢는 천둥이며 땅이다.
프라나는 형상이 있기도 하고 없기도 한
영원불멸하는 존재이다.'"

6. "'모든 바퀴살이 중심축에 연결되어 있듯이
모든 경전, 모든 제의
그리고 왕과 무사 등 모든 계급의 존재들이
프라나에 연결되어 있다.'"

7. "'오, 생명의 기운 프라나여!
모든 존재가 그대를 찬미한다.*
창조의 주인* 그대,
세상에 태어나기 위해서
여인의 자궁 속에서 움직이고 있는 것은 그대이다.'"

8. "'오, 생명의 기운 프라나여!

그대는 신들 가운데 가장 앞선 신이며
조상들 가운데 첫 번째 조상이다.
그대는 신들과 조상들께 바치는 제물을 첫 번째로 받는 자이며,
성자들이 감각을 제어하도록 돕는 자이다.'"

9. "'오, 생명의 기운 프라나여!
그대는 창조주이고 유지자이며 파괴자이다.
그대는 하늘에 떠 있는 태양처럼
모든 존재들에게 빛을 비친다.
그대는 모든 빛의 원천이다.'"

10. "'오, 생명의 기운 프라나여!
그대가 비가 되어 대지를 적시면
모든 생명체들이 기쁨으로 춤을 추고,
들판은 곡식으로 충만하리라.'"

11. "'오, 생명의 기운 프라나여!
그대는 순수하며*
모든 존재의 진정한 주인이다.
제단의 불길이 제물을 태우듯
그대는 우리가 바치는 모든 제물을 받고
우리에게 생명의 호흡을 준다.'"

12. "'오, 생명의 기운 프라나여!
그대는 목소리와 눈과 귀와 마음속에
눈에 보이지 않는 모습으로 머물고 있다.
청컨대, 자비를 베푸시어 우리를 평안하게 하시고
우리를 떠나지 마소서.'"

13. "'오, 생명의 기운 프라나여!
온 세계가 당신께 의지하고 있나니
청컨대, 어미가 자식을 돌보듯 우리를 돌보아 주소서.
우리에게 풍요로움과 지혜를 주소서.'"

3 장

1. 이번에는 카우살리야가 스승에게 물었다.
"선생님, 생명의 기운 프라나는 어디서 오는 것입니까?
프라나는 또 어떻게 몸속으로 들어오며
어떤 식으로 몸속에 머무는 것입니까?
죽음의 순간에는 프라나가 어떻게 몸에서 빠져나갑니까?
그리고 프라나가 어떻게
육체와 우주를 유지하고 있는지 알고 싶습니다."

2. 스승이 말했다.

"그대는 대답하기 매우 어려운 질문을 하고 있구나. 하지만 그대는 브라만을 찾는 일에 헌신한 수행자이니, 내 그대의 질문에 대답하리라."

3. "생명의 기운 프라나는 참 자아에서 태어난다.
사람이 그림자를 드리우듯
참 자아는 생명체가 태어나는 순간에
육체 속에 프라나를 그림자처럼 드리운다.
프라나는 육체 속에 드리운
참 자아의 그림자이다.
그리고 프라나는
새로 태어나는 영혼이
전생에 쌓은 마음의 힘에 끌려서
육체 속으로 들어온다."

4. "생명의 기운 프라나는
왕이 제후들을 임명하며
너는 이 마을을 다스리고
너는 저 마을을 다스리라고 명령하는 것처럼
자신으로부터 갈라져 나온 네 기운에게
몸의 각 부분을 다스리라고 명령한다."

5. "네 기운 가운데 중심이 되는 '아파나'는

눈과 귀와 입과 코에 머물고 있다.
이 기운은 아래로 내려가는 성질을 가지고 있으며,
아래로 내려가서 배설과 생식을 주관한다."

"프라나가 몸의 중심으로 가면 '사마나'가 된다.
사마나는 몸통 중심에 머물면서
분배와 소화를 주관한다.
이 사마나의 기운으로
보고, 듣고, 냄새 맡고, 숨 쉬는 힘*이 생긴다."

6. "참 자아가 머물고 있는 심장에서
기운이 흐르는 길* 백 한 개가
온 몸을 향해 뻗어 나간다.
백 한 개의 길 하나하나마다
다시 백 개씩의 지류가 있고,
각 지류마다 칠만 이천 갈래의 길이 갈라져 퍼져 나간다.
유지하는 기운인 '비야나'*는
기운이 흐르는 이 수많은 길을 따라 움직이며 활동한다."

7. "죽음의 순간에 몸 밖으로 나가는
영혼의 기운을 '우다나'라고 한다.
깨달음을 얻은 사람의 우다나는
척추를 따라 연결되어 있는

미묘한 통로를 따라 위로 올라가
정수리를 통해 빠져나간다.
그러면 그 영혼은 다시 이 땅으로 돌아오지 않는다.
이기심으로 뭉쳐 있는 사람의 우다나는
아래로 내려가서
그 영혼이 저급한 차원에 태어나도록 만든다.
깨달음과 이기심이 중간 정도인 사람의 우다나는
그 영혼을 인간 세상에 다시 태어나게 한다."

8. "우주적인 관점에서 보면
태양은 근본이 되는 생명 에너지 프라나이다.
땅은 배설과 생식을 주관하는 아파나이다.
하늘과 땅 사이의 공간은
분배와 소화를 주관하는 사마나이다.
허공을 가득 채우고, 허공에서 움직이고 있는 공기는
유지하는 기운인 비야나이다."

9-10. "불기운은 우다나이다.
죽음의 순간에
몸에서 불기운 우다나가 빠져나가면
감각기관을 다스리던 힘들이 마음속으로 흡수된다.
이것으로 영혼이 육신을 떠날 준비가 끝난다.
죽음의 순간에 의식을 지배하고 있던

마지막 생각*이 생명의 기운 프라나와 결합한다.
그러면 프라나는 그 생각의 질(質)에 따라
거기에 적합한 세계로 영혼을 데리고 간다."

11-12. "생명의 기운 프라나가 무엇인지,
또 그 작용이 어떠한지를 깨닫는 사람은 죽음을 초월한다.
그리고 그의 후손들도 그의 길을 따를 것이다.
생명의 기운인 프라나의 근원이 무엇인지,
그리고 그것이 어떻게 몸속으로 들어오며,
어떻게 다섯 가지 기능으로 분화되어
육체 속에 머물며 활동하고 있는가를 깨닫는 사람은
불멸에 이를 것이다."

4장

1. 이번에는 가르기야가 스승에게 물었다.
"선생님, 사람이 잠잘 때
그 사람 속에서 '잠자는 자'가 누구입니까?
꿈을 꿀 때, '꿈꾸는 자'는 누구입니까?
깨어날 때, '깨어나는 자'가 누구입니까?
꿈도 없는 깊은 잠에 빠질 때,
그 사람 속에서 '깊은 잠에 빠지는 자'가 누구입니까?

이 네 가지 상태*를 '경험하는 자'가 누구입니까?"

2. 스승이 말했다.
"사방으로 퍼지던 햇빛은
저녁이 되면 태양의 둥근 원(圓) 안으로 들어가
태양 자체와 하나가 된다.
그리고 아침이 되면
둥근 원 속에 있던 빛들이
다시 사방으로 퍼져 나온다.
그와 마찬가지로 사람이 잠이 들면
육체의 모든 감각들은
그들의 주인인 마음속으로 들어가
마음과 하나가 된다.
그러므로 어떤 사람이
듣지도 못하고 보지도 못하며 냄새 맡지도 못할 때,
맛을 보지도 못하고 감촉을 느끼지도 못할 때,
말하지 못하고 무엇을 즐기지도 못할 때,
'그가 잠들었다'고 말하는 것이다."

3-4. "그러나 잠들어 있을 때에도
생명의 기운 프라나의 불은 계속 타오르고 있다.
배설과 생식을 주관하는 기운인 아파나는
남서쪽에서 늘 타오르고 있는 가장(家長)의 불*처럼

꺼지지 않고 타오른다.
몸 전체를 유지하는 기운인 비야나는
조상의 명복을 빌기 위해 남쪽에 안치해 놓은 불*처럼
꺼지지 않고 타오른다.
모든 기운의 본체인 프라나는
서쪽에 안치해 놓은 신께 바치는 불*처럼
꺼지지 않고 타오른다.*
분배와 소화를 주관하는 기운인 사마나는
들숨과 날숨의 평형을 유지한다.
그러므로 사마나는
격식에 맞게 불을 피우고 그 불을 잘 관리하는
사제와 같은 기능을 한다.
마음은 이 모든 불을 관리하며
제사를 드리는 제주(祭主)이다.
모든 불을 피우고 그것을 잘 관리하는 사람의 영혼은
꿈도 없는 깊은 잠에 들어갔을 때
우다나 기운을 타고 참 자아에 가까이 다가간다.
그러므로 우다나는 제사의 결과라고 할 수 있다."

5. "꿈을 꾸는 동안 마음*은
과거에 받은 인상들을 되살려낸다.
과거에 보았던 것을 다시 보고
들었던 것을 다시 들으며

즐기고 경험했던 것을 다시 경험한다.
나아가서 마음은
본 적이 없는 것을 보고
들은 적이 없는 소리를 들으며
경험하지 못한 것을 경험하기까지 한다.
마음은 실재와 실재가 아닌 것까지
모두 보고 느끼고 경험한다."

6-8. "그러나 꿈도 없는 깊은 잠 속으로 들어가면
마음은 참 자아 속으로 고요히 가라앉고
육체는 평안한 쉼을 얻는다.
새들이 보금자리에서 평안하게 쉬듯이
모든 생명체는 참 자아 안에서 평안한 쉼을 얻는다.
흙, 물, 불, 바람, 공간,
그리고 이런 것들을 이루는 미묘한 원소와
시각, 청각, 후각, 미각, 촉각과
이런 감각의 대상들,
입술과 언어와 손과 손의 동작,
마음과 마음이 생각하는 대상,
'나'라는 자아의식,
가슴과 가슴이 사랑하는 대상.
꿈도 없는 깊은 잠의 차원으로 들어가면
삶을 유지하는 이 모든 것들이

참 자아 속으로 흡수되어 평안한 쉼을 얻는다."

9. "참 자아가 모든 것을 경험하는 주인공이다.
참 자아가 보고, 듣고, 냄새 맡고, 맛보는 자이다.
참 자아가 생각하고 행위하는 자이다.
참 자아는 순수한 의식이며
영원히 변하지 않는 지고한 브라만이다."

10-11. "사랑하는 친구여, 형태도 없고 그림자도 없는 순수한 참 자아를 아는 사람은 모든 것을 알게 되며, 불멸의 존재와 하나가 된다. 사랑하는 친구여, 의식과 감각과 생명의 불꽃과 모든 물질의 근원인 참 자아를 알게 되면 모든 것을 알게 되며, 모든 존재의 가슴속에 머물고 있는 참 자아와 하나가 되어 자신의 의식이 우주적인 의식으로 확장된다."

5 장

1. 이번에는 사트야카마가 스승에게 물었다.
"성스러운 음절 '옴'에 대한 명상이 깊어서, 그 소리와 온전히 하나가 된 사람은 죽은 다음에 어떻게 됩니까?"

2. 스승이 말했다.

"'옴'은 내재적이며 동시에 초월적이다.
그러므로 '옴'의 명상을 통해
인격적인 신의 차원에 도달할 수도 있고
비인격적이며 보편적인 신성을 성취할 수도 있다."

3. "'옴[AUM]'은 세 음절로 되어 있다.
명상을 통해서 첫 음절 '아[A]'에 동조된 사람은
이 땅에 다시 태어난 다음
《리그 베다》의 인도를 받아
믿음과 사랑으로 충만한 순수한 삶을 산다."

4. "명상을 통해서 앞의 두 음절 '아[A]'와 '우[U]'에 동조된 사람은
《야주르 베다》의 인도를 받아
여성적인 에너지와 기쁨이 넘치는 달의 세계*로 간다.
거기서 수행의 공덕에 대한 보상을 다 누린 다음에
다시 이 땅으로 돌아온다."

5. "그러나 명상을 통해서 세 음절 전체에 동조된 사람은
《사마 베다》의 인도를 받아
빛으로 충만한 태양의 세계로 간다.
거기서 그는 뱀이 허물을 벗듯이
자신이 행한 모든 행위와 그 결과로부터 벗어난다."

6. "'옴'의 세 음절을 따로따로 명상하는 사람은
삶과 죽음이 반복되는 유한한 차원*을 벗어나지 못한다.
그러나 '옴'의 세 음절 전체에 마음을 모음으로써
존재 전체가 그 진동으로 울리는 사람은
어떤 차원의 의식 상태*에 있더라도
모든 두려움에서 벗어난다."

7. "《리그 베다》의 상징인 '아'의 진동은
영혼을 이 땅에 다시 태어나도록 이끈다.
《야주르 베다》의 상징인 '우'의 진동은
영혼을 달의 세계로 데려간다.
《사마 베다》의 상징인 '옴'의 진동은
영혼을 태양의 세계로 인도한다.
우주 전체가
성스러운 음절 '옴'의 진동으로 가득 차 있다.
지혜로운 사람은 이 '옴'의 진동과 하나 됨으로써
두려움과 죽음을 초월하여
무한한 평화의 세계로 들어간다."

6 장

1. 마지막으로 수케샤가 스승에게 물었다.

"선생님, 얼마 전에 코살라 왕국의 왕자 히란야나바가 제게 와서 이렇게 물은 적이 있습니다. '열여섯 가지 부분으로 나누어져 존재하는 참 자아를 아십니까?' 저는 이렇게 대답할 수밖에 없었습니다. '모릅니다. 만약 제가 안다면 당신에게 말해 주겠지요. 거짓말하는 사람은 뿌리 잘린 나무처럼 말라 죽을 텐데, 제가 어찌 아는 것을 모른다고 말할 수 있겠습니까?' 그러자 왕자는 말을 타고 아무 말 없이 돌아갔습니다. 선생님, 저는 지금 그 왕자가 알고 싶어 했던 그것을 알고 싶습니다. 참 자아*는 도대체 어디에 어떤 모습으로 있는 것입니까?"

2-4. 스승이 말했다.
"오, 사랑하는 친구여.
참 자아는 열여섯 부분으로 나누어져
육체 속에 머물고 있다.
참 자아가 스스로 물었다.*
'내가 육체 속에 머물고 싶을 때는 어떻게 머물고
밖으로 나가고 싶을 때는 어떻게 나갈 수 있을까?'
그래서 참 자아는 영혼*을 만들었다.
영혼으로부터 소원*을 만들고,
소원으로부터 흙, 물, 불, 공기, 공간,
그리고 감각과 마음과 식물[음식]을 만들었다.
음식에서 육체의 힘과 정신의 힘과 감성의 힘을 만들고
의지의 힘과 의지대로 행위할 수 있는 세계를 만들었다.
참 자아는 이렇게 만들어진 모든 것에

각각 다른 이름을 붙였다."

5. "강물*이 바다*로 흘러들어 가면
자기의 이름과 형태를 잃어버리고
바다와 하나가 되는 것처럼,
참 자아를 깨달으면 참 자아의 열여섯 부분은
참 자아 속으로 흡수되어 참 자아만 남게 된다.
그러면 이름과 형상에 대한 분별이 사라지고
불멸에 이르게 된다.*"

6. "바퀴살이 중심축에 연결되어 있듯이
존재의 열여섯 가지 형태는 참 자아에 연결되어 있다.
이 참 자아가 삶과 깨달음의 목표다.
이 목표를 성취하여 죽음을 넘어가도록 하라."

7. 스승은 이렇게 말을 맺었다.
"내가 아는 한 이 지고한 브라만인 참 자아가 궁극이다. 이 이상은 없다.*"

8. 제자들은 스승께 절을 한 다음 이렇게 말했다.
"선생님은 우리들의 영적인 아버지이십니다.
선생님께서 저희들을 무지의 언덕에서
지혜의 언덕으로 건네주셨나이다.

저희들은 성자님께 머리 숙여 절하나이다."

옴! 샨티, 샨티, 샨티!

번역노트

제목: '프라쉬나(prashna)'는 '질문'이라는 뜻이다. 여섯 젊은이의 질문과 그에 대한 피팔라다의 대답으로 이루어져 있기 때문에 붙은 이름이다.

1장

1. "깨달음에 대한 열정에 가득차서": 글자대로는 '손에 장작을 들고'이다. 제자가 스승에게 가르침을 청하러 갈 때 마른 장작을 가지고 가는 것이 예의였다.

2. "일 년 동안": 글자대로 꼭 일 년이라기보다는 일정한 기간이라고 볼 수 있다.

   "내 밑에서 수행에 전념하도록 하라": 글자대로는 '고행과 절제(독신생활)를 하며 (스승에 대한) 믿음을 지녀라'이다.

4. "의식을 집중하자": '타파스(tapas)'의 번역이다. '타파스'의 글자대로의 뜻은 '열(熱)을 내는 것'이다. 감각과 마음을 통제하고, 집중하여 명상하는 수행을 하면 몸에 열기가 돌기 때문에 '고행' 또는 '집중명상'을 가리키는 말로 쓰인다.《문다카 우파니샤드》에도 창조에 대한 같은 내용이 있다. "불멸의 브라만이 자기 자신에게 의식을 집중했다. 그러자 진화의 바람을 일으키는 에너지가 탄생했다. 진화의 에너지에서 생명이 탄생하고, 생명에서 마음이, 마음에서 물질의 원소(元素)가, 물질의 원소에서 원인과 결과의 법칙이 지배하는 이 세계가 태어났다."(제1부 1장 8절)

6-7. 태양이 만물에게 빛을 비추는 것에 대한 다소 복잡한 묘사를 줄여

서 옮겼다.

9. "태양이 남과 북의 두 길을 따라가는": 북방에서 이주해 온 아리안들은 태양이 북쪽 궤도를 도는 여름에 대해서는 긍정적인 이미지를 가졌고, 태양이 남쪽 궤도를 도는 겨울에 대해서는 부정적인 이미지를 가졌다. 그래서 태양이 북쪽 길을 따라가는 동안에 죽은 사람은 불멸에 이르고 남쪽 길을 따라가는 동안에 죽은 사람은 윤회의 세상에 다시 태어난다고 말하는 것이다.

"생명의 주": 창조주 '프라자파티'의 번역이다.

11. 창조주가 시간의 흐름과 계절의 변화를 주관하는 것을 묘사하고 있다.

"다섯 계절": 글자대로는 '다리가 다섯인 (아버지로 본다)'이다. 주석가들은 '다리'를 '계절'로 본다.

13. "성적인 욕망을 절제하는 사람": '브라마차리야(brahmacarya)'의 번역이다. '브라마차리야'가 흔히 독신 수행자를 일컫는 말로 쓰이지만, 여기서 보듯이 원래는 성적인 욕망을 절제할 줄 아는 사람을 가리킨다.

16. "거짓이 없는": 후대에 '환영(幻影)'이라는 뜻으로 발전된 '마야(maya)'의 번역이다. 여기서는 '교활함' 또는 '속임수'라는 뜻으로 쓰였다.

2장

2-3. "육체": '바나(bana)'의 번역이다. 글자대로의 뜻은 '갈대'이다. 다른 문헌에서는 '화살'이나 여러 줄이 묶인 '수금'을 뜻하는 말로 쓰이기도 한다. 갈대나 화살이나 수금은 모두 인간의 육체에 대한 은유이다.

"내 힘을 다섯으로 나누어": 프라나, 비야나, 아파나, 우다나, 사마나를 말한다. 근본적인 생명의 기운인 '프라나'가 몸속으로 들어오면 여러 기능으로 나누어 작용한다. '비야나'는 유지하는 기운이며, 기운이 흐르는 이 수많은 길을 따라 움직이며 활동한다. '아파나'는 아래로 내려가는 성질을 가지고 있으며, 아래로 내려가서 배설과 생식을 주관한다. '사마나'는 몸통 중심에 머물면서 분배와 소화를 주관한다. '우다나'는 몸 밖으로 빠져나가는 기운이다. 깨달음을 얻은 사람의 우다나는 척추를 따라 연결되어 있는 미묘한 통로를 따라 위로 올라가서 정수리를 통해 빠져나간다. 그러면 그 영혼은 다시 이 땅으로 돌아오지 않는다.(《프라숴나 우파니샤드》 3장 4절 이하 참조)

7. "모든 존재가 그대를 찬미한다": 글자대로의 뜻은 '모든 피조물이 (프라나에게) 공물을 가져온다'이다.
"창조의 주인": '(창조주) 프라자파티'의 번역이다.

11. "그대는 순수하며": 글자대로는 '그대는 브라티야'이다. 샹카라의 해설에 따르면 '브라티야(Vratya)'는 순수한 본성을 그대로 간직하고 있는 첫 번째 인간을 가리킨다고 한다.

3장

5. "보고, 듣고, 냄새 맡고, 숨 쉬는 힘": 글자대로는 '일곱 불꽃'이다. 두 눈, 두 귀, 두 콧구멍, 입의 기능을 가리킨다. 눈의 시각, 귀의 청각, 코의 후각, 혀의 미각, 피부의 촉각, 항문의 배설기능, 성기의 생식기능으로 보는 사람도 있다.

6. "기운이 흐르는 길": '나디(nadi)'의 번역이다. 생명의 기운이 흐르는 눈에 보이지 않는 통로를 가리킨다. '에너지 통로'라고 옮길 수도 있다. 한의학에서 말하는 경락(經絡)과 비슷한 개념이다.
"비야나": 호흡으로 말하면 들숨과 날숨 사이의 정지된 순간의 숨을 가리킨다. 비야나 기운은 온몸에 퍼져 있으면서 숨이 끊어지지 않도록 연결하는 역할을 한다.

9-10. "죽음의 순간에 의식을 지배하고 있던 마지막 생각":《바가바드 기타》에서 크리슈나도 똑같은 말을 하고 있다. "죽는 순간까지 나를 기억하는 사람은 나의 존재 상태에 이르게 될 것이다. 이 점을 의심하지 말고 믿기 바란다. 죽음의 순간에 마음을 지배하고 있는 생각이 그의 다음 생을 결정한다. 죽는 사람은 마지막에 품고 있던 생각에 상응하는 존재의 상태에 이르기 때문이다. 그러므로 언제나 나를 생각하며 그대에게 주어진 의무를 다하라. 힘을 다해 마음과 생각을 나에게 기울이면 반드시 나의 상태에 이를 것이다. 규칙적인 명상을 통해 얻은 마음을 한 곳에 집중할 수 있는 힘으로 나만을 생각하도록 하라. 그러면 지고한 신적인 차원에 도달하게 될 것이다."(제8장 5-8절)

4 장

1. "네 가지 상태": 가르기야가 묻고 있는 의식의 네 가지 차원에 대해서는《만두키야 우파니샤드》2-7절에 자세한 설명이 나온다.

3-4. "가장(家長)의 불", "조상의 명복을 빌기 위해 남쪽에 안치해 놓은 불", "서쪽에 안치해 놓은 신께 바치는 불": 제사를 드릴 때 피우는 세 종류의 불에 대한 언급이다. '가장의 불'은 항상 꺼지지 않도록 지켜야 했으며, 이 불로 조상을 위한 불과 신을 부르기 위한 불을 붙인다. "꺼지지 않고 타오른다": 사람 속에서 꺼지지 않고 타오르고 있는 생명의 불을 제단에서 늘 타오르고 있는 불에 비유하고 있다. 이것은《우파니샤드》의 현자들이 인간의 삶을 하나의 제사로 보았음을 암시하고 있다.

5. "마음": '신'이라는 뜻의 '데바(deva)'의 번역이다. 여기서는 '데바'가 눈에 보이지 않는 경험자를 가리킨다고 보고 '마음'이라고 옮겼다. 물론 진짜 경험자는 마음이 아니라 참 자아이다(9절). 마음은 단지 경험

자인 것처럼 활동하다가 꿈도 없는 깊은 잠 속으로 들어가면 참 자아 속으로 가라앉는다(8절).

5장

4. "달의 세계": '마나스(manas)'의 번역이다. 글자대로의 뜻은 '마음'이지만 거의 모든 주석가들이 '달'을 가리키는 표현이라고 본다. 이렇게 보는 것이 아래 위 구절과도 뜻이 연결된다.

6. "삶과 죽음이 반복되는 유한한 차원": 글자대로의 뜻은 '죽음의 세계에 속한 것'이다.

"어떤 차원의 의식 상태": 글자대로는 '외적인 활동, 내적인 활동, 중간 활동'이다. 깨어 있는 상태, 꿈꾸는 상태, 깊이 잠든 상태를 가리킨다.

6장

1. "참 자아": '푸루샤(Purusha)'의 번역이다. '형체가 있는 존재' 또는 '인간 모양의 존재'라는 뜻이다. 현상으로 나타난 인간의 배후에 있는 인간의 원형(原形)이라는 뜻으로 사용되기도 하며, 아트만과 동의어로 쓰이기도 한다. 감각이 있는 살아 있는 존재나 생명이 없는 사물에나 모두 깃들어 있어야만 진정한 실재라고 할 수 있다. 산스크리트로는 이렇게 만물 속에 깃들어 있는 실재를 '아트만' 또는 '푸루샤'라고 한다.

2-4. "스스로 물었다": '이크샤나(ikshana)'의 번역이다. 글자대로의 뜻은 '곰곰이 생각하다' 또는 '뜻을 품다'이다.

"영혼": 생명의 기운 또는 숨을 뜻하는 '프라나'의 번역이다.

"소원": '믿음'이라는 뜻의 '슈랏다(shraddha)'의 번역이다. 피조물이 올바로 만들어지고 움직이도록 하는 내적인 질서라고 볼 수 있다. 여기서는 질서가 갖추어진 영혼의 소원이라는 뜻으로 사용되었다.

5. "강물", "바다": '강물'은 열여섯 '부분'에 대한 상징이고, '바다'는 '참 자아'에 대한 상징이다.

"불멸에 이르게 된다.": 글자대로의 뜻은 '죽음도 없다'이다.

7. "이 이상은 없다": '나는 더 말할 수 있는 것이 없다' 또는 '이것을 넘어서는 다른 가르침이 없다'라는 뜻이다.

만두키야 우파니샤드

깨달음의 방편

'옴' 다음에는 침묵 음이 따른다. 이 침묵 음은 앞의 세 가지 의식 상태를 넘어선, 더 나아갈 곳이 없는 투리야 상태에 해당한다. 이 상태에는 부분에 대한 의식이 없다. 이 상태는 태어남과 죽음을 넘어선 영원한 기쁨의 세계이다. 이것을 아는 사람은 참 자아 속으로 녹아들어가 참 자아 아트만과 하나가 된다.

1. '옴'은 궁극적인 실재이다.
'옴'은 과거에도 있었고,
지금도 존재하고 있으며,
미래에도 존재할 모든 것의 상징이다.
과거, 현재, 미래라는 시간을 초월해 있는 것,
그것들 또한 '옴'이다.
진실로 '옴'은 모든 것이다.

2. 이 세상에 존재하는 모든 것은 브라만이다.
참 자아 아트만이 곧 이 브라만이다.
그런데 참 자아에게는 네 가지 의식 상태*가 있다.

3. 첫 번째 의식 상태는
'깨어 있는 상태'라고 부른다.
이 상태에서는
모든 감각이 외부를 향하고 있으며,*
따라서 외적인 세상만을 인식한다.*

4. 두 번째 의식 상태는
'꿈꾸는 상태'라고 부른다.
이 상태에서는
모든 감각이 내면을 향한다.*
이 상태에서는

과거의 행위나
현재 가지고 있는 욕망과 관련된
주관적인 경험을 한다.

5-6. 세 번째 의식 상태는
'깊이 잠든 상태'라고 부른다.
이 상태에서는 꿈도 꾸지 않으며
욕망과 관련된 주관적인 경험도 하지 않는다.
이 상태에서는 마음이 작용하지 않는다.
'너와 나'라고 하는 분리 의식도 사라지고
깊은 평온과 희열에 잠긴다.
이 깊은 평온과 희열에 잠긴 의식이 곧
모든 존재의 가슴속에 머물고 있는,
모든 것을 알고 모든 것을 다스리는
만유의 지배자 프라즈나[숭고한 지혜]*이다.
모든 존재는 프라즈나에서 나왔다가*
프라즈나 속으로 흡수되어 돌아간다.

7. 마지막으로
앞의 세 의식 상태를 초월한
네 번째 의식 상태는 '투리야'*라고 부른다.
투리야는 주관적인 상태도 아니고
객관적인 상태도 아니다.

투리야는 감각과 지성을 초월해 있다.
투리야 상태는 의식도 아니고
의식이 아닌 것도 아니다.
이 상태는 인식할 수도 없고
말로 설명할 수도 없다.
이 상태는 포착할 수 없으며
특징을 설명할 수도 없고 생각도 할 수 없다.
이 상태에는 어떤 이름도 붙일 수 없다.
이 상태가 곧 무한한 평화와 사랑만이 존재하는
의식의 본질 참 자아 아트만이다.
그가 인생의 지고한 목표이니
그를 깨달아야만 한다.

8. '옴'은 투리야를 나타내는 음절이다.
'옴'은 나누어질 수 없지만
'옴'을 구성하고 있는 세 음절 아[A], 우[U], 음[M]은
각각 의식의 세 가지 상태에 해당한다.

9. '옴'의 첫 음절 '아[A]'는
깨어 있는 의식 상태에 해당한다.
이것을 아는 사람은
감각을 지배하며,
자신의 바라는 바를 성취하고

그 열매를 먹게 될 것이다.

10. ‘옴’의 두 번째 음절 ‘우[U]’는
꿈꾸는 의식 상태에 해당한다.
이것을 아는 사람은
꿈을 지배하며,
지혜 안에 확고하게 자리를 잡을 것이다.
그의 가문에는 영적인 삶을 살지 않는 사람이
한 사람도 태어나지 않을 것이다.

11. ‘옴’의 세 번째 음절 ‘음[M]’은
깊이 잠든 의식 상태에 해당한다.
앞선 ‘아’와 ‘우’는 이 음절 속으로 흡수된다.*
이것을 아는 사람은
마음의 절대 평정 속에 머물면서
자신의 참모습을 발견하게 된다.
그리고 다른 존재의 깨달음을 위해
영적인 에너지를 발산한다.

12. ‘옴’ 다음에는 침묵 음이 따른다.
이 침묵 음은
앞의 세 가지 의식 상태를 넘어선,
더 나아갈 곳이 없는 투리야 상태에 해당한다.

이 상태에는 부분에 대한 의식이 없다.
이 상태는 태어남과 죽음을 넘어선
영원한 기쁨의 세계이다.
이것을 아는 사람은
참 자아 속으로 녹아들어가*
참 자아 아트만과 하나가 된다.

옴! 샨티, 샨티, 샨티!

번역노트

제목: 전설적인 이야기에 따르면《타이티리야 우파니샤드》의 제목이 새의 이름에서 비롯된 것처럼 '만두키야'는 '개구리'라는 뜻의 '만두카(manduka)'에서 왔다고 한다. 하지만 '만두키야'가 이것을 지은 현자의 이름일 수도 있다.

2. "네 가지 의식 상태": '의식 상태'는 '파다(pada)'의 번역이다. '파다'의 글자대로의 뜻은 '다리(脚)'이다. 물질적인 세계와 눈에 보이지 않는 세계 전체를 브라만의 '네 다리'로 표현한 것이다. '파다'는 '방위(方位)'나 '영역'을 가리키기도 한다.

3. "감각이 외부를 향하고 있으며": '바이슈바나라(vaishvanara)'를 풀어 옮긴 것이다. '바이슈바나라'는 '모든 사람을 그들 자신의 즐거움으로 이끄는 자'라는 뜻이며, 불의 신 아그니의 다른 이름이기도 하다.
"외적인 세상만을 인식한다": 글자대로의 뜻은 '외적인 세상을 먹는다(즐긴다)'이다.

4. "감각이 내면을 향한다": '타이자사(taijasa)'를 풀어 옮긴 것이다. '타이자사'는 각성(覺醒) 또는 깨달음의 광채'라는 뜻을 함축하고 있는 '테자스(tejas)'에서 온 말이다. 하지만 여기에서는 궁극적인 실재에 대한 깨달음의 광채가 아니라, 이 말의 다른 뜻인 '(내적인) 에너지'라는 뜻을 사용되었다.

5-6. "프라즈나[숭고한 지혜]": 강조하는 역할을 하는 접두사 '프라(pra)'와 '안다'는 뜻의 '즈나(jna)'가 결합된 말이다. '프라즈나'는 종종 '의식(意識)'이라는 뜻으로 사용된다.

"모든 존재는 프라즈나에서 나왔다가": 이 구절에 사용된 '요니(yoni)' 라는 말은 여자의 성기 또는 자궁을 가리킨다. 이 구절의 글자대로의 뜻은 "프라즈나가 모든 존재의 자궁"이다.

7. "투리야": '투리야(turiya)'의 글자대로의 뜻은 '네 번째'이다. 앞의 세 의식 상태를 초월한 네 번째 의식 상태를 가리키는 말이다. 모든 의식의 기반이 되는 궁극적인 의식 차원으로, 깨어 있는 상태와 꿈꾸는 상태와 깊이 잠든 상태는 투리야 의식을 토대로 펼쳐지는 영상(影像)이다.

11. "이 음절 속으로 흡수된다": '옴'을 연속적으로 발음하면 '아'와 '우'가 '음' 속으로 흡수된다. '아'가 상징하는 깨어 있는 상태와 '우'가 상징하는 꿈꾸는 상태가 '음'이 상징하는 깊이 잠든 상태 속으로 흡수되는 것이다.

12. "참 자아 속으로 녹아들어가": 글자대로의 뜻은 '참 자아에 의해 참 자아 속으로 들어간다'이다. 《카타 우파니샤드》는 이렇게 말한다. "참 자아는 참 자아를 찾고 구하는 자에게 스스로 자신의 모습을 드러낸다."(제1부 2장 23절) 이 구절의 글자대로의 뜻은 '참 자아는 자기가 선택한 자에게 자신의 모습을 드러낸다'이다.

브리하다란야카 우파니샤드

숲 속 현자들의 가르침

소금을 물에 넣으면 녹아서 소금의 형체가 사라지오. 하지만 물의 어느 곳을 손가락으로 찍어서 맛을 보아도 모두 똑같은 짠맛이 날 거요. 이처럼 분리된 자아들은 불멸하는 순수의식 속으로 녹아들어가 자신의 개체성을 초월하여 무한한 존재와 하나가 될 것이오.

※ 전체 《우파니샤드》 가운데서 가장 긴 《우파니샤드》로서, 상당히 다양한 전승을 담고 있다. 번역에서는 다양한 전승의 특징을 볼 수 있는 몇 부분을 골라 옮겼다.

제 2 부

4 장

1. 어느 날 성자 야즈나발키야가 아내 마이트레이에게 말했다.

"여보, 난 이제 속세를 떠나려하오.* 이리 오시오. 당신과 카트야야니[야즈나발키야의 둘째 부인]에게 재산을 나누어 주겠소."*

2. 마이트레이가 말했다.

"스승이시여*, 이 세상에 있는 재물을 모두 다 가지면 불멸에 이를 수 있나요?"

"아니오." 야즈나발키야가 대답했다.

"이 세상의 재물을 모두 다 갖는다면 엄청난 부자가 되겠지. 하지만 재물로는 불멸에 이르지 못한다오."

3. 그러자 마이트레이가 말했다.

"그렇다면 재물이 무슨 필요가 있단 말인가요? 저는 불멸에 이르는 길을 알고 싶을 뿐입니다.*"

4. 야즈나발키야가 말했다.

"당신은 항상 사랑스러운 사람이더니, 오늘도 나의 영혼을 흔드는 말을 하는구려. 이리 가까이 와 앉아서 지금부터 내가 하는 말을 주의 깊게 들어보시오."

5. 야즈나발키야가 말했다.

"당신이 나를 사랑하는 것은 내가 남편이기 때문이 아니라, 나의 내면에 머물고 있는 참 자아를 사랑하기 때문에 사랑하는 것이라오.

내가 그대를 사랑하는 것은 그대가 나의 아내이기 때문이 아니라, 그대의 내면에 머물고 있는 참 자아를 사랑하기 때문에 사랑하는 것이라오.

우리가 아이들을 사랑하는 것은 그 아이들이 우리의 자식이기 때문이 아니라, 그 아이들 내면에 머물고 있는 참 자아를 사랑하기 때문에 사랑하는 것이라오.

우리가 우리의 재산을 소중히 여기는 것은 그것이 우리의 재산이기 때문이 아니라, 그 재물의 본질인 참 자아가 소중하기 때문에 소중히 여기는 것이라오.

우리가 브라만 사제들을 존경하는 것은 그들이 성직자이기 때문이 아니라, 그들 내면에 머물고 있는 참 자아가 존경받아 마땅하기 때문에 존경하는 것이라오.

우리가 귀족을 존귀하게 대하는 것은 그들이 귀족이기 때문이 아니라, 그들 내면에 머물고 있는 참 자아가 존귀하기 때문에 그들을 존귀하게 대하는 것이오.

우리가 이 세상을 사랑하는 것은 이 세상 자체 때문이 아니라, 이 세상 속에 머물고 있는 참 자아를 사랑하기 때문이오.

우리가 신들을 숭배하는 것은 그들이 신들이기 때문이 아니라, 그들 속에 머물고 있는 참 자아가 숭배 받아 마땅하기 때문에 그들을 숭배하는 것이오.

우리가 모든 생명체를 사랑하는 것은 그들이 생명체이기 때문이 아니라, 그들 속에 머물고 있는 참 자아를 사랑하기 때문에 사랑하는 것이오.

우리가 모든 피조물을 사랑하는 것은 그들 자체 때문이 아니라, 그들 속에 머물고 있는 참 자아를 사랑하기 때문에 사랑하는 것이라오.

그러므로 마이트레이여, 참 자아를 깨달아야만 하오. 참 자아에 대한 가르침을 듣고, 그것을 깨닫기 위해 정신의 힘을 집중해야만 하오. 참 자아를 깨달으면 삶의 모든 비밀을 알게 될 것이오."

6. "브라만 사제와 참 자아 아트만은 서로 떨어진 존재가 아니라오.*

귀족과 참 자아 아트만도 서로 떨어진 존재가 아니라오.

신들과 참 자아 아트만도 서로 떨어진 존재가 아니라오.

모든 생명체와 참 자아 아트만도 서로 떨어진 존재가 아니라오.

모든 피조물과 참 자아 아트만도 서로 떨어진 존재가 아니라오.

브라만 사제, 귀족들, 모든 생명체, 온 우주와 신들과 천지만물이 모두 참 자아 아트만의 서로 다른 표현이라오."

7-10. "북소리를 손으로 잡을 수 없으나, 북이나 북치는 사람을 잡으면 북소리의 근원을 잡을 수 있다오.

나팔소리를 손으로 잡을 수 없으나, 나팔이나 나팔 부는 사람을 잡으면 나팔소리의 근원을 잡을 수 있다오.

비나소리를 손으로 잡을 수 없으나, 비나나 비나를 뜯는 사람을 잡으면 비나소리의 근원을 잡을 수 있다오.

마치 젖은 장작을 태울 때 연기가 이리저리 흩어지는 것처럼*, 모든 경전과 학문과 역사와 예술과 과학과 시와 주석들은 지고한 참 자아의 내쉬는 숨결로 빚어진 것이라오."

11. "바다가 없다면 물이 있을 수 없소.

피부가 없다면 감촉이 있을 수 없소.

코가 없다면 냄새가 있을 수 없소.

혀가 없다면 맛이 있을 수 없소.

눈이 없다면 형태가 있을 수 없소.

귀가 없다면 소리가 있을 수 없소.

마음이 없다면 생각이 있을 수 없소.

가슴이 없다면 지혜가 있을 수 없소.

손이 없다면 행위가 있을 수 없소.

성기가 없다면 성행위의 기쁨이 있을 수 없소.

항문이 없다면 배설이 있을 수 없소.

발이 없다면 보행이 있을 수 없소.

말(言語)이 없다면 경전이 있을 수 없소.

마찬가지로 참 자아가 없다면 이 모든 것이 있을 수 없다오."

12. "소금을 물에 넣으면 녹아서 소금의 형체가 사라지오. 하지만 물의 어느 곳을 손가락으로 찍어서 맛을 보아도 모두 똑같은 짠맛이 날 거요. 이처럼 분리된 자아들은 불멸하는 순수의식 속으로 녹아 들어가 자신의 개체성을 초월하여 무한한 존재와 하나가 될 것이오.

자기가 분리된 개체라는 의식은 자신의 본질이 참 자아라는 사실을 알지 못하고, 육체를 자기라고 생각하기 때문에 생긴 것이오. 육체를 자기라고 여기는 이 그릇된 생각이 깨지면 분리된 개체는 더 이상 존재하지 않는다오.* 마이트레이여, 이것이 내가 그대에게 꼭 하고 싶은 말이라오."

13. 마이트레이가 말했다.

"스승이시여, 개별적인 존재로서의 내가 없다니 너무 혼란스럽습니다."

야즈나발키야가 말했다.

"내가 한 말을 곰곰이 생각해 보시오. 그러면 분명히 이해하고 혼란스러움에서 벗어날 것이오."

14. "내가 개별적인 존재라는 의식이 있는 동안에는 주객(主客)의 분리*가 있소. 보는 자와 보이는 대상, 듣는 자와 들리는 소리, 냄새 맡는 자와 냄새, 말하는 자와 듣는 상대방, 생각하는 자와 생각의 대상, 인식하는 자와 인식의 대상이 구별이 되오.

하지만 참 자아를 깨닫고 참 자아 상태에 들어가면 주객의 분리가 사라진다오. 모든 것이 온통 진정한 자기 자신이라면 누가 누구를 볼 것이며, 누가 누구에게 말을 할 것이며, 누가 누구의 말을 들을 것이며, 누가 누구를 생각할 것이며, 누가 누구에 대해서 어떻게 생각할 수 있겠소?

사랑하는 마이트레이여, 누가 '아는 자'를 알 수 있겠소? 순수의식인 '아는 자'는 인식의 대상이 아니라오."

제 3 부

1장

1-2. 한 번은 비데하 왕국의 자나카 왕*이 제물을 성대하게 차려 놓고 큰 제사를 올렸다. 쿠루 왕국과 판찰라 왕국에서 수많은 현자들이 그 행사에 참석했다. 자나카 왕은 모여든 수많은 현자들 가운데서 누가 가장 지혜로운 사람인지 알고 싶었다. 그는 소 천 마리를 말뚝에 묶어 놓고, 모든 소의 뿔에 금화 열 개씩을 매달아 놓았다. 그리고 말했다.

"존경하는 사제들이여, 이 소들은 여러분 가운데서 가장 지혜로운 분에게 드리는 선물입니다. 가장 지혜로운 분이 이 소를 모두 가져가시기 바랍니다."

사제들은 서로 눈치를 보았다. 아무도 소를 가져가겠다고 나서는 사람이 없었다. 그때 야즈나발키야가 제자 사마슈라바에게 말했다. "아들아, 이 소들을 우리가 가져가자꾸나." 사마슈라바는 매우 기뻐하며 소를 모두 집으로 몰고 가려고 했다.

그러자 다른 사제들이 화를 내며 소리쳤다. "당신이 어떻게 우리 가운데서 가장 지혜롭다고 생각하시오!"

그 자리에 왕궁 제사장인 아슈발라가 있었다. 그가 야즈나발키야에게 물었다. "당신이 진정 여기 모인 사람들 가운데서 가장 지혜롭다고 생각하시오?"

야즈나발키야가 대답했다. "가장 지혜로운 분께 경배하나이다. 저는 단지 소를 갖고 싶었을 뿐입니다."

(그래서 아슈발라를 비롯하여 그 자리에 모인 여러 사제들이 야즈나발키야의 지혜를 시험하기 시작한다.)

8 장

1. 바차크누의 딸 가르기가 말했다. "존경하옵는 사제 여러분. 제가 야즈나발키야 선생님께 두 가지 질문을 하겠습니다. 그가 이 두 가지 질문에 아무도 반박할 수 없을 만큼 정확하게 대답한다면 우리 가운데 아무도 그를 이길 수 없다는 것*을 인정하도록 하시지요."

모든 사제들이 그렇게 하라고 대답했다.*

3. 가르기:

"하늘 위와 땅 밑, 그리고 하늘과 땅 사이를 꽉 채우고 과거, 현재, 미래를 관통해서 날줄과 씨줄처럼 빈틈없이 짜여 있으며 모든 것을 둘러싸고 있는 것이 무엇입니까?"

4. 야즈나발키야:

"하늘 위와 땅 밑, 그리고 하늘과 땅 사이를 꽉 채우고 과거, 현재, 미래를 관통해서 날줄과 씨줄처럼 빈틈없이 짜여 있는 것은 허공(虛空)*이다."

5-6. 가르기:

"좋습니다. 그럼 두 번째 질문을 하겠습니다. 그렇다면 그 '허공'을 충만하게 채우고 또한 그것을 둘러싸고 있는 것은 무엇입니까?"

7-8. 야즈나발키야:

"현자들은 그것을 일러 '아크샤라[불멸자]'*라고 한다.
그것은 크지도 않고 작지도 않으며,
길지도 않고 짧지도 않다.
그것은 뜨겁지도 않고 차갑지도 않으며,
밝지도 않고 어둡지도 않다.
그것은 공기도 아니며 공간도 아니다.
그것은 눈도 없고 귀도 없고 입과 혀도 없다.
그것은 맛도 없고 냄새도 없고 촉감으로 느낄 수도 없다.
그것은 숨도 아니고 마음도 아니다.

그것은 안도 없고 바깥도 없다.
그것은 무엇으로도 측정할 수가 없다.
그것은 아무것도 먹지 않으며 또한 잡아먹히지도 않는다."

9. "이 '불멸자'의 뜻에 따라
해와 달이 자기의 길을 가고 있으며,
하늘과 땅이 그 자리를 잡았다.
그의 뜻에 따라 시간의 흐름이 정해졌다.
낮과 밤은 보름이 되고 보름은 한 달이 되며
몇 달이 모여 계절이 되고 계절이 모여 일 년이 된다.
이 모든 것이 '불멸자'의 섭리이다.
이 '불멸자'의 명령에 따라 눈이 녹아 강물을 이루고,
강물은 여러 길을 따라 바다로 흘러들어 간다.
사람들이 선행을 칭찬하고, 신들에게 제물을 바치며, 조상에게 제사를 드리는 것도 모두 '불멸자'의 뜻에 따른 것이다."

10. "가르기여,
이 '불멸자'를 깨닫지 못하면 수천 년 동안 기도를 하고 제사를 드리며 고행을 해도 아무 소용이 없다. '불멸자'를 깨닫지 못하고 죽는 사람은 비참하다. 하지만 '불멸자'를 아는 사람은 불멸에 이른다.* 그는 브라만의 경지에 도달한다."

11. "가르기여,

이 '불멸자'는 보는 자이다.

그러나 그는 눈에 보이지 않는다.

그는 듣는 자이다.

그러나 그는 들리지 않는다.

그는 생각하는 자이다.

그러나 그는 생각의 대상이 아니다.

그는 아는 자이다.

그러나 그는 앎의 대상이 아니다.

볼 수 있고, 들을 수 있고, 생각할 수 있고, 알 수 있는 자는

오직 '불멸자' 자신뿐이다.

그 말고는 아무도 보거나 듣거나 생각하거나 알 수 있는 존재가 없다.

허공을 둘러싸고 충만하게 채우고 있는 존재가 바로 이 '불멸자'이다."

12. 가르기가 말했다. "존경하옵는 사제 여러분. 야즈나발키야님께 머리를 숙이고 물러나는 것을 기쁘게 여기셔야 할 것입니다. 여러분 가운데 어느 누구도 이 분보다 더 명확하게 브라만을 설명할 수는 없을 것입니다."

제 4 부

3 장

1. 성자 야즈나발키야가 비데하 왕국의 자나카 왕에게 와서 말했다. "오늘 폐하와 진리에 대한 이야기를 나누려고 왔나이다."

야즈나발키야와 자나카 왕은 이전에 불의 신 아그니에게 공물을 바치는 제사에 대해 이야기를 나눈 적이 있었다. 그때 야즈나발키야는 어느 때라도 불에 관한 진리에 대해 다시 이야기를 해주겠노라고 약속했다. 왕은 그 약속을 상기하고 질문을 해도 좋으냐고 물었다. 야즈나발키야가 허락하자 왕이 물었다.

2. 자나카:

"사람에게 빛을 주는 것은 무엇입니까?"

야즈나발키야:

"해입니다. 해가 빛을 비침으로써 앉고, 밖으로 나가 일을 하고, 다시 집으로 돌아올 수 있습니다."

3. 자나카:

"해가 지고 나면 사람에게 빛을 주는 것은 무엇입니까?"

야즈나발키야:

"달입니다. 달빛이 비침으로써 앉고, 밖으로 나가 일을 하고, 다시 집으로 돌아올 수 있습니다."

4. 자나카:

"해도 지고, 달도 기울고 나면 사람에게 빛을 주는 것이 무엇입니까?"

야즈나발키야:

"불입니다. 불이 빛을 비침으로써 앉고, 밖으로 나가 일을 하고, 다시 집으로 돌아올 수 있습니다."

5. 자나카:

"해도 지고, 달도 기울고, 불도 꺼진 다음에는 사람에게 빛을 주는 것이 무엇입니까?"

야즈나발키야:

"소리[말]입니다. 소리가 들림으로써 앉고, 밖으로 나가 일을 하고, 다시 집으로 돌아올 수 있습니다. 어둠 속에서는 자기의 손조차 볼 수 없지만, 말소리가 들리면 소리를 좇아 그 말을 하는 사람이 있는 곳으로 갈 수 있습니다."

6. 자나카:

"해도 지고, 달도 기울고, 불도 꺼지고, 소리마저 사라진 다음에는 무엇이 사람에게 빛을 줍니까?"

야즈나발키야:

"참 자아 아트만입니다. 참 자아야말로 사람의 진정한 빛입니다. 이 빛으로 말미암아 앉고, 밖으로 나가 일을 하고, 다시 집으로 돌아옵니다."

7. 자나카:

"참 자아가 무엇입니까?"*

야즈나발키야:

"참 자아는 심장 속에서 빛을 발하는 순수한 의식입니다. 그는 감각기관들로 둘러싸여 있습니다. 그가 생각하는 것처럼 보이기도 하고, 움직이는 것처럼 보이기도 합니다. 의식의 3가지 상태 곧 깨어 있는 상태, 꿈꾸는 상태, 꿈도 없이 깊이 잠든 상태는 모두 그의 의식을 토대로 일어나는 현상입니다."

8. "그가 어떤 특정한 존재로 태어나기 위해 육체를 택하면, 그는 그 육체의 결함과 제한 속에 스스로 갇힙니다.* 그러나 육체를 떠나는 순간 참 자아는 다시 순수하고 제한 없는 본래의 자리로 돌아갑니다."

9. "사람에게는 두 가지 존재 차원이 있습니다. 하나는 깨어 있는 이 세상 차원이고 다른 하나는 깊은 잠과 같은 저 세상 차원이지요. 그런데 이 두 차원 사이*에 꿈과 같은 제3의 차원*이 있습니다. 이 차원에서는 이 세상과 저 세상을 함께 경험하면서 기쁨과 슬픔을 맛봅니다. 사람이 죽을 때 죽는 것은 물질적인 육체뿐입니다. 그의 영혼은 비물질적인 새로운 몸을 입고 계속 살아갑니다. 그는 육체로 살던 과거의 삶에 대한 인상을 그대로 가지고 있으며, 그 인상이 다음 생의 형태를 결정합니다. 육체의 옷을 벗은 다음 아직 다음 생으로 환생하기 전, 그 중간 단계에서는 마치 꿈을 꾸듯이 여러 가지 인상들

이 나타나기도 하고 사라지기도 하지요. 이 모든 것이 참 자아의 빛이 만들어 내는 영상입니다."

10. "중간 단계 곧 꿈과 같은 제3의 의식 차원에는 마차도 없고 마차를 끄는 말도 없으며 길도 없습니다. 거기서는 자신의 의식이 말도 만들고 마차도 만들고 길도 만듭니다. 그 차원에는 기쁨이나 즐거움이 없습니다. 그러나 자신의 의식이 기쁨도 만들고 즐거움도 만들지요. 그 차원에는 연꽃으로 뒤덮인 연못도 없고 호수도 없고 강도 없지만, 자신의 의식이 연못과 호수와 강을 만들어 냅니다. 이 상태에 있는 사람은 깨어 있을 때 받은 과거 삶의 인상으로부터 이런 것들을 만들어 내고 경험합니다."

11-13. "그래서 이런 말이 있습니다.
'참 자아*는 늘 깨어 있는 의식이다.
그는 결코 잠들거나 꿈을 꾸지 않는다.
사람이 잠들어 꿈꾸는 상태에 들어가면
참 자아만이 홀로 빛을 발한다.
그는 과거의 행위와 현재의 욕망을 재료로
꿈이라는 옷감이 짜여지는 것을 바라본다.
참 자아는 잠자고 있는 사람의 육신의 생명을
생명 에너지 프라나로 지키게 하고
자기는 몸을 빠져나와* 원하는 곳으로 자유롭게 여행한다.*
꿈속에서 참 자아는 여러 가지 모습을 취한다.

귀한 사람이 되기도 하고 천한 사람이 되기도 하며,
친구와 먹고 마시며 즐기기도 하고,
여자를 안고 황홀해하기도 하고,
두려운 광경 앞에서 벌벌 떨기도 한다.'"

14-15. "그래서 사람들은 '잠자는 사람을 급하게 깨우지 말라'고 말하는 것입니다. 급하게 깨는 바람에 참 자아가 돌아오지 못하면 고치기 힘든 병이 되기 때문입니다. 또 어떤 사람들은 '꿈꾸는 상태와 깨어 있는 상태는 같다'고 말합니다. 깨어 있을 때 본 것들을 꿈속에서도 다시 보기 때문입니다. 하지만 이는 잘못 알고 있는 것입니다. 깨어 있을 때는 감각기관을 통해 경험하지만, 꿈에서는 감각기관의 기능이 정지하고 오직 참 자아의 빛으로 경험하기 때문입니다."

자나카:
"존경하는 스승이시여, 내 당신께 소 천 마리를 선물로 드리겠습니다. 그러니 영원한 자유로 인도하는 보다 높은 지혜를 가르쳐 주시기 바랍니다."

16-17. 야즈나발키야:
"참 자아는 꿈속에서 여기저기 돌아다니면서 기쁨과 즐거움을 누리고, 선한 것과 악한 것을 보며 온갖 경험을 다 합니다. 하지만 그는 자신의 행위를 그저 바라볼 뿐, 거기에 집착하거나 영향을 받지 않습니다. 그는 꿈에서 깨면 아무것도 변하지 않은 원래의 자리로 되돌아옵니다. 깨어 있는 상태에서도 마찬가지입니다. 그는 온갖 경험을 다합니다. 그러나 어디에도 집착하거나 영향 받지 않고 그저 지켜보기만 합니다. 그러다가 다시 아무것도 변한 것이 없는 꿈의 상태로 돌아갑니다."

18. "큰 물고기가 강의 양쪽 언덕 사이에서 유유히 헤엄치듯이 이 불멸의 존재는 꿈의 상태와 깨어 있는 상태 사이를 오가며 유유히 노닐고 있는 것입니다."

19. "송골매나 독수리가 하늘을 날아다니다가 지치면 둥지로 돌아와 날개를 접고 쉬는 것처럼, 지고한 참 자아도 꿈도 없는 깊은 잠의 상태로 돌아와 쉽니다. 거기에서는 어떤 꿈도 꾸지 않으며 아무런 갈망도 없습니다."

21. "참 자아는 모든 욕망과 죄악과 두려움에서 자유롭습니다.* 성적인 결합을 통해 사랑하는 사람과 하나가 되어 있는 사람은 충만한 기쁨 속에 잠깁니다. 그 순간에는 외적인 것이나 내적인 것을 아무것도 의식하지 못하는 무아상태가 됩니다. 마찬가지로 꿈도 꾸지 않는 깊은 잠 속에서 브라만과 합일된 참 자아는 안과 밖을 막론하고, 어떤 대상에 대한 의식도 없습니다. 욕망이나 필요한 것에 대한 갈망도 없습니다. 슬픔의 바다를 건너간 것이지요. 이것이 참 자아의 모습입니다."

22. "이 궁극적인 합일 상태에서는 아버지가 더 이상 아버지가 아니요, 어머니가 더 이상 어머니가 아닙니다. 이 세상은 더 이상 이 세상이 아니고, 신들이나 경전들조차도 더 이상 신들이나 경전이 아닙니다. 이 상태에는 도둑도 없고 살인자도 없으며, 귀족도 없고 천민도 없습니다. 성직자도 없고 고행자도 없습니다. 참 자아는 선과 악의 영향을 받지 않습니다. 그는 인간이 겪는 모든 고통을 초월해 있습니다."

23-30. "꿈도 꾸지 않는 깊은 잠에 빠지면 아무것도 보지 못합니다. 그러나 보는 활동이 사라진 것은 아닙니다. 그 상태에서는 '보는 자'와 '보이는 대상'이 하나가 됩니다. 그래서 그는 외적인 대상을 보는 행위가 없이 봅니다.

꿈도 꾸지 않는 깊은 잠에 빠지면 아무 냄새도 맡지 못합니다. 그러나 냄새 맡는 활동이 사라진 것은 아닙니다. 그 상태에서는 '냄새 맡는 자'와 '냄새'가 하나가 됩니다. 그래서 그는 밖에 있는 냄새를 맡는 행위가 없이 냄새를 맡습니다.

꿈도 꾸지 않는 깊은 잠에 빠지면 어떤 음식도 맛보지 못합니다. 그러나 맛보는 활동이 사라진 것은 아닙니다. 그 상태에서는 '맛보는 자'와 '맛'이 하나가 됩니다. 그래서 그는 밖에 있는 음식의 맛을 보는 행위가 없이 맛을 봅니다.

꿈도 꾸지 않는 깊은 잠에 빠지면 아무 말도 하지 못합니다. 그러나 말하는 활동이 사라진 것은 아닙니다. 그 상태에서는 '말하는 자'와 '듣는 자'가 하나가 됩니다. 그래서 그는 상대방에게 말하는 행위가 없이 말을 합니다.

꿈도 꾸지 않는 깊은 잠에 빠지면 아무 소리도 듣지 못합니다. 그러나 듣는 활동이 사라진 것은 아닙니다. 그 상태에서는 '듣는 자'와 '소리'가 하나가 됩니다. 그래서 그는 밖에서 들리는 소리를 듣는 행위가 없이 듣습니다.

꿈도 꾸지 않는 깊은 잠에 빠지면 아무 생각도 못합니다. 그러나 생각하는 활동이 사라진 것은 아닙니다. 그 상태에서는 '생각하는 자'와 '생각의 대상'이 하나가 됩니다. 그래서 그는 대상을 생각하는 행위가 없이 생각합니다.

꿈도 꾸지 않는 깊은 잠에 빠지면 어떤 감촉도 느끼지 못합니다. 그러나 느끼는 활동이 사라진 것은 아닙니다. 그 상태에서는 '느끼는 자'와 '느낌의 대상'이 하나가 됩니다. 그래서 그는 대상을 느끼는 행위가 없이 느낍니다.

꿈도 꾸지 않는 깊은 잠에 빠지면 아무것도 인식하지 못합니다. 그러나 인식하는 활동이 사라진 것은 아닙니다. 그 상태에서는 '인식하는 자'와 '인식의 대상'이 하나가 됩니다. 그래서 그는 대상을 인식하는 행위가 없이 인식합니다."

31-32. "깨어 있을 때와 꿈꿀 때에는 '보는 자'와 '보이는 대상', '냄새 맡는 자'와 '냄새', '말하는 자'와 '듣는 상대방', '듣는 자'와 '들리는 소리', '생각하는 자'와 '생각의 대상', '감촉을 느끼는 자'와 '감촉의 대상', '인식하는 자'와 '인식의 대상'이 분리되어 있습니다.

그러나 브라만과 합일된 깊은 잠 상태에서는 '둘이 없는 하나'가 됩니다. 이것이 바로 브라만 차원이고, 이 차원이 인생의 지고한 목표이자 지고한 기쁨입니다. 이 목표에 도달하지 못한 사람들은 지고한 기쁨의 아주 적은 일부분만을 맛보며 살아가는 것입니다."

33. 자나카:

"존경하는 스승이시여, 내 당신께 소 천 마리를 더 드리겠나이다. 그러니 부디 참 자아를 깨닫는 길을 가르쳐 주십시오."*

34. 야즈나발키야:

"참 자아는 깨어 있는 상태와 꿈의 상태에서 마치 선과 악을 경험하는 것처럼 즐기다가 다시 아무런 분별이 없는 자신의 본래 상태로 돌아갑니다."

35-36. "죽음의 순간이 다가오면, 마치 무거운 짐을 싫은 마차가 삐걱거리듯이 참 자아를 태운 육체는 신음하며 고통스러워합니다. 육체의 기력이 약해지고 늙어 병들게 되면 참 자아는 나무에서 과일이 떨어지듯이 육체에서 빠져나갑니다. 그리고 다음 생을 위해 자신이 왔던 곳으로 돌아갑니다."

37-38. "왕께서 어느 마을에 행차하시면 그 마을의 우두머리와 온 마을 사람이 나와서 왕을 영접하지요? 그와 마찬가지로 참 자아가 육체를 떠나, 왔던 곳으로 돌아가면 새로운 육체를 만드는 데 필요한 물질 원소들이 그곳에서 그를 맞이합니다.

왕께서 어느 마을의 방문을 마치고 떠나려고 하면 그 마을의 우두머리와 온 마을 사람이 나와서 왕을 배웅하지요? 그와 마찬가지로 참 자아가 육체를 떠나는 죽음의 순간이 오면 육체의 모든 감각 기관과 그 힘들이 참 자아 주위로 몰려듭니다. 마지막 숨이 어려운 것이 이 때문입니다."

4 장

1-2. "죽음의 순간이 가까워지면서 몸과 마음의 힘이 약해지면, 참 자아는 모든 기관의 생명력을 심장으로 모읍니다.

눈에서 생명의 기운*이 떠나 심장 속으로 흡수되면 그는 더 이상 아무것도 보지 못합니다. 현자들은 이 순간을 '생명의 기운이 하나가 되는 때'라고 말합니다.

코에서 생명의 기운이 떠나 심장 속으로 흡수되면 그는 더 이상 냄새를 맡지 못합니다. 현자들은 이 순간을 '생명의 기운이 하나가 되는 때'라고 말합니다.

혀에서 생명의 기운이 떠나 심장 속으로 흡수되면 그는 더 이상 맛을 식별하지 못합니다. 현자들은 이 순간을 '생명의 기운이 하나가 되는 때'라고 말합니다.

목에서 생명의 기운이 떠나 심장 속으로 흡수되면 그는 더 이상 소리를 낼 수 없습니다. 현자들은 이 순간을 '생명의 기운이 하나가 되는 때'라고 말합니다.

귀에서 생명의 기운이 떠나 심장 속으로 흡수되면 그는 더 이상 듣지 못합니다. 현자들은 이 순간을 '생명의 기운이 하나가 되는 때'라고 말합니다.

피부에서 생명의 기운이 떠나 심장 속으로 흡수되면 그는 더 이상 감촉을 느끼지 못합니다. 현자들은 이 순간을 '생명의 기운이 하나가 되는 때'라고 말합니다.

마음에서 사고 능력이 심장 속으로 흡수되면 그는 더 이상 생각하지 못합니다. 현자들은 이 순간을 '생명의 기운이 하나가 되는 때'라고 말합니다.

마음의 인식 능력이 심장 속으로 흡수되면 그는 더 이상 인식하지 못합니다. 현자들은 이 순간을 '생명의 기운이 하나가 되는 때'라고 말합니다.

육체 각 기관에 흩어져 있던 생명의 기운이 심장으로 모여 하나가 되면 심장에서 밖으로 나가는 길에 빛이 비치고, 참 자아는 그 빛을 따라 눈이나 정수리를 통해서 또는 몸의 다른 부분을 통해서 육체를 빠져나갑니다. 참 자아가 나갈 때 숨과 각 기관을 지배하던 생명의 기운도 함께 따라 나갑니다.

이런 과정을 거친 다음, 죽은 사람의 영혼은 그의 과거 행위와 습관에 따라 죽기 직전까지 강하게 품고 있던 특정한 생각에 끌리게 됩니다. 그는 그 생각에 가장 어울리는 육체를 찾아갑니다. 그때 그의 좋고 나쁜 모든 행위와 생각과 경험과 그가 받았던 느낌들도 함께 따라갑니다."

3. "풀잎 위를 기어 다니는 벌레가 풀잎 끝에 다다르면 몸을 뻗쳐 문득 다른 풀잎 위로 옮겨가듯이, 참 자아는 자신의 경험을 그대로 가지고 이 육체에서 또 다른 육체로 옮겨갑니다."

4. "장신구 만드는 사람이 금붙이를 녹여 새롭고 더 멋진 장신구를 만들듯이, 참 자아는 이 육체를 떠난 후에 그가 머물기에 적합한 새롭고 멋진 육체를 만듭니다. 신으로 태어나기도 하고 천상의 존재로 태어나기도 합니다."

5. "참 자아는 브라만입니다. 그러나 사람들은 무지로 인하여 자신의 영혼을 지성, 마음, 감각, 정열 등과 혼동합니다. 또는 자신을 흙, 물, 불, 바람, 허공으로 이루어진 존재라고 착각합니다. 참 자아는 브라만이기 때문에 자신 안에 모든 것을 가지고 있으며, 모든 것으로 나타날 수 있습니다. 사람들이 나타난 어떤 것을 참 자아라고 착각하는 이유가 바로 여기에 있습니다.

사람은 행하는 그대로 됩니다. 선한 행위를 하면 선한 사람이 되고, 악한 행위를 하면 악한 사람이 됩니다. 선한 행위는 사람을 순수하게 만들고, 악한 행위는 사람을 더럽힙니다. 인간은 자신의 영혼이 바라는 대로 되는 존재입니다. 바라는 대로 의지가 형성되고, 의지는 행위를 낳고, 행위는 그 사람이 어떤 사람인지를 결정합니다. 그리고 행위에 따라 그에 걸맞는 결과가 따라옵니다."

6. "사람은 마음속 깊은 곳에 자리 잡고 있는 욕망에 따라 행동합

니다. 마음속 깊은 곳에 자리 잡고 있는 욕망이 다음 생을 결정합니다. 그래서 그 욕망의 힘에 끌려 다시 이 세상에 태어나는 것입니다.

그러나 욕망의 힘에서 벗어난 사람은, 참 자아 안에 모든 성취가 있음을 깨닫고 진정으로 자유로워집니다. 이런 경지에 도달한 사람은 어디로도 가지 않고 브라만 속에 머뭅니다. 그러므로 그에게는 죽음이 없습니다."

7. "그래서 이런 말*이 있는 것입니다.

'마음속에 있는 모든 욕망을 포기하면
죽을 존재가 불멸의 존재가 된다.
가슴을 얽어매고 있는 모든 매듭이 풀리면
죽을 존재가 불멸의 존재가 된다.
그는 이 세상에 살면서도 완전한 자유를 누린다.'

그의 육체는 뱀이 벗어놓은 묵은 껍질처럼 미련 없이 아무렇게나 버려질 것이지만, 그의 참 자아는 육체의 속박에서 벗어나 무한한 생명이자 영원한 빛인 브라만과 하나가 됩니다."

자나카:

"존경하는 스승이시여, 내 당신께 소 천 마리를 더 드리겠습니다. 그러니 부디 참 자아를 깨닫는 길을 좀 더 자세히 가르쳐 주십시오."

14. 야즈나발키야:

"육체를 가지고 살아가는 동안 참 자아를 깨달아야 합니다. 그렇지 않으면 무지로 인해 파멸에 떨어질 것입니다. 그를 깨달은 사람은 불멸의 존재가 됩니다. 그러나 그렇지 못한 사람은 고통에서 고통으로 이어지는 삶을 계속 이어나갈 것입니다."

15. "불멸의 참 자아를 깨달은 사람은, 과거에도 현재에도 미래에도 자신은 불멸의 존재라는 것을 깨달은 사람에게는 더 이상 두려움이나 갈망이 없습니다."

16. "우리는 순수한 마음을 통해 브라만을 깨달을 수 있습니다. 그를 깨닫고 나면 그가 아닌 다른 것은 존재하지 않습니다. 모든 차별상이 사라지는 것이지요. 차별상이 남아 있는 동안에는 죽음에서 죽음으로 이어지는 길에서 벗어나지 못합니다."

21. "참 자아를 깨닫기 위해서는 지혜를 갈고 닦으며, 정신의 힘을 온통 그에게 집중해야 합니다. 말을 많이 하는 것은 입만 아플 뿐, 참 자아를 깨닫는 데에는 전혀 도움이 되지 않습니다."

22. "참 자아는 모든 것을 부정(否定)한 다음에 남아 있는 존재입니다. 그래서 그를 '아니다, 아니다(neti, neti)'라고 표현*하는 것입니다. 그는 인식의 대상이 아니기 때문에 결코 인식할 수 없습니다. 그는 불멸의 존재이기 때문에 결코 약해지거나 죽지 않습니다. 그는 초월적인 존재이기 때문에 결코 오염되지 않습니다. 그는 자유로운 존재이기 때문에 어디에도 얽매이지 않습니다. 그는 상처를 입거나 고통

을 당하지도 않습니다. 그를 깨달은 사람에게는 선행도 없고 악행도 없습니다. 그는 어떤 행위에도 영향을 받지 않고, 어떤 행위도 그에게 인상을 남기지 않습니다. 그는 과거의 행위, 현재의 행위, 그리고 미래의 행위로부터 완전히 자유로운 존재가 됩니다."

23. "경전에 이런 말이 있습니다.

'브라만을 깨달은 사람은
행위에 의해서 위대해지거나 비천해지지 않는다.
존재의 근원인 브라만을 깨달으면
더 이상 행위에 의해 더럽혀지거나
행위의 파도에 휩쓸리지 않는다.'

그렇습니다. 참 자아를 깨닫고 브라만과 하나 된 사람은 자신을 완벽하게 통제할 수 있고 상황의 영향을 전혀 받지 않습니다. 억지로가 아니라 자연스럽게 그렇게 됩니다.

브라만과 하나가 된 사람은 모든 것 속에서 자기 자신인 브라만을 보고, 모든 존재가 자기 속에 있음을 봅니다. 그는 이미 악을 초월했기 때문에 악에 굴복하는 일이 없습니다. 그는 이미 죄를 초월했기 때문에 죄를 짓는 일이 없습니다. 그는 모든 죄악과 의심을 뛰어넘어 브라만의 세계에 머뭅니다. 왕이시여, 당신이 바로 이 세계의 주인입니다.*"

자나카:

"존경하는 스승이시여, 제 자신과 저의 왕국 전체를 당신께 모두 드리겠나이다."

6 장

1. 다음은 지혜를 전한 스승들의 계보*이다.

(우리는) 파우티마샤에게 배웠고

파우티마샤는 가우파와나에게 배웠고

가우파와나는 (또 다른) 파우티마샤에게 배웠고

파우티마샤는 (또 다른) 가우파와나에게 배웠고

가우파와나는 카우쉬카에게 배웠고

카우쉬카는 카운디야에게 배웠고

카운디야는 샨딜리야에게 배웠고

샨딜리야는 (또 다른) 카우쉬카와 가우타마에게 배웠고

가우타마는

2. 아그니웨시야에게 배웠고

아그니웨시야는 가르기야에게 배웠고

가르기야는 또 다른 가르기야에게 배웠고

가르기야는 (또 다른) 가우타마에게 배웠고

가우타마는 사이타바에게 배웠고

사이타바는 프라사르야야나에게 배웠고

프라사르야야나는 가르기야야나에게 배웠고

가르기야야나는 웃달라카야나에게 배웠고
웃달라카야나는 자발라야나에게 배웠고
자발라야나는 마드얀디나야나에게 배웠고
마드얀디나야나는 사우카라야나에게 배웠고
사우카라야나는 카샤야나에게 배웠고
카샤야나는 사야카야나에게 배웠고
사야카야나는 카우쉬카야니에게 배웠고
카우쉬카야니는

3. 그리트카우쉬카에게 배웠고
그리트카우쉬카는 (또 다른) 프라사르야야나에게 배웠고
프라사르야야나는 프라샤르야에게 배웠고
프라샤르야는 가우투카르냐에게 배웠고
가우투카르냐는 아수라야나와 야스카에게 배웠고
아수라야나는 트라와니에게 배웠고
트라와니는 오우파잔다니에게 배웠고
오우파잔다니는 아수리에게 배웠고
아수리는 바라드와자에게 배웠고
바라드와자는 아트레야에게 배웠고
아트레야는 만티에게 배웠고
만티는 가우타마에게 배웠고
가우타마는 (또 다른) 가우타마에게 배웠고
가우타마는 바트샤에게 배웠고

바트샤는 샨딜리야에게 배웠고
샨딜리야는 카이쇼리야 카프야에게 배웠고
카이쇼리야 카프야는 쿠마르하리타에게 배웠고
쿠마르하리타는 갈라와에게 배웠고
갈라와는 비다르비 카운디냐에게 배웠고
비다르비 카운디냐는 바트사나바트 바브라와에게 배웠고
바트사나바트 바브라와는 파티사우브하라에게 배웠고
파티사우브하라는 아야시야 앙기라사에게 배웠고
아야시야 앙기라사는 아부티 트와슈트라에게 배웠고
아부티 트와슈트라는 비슈와루파 트와슈트라에게 배웠고
비슈와루파 트와슈트라는 아슈비나우에게 배웠고
아슈비나우는 다디야크 아타르바나에게 배웠고
다디야크 아타르바나는 아타르반 다이바에게 배웠고
아타르반 다이바는 므리트유 프라드왕사나에게 배웠고
므리트유 프라드왕사나는 프라드왕사나에게 배웠고
프라드왕사나는 에카리시에게 배웠고
에카리시는 비프라키티에게 배웠고
비프라키티는 비야슈티에게 배웠고
비야슈티는 사나루에게 배웠고
사나루는 사나타나에게 배웠고
사나타나는 사나가에게 배웠고
사나가는 파라메슈티에게 배웠고
파라메슈티는 브라만에게 배웠다.

브라만은 스와얌부(Svayambhu)* 곧 '스스로 존재하는 자이니, 그에게 경배할지어다.

제5부

2장

1. 창조자 프라자파티의 세 부류의 아들들, 곧 신들과 인간들과 아수라들이 프라자파티 밑에서 학생 신분으로 배우고 있었다. 정해진 공부 기간이 끝났을 때 신들이 프라자파티에게 말했다.

"존경하는 아버님, 저희들에게 가르침을 주십시오."

"다(DA)!"

프라자파티의 가르침은 오직 이 한마디뿐이었다. 이 말을 하고 프라자파티가 알겠느냐고 하자 신들은 알겠다고 했다.

"그러면 무슨 뜻인지 일러 보거라."

"자제하라(DAmyata)*는 말씀이지요."

"그래, 너희들이 바로 이해하였구나."

2. 그 다음에는 인간들이 프라자파티에게 말했다.

"존경하는 아버님, 저희들에게 가르침을 주십시오."

"다!"

프라자파티의 가르침은 오직 이 한마디뿐이었다. 이 말을 하고 프라자파티가 알겠느냐고 하자 인간들은 알겠다고 했다.

"그러면 무슨 뜻인지 일러 보거라."

"베풀라(DAtta)*는 말씀이지요."

"그래, 너희들이 바로 이해하였구나."

3. 마지막으로 아수라들이 프라자파티에게 말했다.

"존경하는 아버님, 저희들에게 가르침을 주십시오."

"다!"

프라자파티의 가르침은 오직 이 한마디뿐이었다. 이 말을 하고 프라자파티가 알겠느냐고 하자 아수라들은 알겠다고 했다.

"그러면 무슨 뜻인지 일러 보거라."

"동정심을 가지라(DAyadhvam)*는 말씀이지요."

"그래, 너희들이 바로 이해하였구나."

'다-다-다!' 하늘에서 천둥 같은 소리로 이 가르침이 반복해서 울렸다. 그러므로 자제하라! 베풀라! 동정심을 가질지어다.

옴! 샨티, 샨티, 샨티!

번역노트

제목: '브리하드(brihad)'는 '위대한' 또는 '분량이 많은'이라는 뜻이고, '아라냐카(aranyaka)'는 '숲 속에서 전수되는 지식'이라는 뜻이다. 따라서 이 책의 제목은 '숲 속에서 전수된 위대한 가르침' 또는 '분량이 많은 숲 속의 가르침'이 될 것이다.

제 2 부

4 장

1. 이 이야기는 제4부 5장에 다시 나온다. 그곳에 따르면 마이트레이는 야즈나발키야의 두 아내 가운데 첫째 아내였다. 그리고 평소에 마이트레이가 브라만에 대해 묻고 가르침을 받는 것을 좋아했기 때문에 야즈나발키야는 마이트레이를 특별히 사랑했다.
   "속세를 떠나려하오": 야즈나발키야가 속세를 떠나려한다는 것은 인생의 세 번째 단계로 들어가고자 한다는 뜻이다. 힌두전통에 따르면 이상적인 삶은 인생이 세 단계 또는 네 단계로 구분된다. 첫째는 깨달음을 얻은 스승을 찾아가 경전을 배우는 단계, 둘째는 가정을 이루고 가장의 의무를 수행하는 단계, 셋째는 자녀들이 성장하여 저마다 가정을 이룬 다음에 숲으로 들어가 명상에 몰입하는 단계, 넷째는 모든 소유를 포기하고 아무 곳에도 머무름이 없이 자유롭게 떠도는 단계이다.
2. "스승이시여": 산스크리트어 '바가(bhaga)'의 번역이다. '나의 주(主)여'라는 뜻으로 존경하는 스승을 부를 때 쓰는 '바가반(bhagavan)'과 같은 뜻이다. 어원의 뜻은 '나누어 주는 자' 또는 '공급하는 자'이다. 인도의

영적인 전통에서는 남편과 아내가 스승과 제자 관계인 경우가 드물지 않다. 심지어는 여자가 깨달음을 얻은 현자인 경우 남편이 제자가 되는 경우도 있다. 현대의 예를 들자면 아난다마이 마(Anandamayi Ma) 같은 경우 남편이 그녀의 제자가 된 것은 잘 알려진 사실이다.

3. "불멸에 이르는 길을 알고 싶을 뿐입니다": 글자대로의 뜻은 "당신이 알고 있는 모든 것을 저에게 말씀해 주십시오"이다. 샹카라는 이 구절의 뜻이 스승이 알고 체험한 모든 것 곧 불멸에 대한 가르침을 전수받고자 하는 제자의 소망을 표현하고 있다고 설명한다.

6. "브라만 사제와 참 자아 아트만은 서로 떨어진 존재가 아니라오.": 글자대로의 뜻은 "자기와 참 자아가 떨어져 있다고 생각하는 브라만 사제는 무지한 자이다" 또는 "참 자아 밖에 브라만 사제가 있다고 생각하는 브라만 사제는 브라만 사제이기를 포기한 사람이다"이다. 아래 구절도 모두 같은 문장이며, 모든 존재가 아트만이라는 뜻이다.

7-10. "연기가 이리저리 흩어지는 것처럼": 불이 장작을 태울 때 여러 가지 모양으로 연기가 피어오르는 것처럼, 인간의 정신이 만들어 낸 모든 작품은 생명의 불인 참 자아가 내쉬는 숨으로 만들어진 것이다. 참 자아가 모든 것의 근원이므로 참 자아 자리에 들어가면 모든 것을 이해하게 된다.

12. "개체는 더 이상 존재하지 않는다오": 14절에서 설명하듯이 '나'를 개체로 인식하는 분별의식이 사라진다는 뜻이다. 모든 것을 관조하고 있는 참 자아의 순수의식은 결코 사라지지 않는다.

14. "주객(主客)의 분리": 글자대로의 뜻은 "이원성(二元性)이 생긴다"이다. 라마나 마하리쉬는 이렇게 말한다. "그대가 어떤 경험을 하고자 한다면 이원성에 빠지고 만다. 그러나 실제로는 둘로 나눌 수 없는 참 자아만 실재한다. 참 자아의 자리에는 경험하는 자와 경험되는 대상이 따

로 존재하지 않는다."(《있는 그대로》, 한문화, p.286)

제 3 부

1장

1. "비데하 왕국의 자나카 왕": 자나카는 왕이면서 깨달음을 얻은 현자로 유명하다. '비데하(Videha)'는 '육체가 없다'는 뜻이다. 이 말은 자나카 왕이 깨달음을 얻어 자유로운 존재가 되었음을 암시한다.

8장

1. 앞에 나오는 제사에 관련된 복잡한 문제들에 대한 브라만 사제들의 질문과 야즈나발키야의 대답은 생략했다. '가르기'는 마지막 질문자이다.
   "이길 수 없다는 것": 본문은 "브라흐모디아에서 이길 수 없다는 것"으로 되어 있다. '브라흐모댜(brahmodya)'는 '영적인 문제에 대한 토론'을 가리킨다. 글자대로의 뜻은 '브라만 논쟁'이다.
4. "허공(虛空)": '아카샤(akasha)'의 번역이다. 막스 뮐러(Max Muller) 이후로 '에테르'라고 옮기는 사람도 많다. 우주공간을 채우고 있는 비물질적인 실체를 가리킨다. 19세기에 제임스 맥스웰(James C. Maxwell)은 공간을 채우고 있는 '에테르(ether)'라는 매개체를 통해 빛의 파동이 전파된다고 주장했다. 빛이나 전자기파가 아무것도 없는 진공을 통하여 전달될 수 없다는 데에 생각이 미친 과학자들은 텅 빈 공간을 채우고 있는 비물질적인 실체에 대해 연구하기 시작했다. 그것을 어떤 사람은 '에테르'라고 하고, 또 어떤 사람은 '영점 에너지(zero point energy)' 또는 '양자 포텐셜(quantum potential)'이라고 한다. 좌뇌와 우뇌의 역할이 다

르다는 '분할 뇌' 이론에 의문을 제기하며 뇌의 작용을 홀로그램적이라고 주장하는 칼 프리브람(Karl H. Pribram)은 '양자 포텐셜'이란 "나중에는 정신적인 것이나 물질적인 것으로 분화가 가능하지만 현재로서는 중립 상태에 있는 '정보'"라고 말한다. 이 점에 있어서 현대 과학자들의 견해와 고대《우파니샤드》현자들의 깨달음이 상당히 비슷하다.

7. "'아크샤라[불멸자]': '아크샤라(aksara)'는 4절에 나오는 '아카샤'에서 발전된 말이다.

10. "불멸에 이른다": 글자대로는 "브라마나(brahmanah)가 된다"이다. 샹카라는 '브라마나'를 '브라만을 아는 자'라고 말한다. 브라만을 아는 사람은 불멸에 이르고, 브라만을 모르는 사람은 삶과 죽음이 반복되는 윤회를 벗어나지 못한다.

제 4 부

3 장

7. "참 자아가 무엇입니까?": 이 질문에 이어지는 대답을 보면 여기서의 '참 자아'는 우주적인 아트만인 '파라마트만(parmatman)'이라기보다는 개체의 아트만인 '지바트만(jivatman)'을 가리키는 것으로 보인다. 개체의 아트만인 지바트만은 우주적인 아트만인 파라마트만 없이 존재할 수 없으며, 파라마트만은 지바트만이 없으면 그 존재를 인정받을 수 없다.

8. "육체의 결함과 제한 속에 스스로 갇힙니다": 글자대로는 "모든 죄악과 결합한다"라는 뜻이다.

9. "두 차원 사이", "제3의 차원": 힌두전통에 따르면 밤과 낮이 교차되는 새벽 여명 시간이 명상하기에 가장 적합한 시간이라고 한다. 이 시

간은 밤도 아니고 낮도 아닌 제3의 차원이다. '제3의 차원'은 산디야(sandhya)의 번역이다. 일종의 중간 지대인 제3의 차원에서는 의식이 이 세상에 속한 것도 아니고 이 세상을 초월한 것도 아닌 중간 상태에 있게 된다. 라마나 마하리쉬는 이 차원에 대해 이렇게 말한다. "마음은 어떤 차원에 있든 거기에 맞는 몸을 만들어 낸다. 물질세계에서는 물질적인 육체를, 꿈에서는 꿈의 몸을 만들어 낸다. 꿈에서 만들어 내는 몸은, 꿈속에서 비가 오면 비에 젖고 병에 걸리면 아파한다."(《있는 그대로》, 한문화, p.325) 불교 특히 티베트 불교에는 다음과 같이 여섯 종류의 산디야[中間界]에 대한 가르침이 있다. 태어남과 죽음 사이 곧 이승 중간계, 잠과 깨어 있음 사이 곧 꿈 중간계, 이원적인 의식과 초월적인 각성 사이 곧 명상 중간계, 이승에서 저승으로 건너가는 시기 곧 저승 중간계, 저승 중간계에서 다시 태어나기까지 곧 탄생 중간계. 중간계에서는 의식이 유동적이기 때문에 깨달음을 얻을 수 있는 가장 좋은 기회가 된다고 한다.

11-13. "참 자아": 이 구절에서는 "이 황금으로 된 우주적인 인간, 이 고독한 백조"라는 말을 "참 자아"로 줄여서 번역했다. 백조를 가리키는 '함사(hamsa)'와 '내가 그이다(I am He)'라는 뜻의 '소함(so'ham)'은 앞뒤 문자의 순서를 바꾼 말놀이[語戱]이다.

"몸을 빠져나와": 글자대로의 뜻은 "아래에 쳐 있는 그물을 빠져나와"이다. 참 자아를 백조로 표현한 것과 연결되는 이미지이다.

"원하는 곳으로 자유롭게 여행한다": 광채를 뿜으며 외롭게 호수 위를 떠다니는 백조의 모습은 참 자아의 궁극적인 자유를 상징한다.

21. 이 구절에서 '욕망에서 자유롭다'고 번역한 산스크리트어는 '아티찬다(aticchanda)'이다. 샹카라는 행위의 동기로 세 가지를 말한다. 첫째 '스와차난다(svacchanda)'는 자신의 욕망이 행위의 동기가 되는 것, 둘째 '파

라차난다(paracchanda)'는 다른 사람의 욕망이 행위를 하도록 만드는 동기가 되는 것, 셋째 '아티찬다'는 모든 욕망을 초월하여 행하는 행위로써 영적인 자유를 가져다 주는 것. 23절부터 30절까지는 욕망을 초월하여 행하는 행위가 어떤 것인지에 대한 설명이다.

33. 원문에는 자나카 왕의 응답 앞에 《타이티리아 우파니샤드》 제2부 8장 1-4절에 있는 것과 동일한 내용이 야즈나발키야의 말로 포함되어 있다. 번역에서 생략된 그 내용은 이렇다.

"그렇다면 참 자아를 깨달은 기쁨은 어떠할까? 건강하고 잘생긴 젊은이가 있다고 하자. 그가 공부도 많이 하고 재물도 많이 모았다고 하자. 그렇다면 그는 기쁨을 누릴 것이다. 그러나 그가 누리는 기쁨은 참 자아를 깨닫고 모든 욕망에서 풀려난 현자가 누리는 기쁨의 백분의 일도 안 된다. 음악의 신 간다르바가 누리는 기쁨은 참 자아를 깨달은 기쁨의 백분의 일도 안 된다. 영원한 세계에 사는 조상들이 누리는 기쁨은 참 자아를 깨닫고 모든 욕망에서 풀려난 현자가 누리는 기쁨의 백분의 일도 안 된다. 천상의 신들이 누리는 기쁨은 참 자아를 깨닫고 모든 욕망에서 풀려난 현자가 누리는 기쁨의 백분의 일도 안 된다. 선한 공덕을 많이 쌓음으로써 신들의 차원에 올라간 사람들이 누리는 기쁨은 참 자아를 깨닫고 모든 욕망에서 풀려난 현자가 누리는 기쁨의 백분의 일도 안 된다. 천둥과 번개의 신 인드라가 누리는 기쁨은 참 자아를 깨닫고 모든 욕망에서 풀려난 현자가 누리는 기쁨의 백분의 일도 안 된다. 브리하스파티 신이 누리는 기쁨은 참 자아를 깨닫고 모든 욕망에서 풀려난 현자가 누리는 기쁨의 백분의 일도 안 된다. 창조주 프라바파티가 누리는 기쁨은 참 자아를 깨닫고 모든 욕망에서 풀려난 현자가 누리는 기쁨의 백분의 일도 안 된다."

4 장

1-2. "생명의 기운": '프라나(prana)'의 번역이다. 호흡 또는 숨이라고 번역할 수도 있다.

7. "이런 말": 이 인용구절은《카타 우파니샤드》제2부 3장 14-15절에도 나온다.《우파니샤드》시대에 널리 알려진 경구(警句)로 보인다.

22. "그를 '아니다, 아니다(neti, neti)'라고 표현": 브라만이나 아트만은 인식의 대상이 아니다. 따라서 말로는 표현할 수 없다. 모든 언어와 표현을 넘어선 곳에 있는 존재, 그래서 '네티, 네티'라고 하는 것이다.《도덕경》첫 문장의 "말로 설명된 진리는 영원한 진리가 아니다(道可道, 非常道)"라는 말과 같은 뜻으로 보아도 큰 차이가 없을 것이다.

23. "당신이 바로 이 세계의 주인입니다": 글자대로의 뜻은 "당신은 (이미) 이것을 얻었습니다"이다. 곧 죽은 다음이 아니라 '지금-여기'서 이미 브라만의 세계에서 살고 있다는 뜻이다.

6 장

1. "스승들의 계보": 여기에 언급된 스승들의 계보는 야즈나발키야에서부터 위로 거슬러 올라가는 계보이다. 60명의 스승이 언급되는데, 최초의 스승은 브라만 자신이다.《신약성서》에 나오는 위로 거슬러 올라가는 예수의 족보도 마지막에는 "하나님께 이른다."(《누가복음》3장 38절) 스승들의 족보를 장황하게 나열한 것은 진리의 기원이 어디인지를 분명히 밝히는 목적이 있다. 진리는 어느 누가 창안한 것이 아니라, 궁극적인 신성에서 흘러나와 스승과 제자가 대를 이어가며 전해온 것이라는 점을 강조하는 목적이 있다.

3. "스와얌부(Svayambhu)": '스와얌부'는 '스스로 생겨난 자' 또는 '원인이 없이 스스로 존재하는 자'라는 뜻이다.《구약성서》에서 모세에게 나

타났던 신도 자기 이름을 묻는 모세에게 "나는 스스로 존재하는 자"(《출애굽기》 3장 14절)라고 말한다.

제 5 부

2 장

1. "자제하라(DAmyata)": 신들은 죽지도 않고 능력도 많음으로 방종하기 쉽다. 그래서 그들에게는 자제할 수 있는 겸손이 필요하다.
2. "베풀라(DAtta)": 인간의 욕심은 끝이 없어서 욕심을 좇다가 파멸에 이른다. 그래서 인간들은 욕심을 버리고 베푸는 훈련을 할 필요가 있다.
3. "동정심을 가지라(DAyadhvam)": 아수라는 인간과 신의 중간 단계에 있는 존재들이다. 그들은 자신들의 깨달음을 자랑하기 위해 서로 싸운다. 그래서 시끌벅적한 장면을 '아수라장'이라고 한다. 아수라들은 자신의 능력으로 남을 눌러 이기려는 속성을 가지고 있다. 그래서 그들에게는 동정심을 갖는 훈련이 필요한 것이다.

이샤 우파니샤드

내면의 통치자

외적인 세상이 전부라고 생각하는 사람은 영혼의 어둠 속에 빠진다. 내면세계만을 실재라고 생각하는 사람은 더 깊은 어둠 속으로 떨어진다. 외적인 세상만을 전부라고 생각하는 사람은 행위의 길을 간다. 내면세계만을 실재라고 생각하는 사람은 지혜의 길을 간다. 그러나 행위와 지혜, 이 두 길을 결합하여 조화를 이루는 사람은 행위를 통해 죽음의 바다를 건너고 지혜를 통해 불멸에 이른다. 이것은 옛 현자들의 가르침이다.

- 평온을 위하여 -

이것도 완전하고 저것도 완전하다.
완전함에서 완전함이 나왔다.
완전함에서 완전함을 빼내었어도
애초의 완전함은
여전히 완전함 그대로이다.

옴! 샨티, 샨티, 샨티!

1-2. 변하는 세상 속에 존재하는 모든 것*이
브라만의 품안에 있다.*
그러니 인간들이여,
집착을 버리고
브라만 안에서 영원한 기쁨을 찾으라.
모든 것이 브라만에게 속해 있으니
무엇을 갖고자 욕심을 부릴 필요가 없다.
인위적인 욕망을 품지 말고
그때그때 주어지는 것을 수용하며,
자기가 해야 할 행위를 하라.
그러면 이 세상 일*로 하여 더 이상 고통 받지 않으리라.

3. 참 자아를 알지 못하는 사람은
무지의 어둠으로 뒤덮인
흑암의 세계에 거듭 태어난다.
그리하여 계속 본능만을 따라 살면서
괴로움 속에서 고통을 받는다.

4. 참 자아 아트만은 움직이지 않지만
생각의 속도*보다 빠르다.
그는 감각의 속도보다도 빠르다.
감각으로 그를 잡으려하면
그는 이미 거기에 가 있다.
그는 움직이지 않고 있지만
존재들의 모든 행위를 앞지른다.
그가 생명의 원천이다.
그가 없으면 생명이 존재하지 않는다.

5. 참 자아는 움직이지 않으면서 동시에 움직인다.
그는 멀리 있으면서 동시에 가장 가까이에 있다.
그는 모든 존재 안에 있으면서 동시에 모든 존재의 밖에 있다.

6-7. 모든 존재가 자기 안에 있다는 것을 알고
모든 존재 속에 자기가 있다는 것을 아는 사람은
누구도 미워하지 않으며 두려워하지 않는다.

모든 존재와 자기 자신을 하나로 느끼는 사람은
욕심을 부리지 않으며 슬픔도 알지 못한다.
만물이 '하나임'을 인식하고 있는 사람이
어찌 환영(幻影)에 울고 웃고 하겠는가?

8. 참 자아는 모든 곳에 두루 충만하다.
그는 빛 그 자체이며
형체가 없고* 흠이 없는 순수 그 자체이다.
그는 만물을 통찰하는 자이고
내재자이며 초월자이다.
시작도 없고 끝도 없는 그가
온 세상을 주관하는 주인공이다.

9-11. 외적인 세상이 전부라고 생각하는 사람*은
영혼의 어둠 속에 빠진다.
내면세계만을 실재라고 생각하는 사람*은
더 깊은 어둠 속으로 떨어진다.
외적인 세상만을 전부라고 생각하는 사람은
행위의 길을 간다.
내면세계만을 실재라고 생각하는 사람은
지혜의 길을 간다.
그러나 행위와 지혜,
이 두 길을 결합하여 조화를 이루는 사람은

행위를 통해 죽음의 바다를 건너고
지혜를 통해 불멸에 이른다.
이것은 옛 현자들의 가르침이다.

12-14. 초월적인 신*만을 추구하는 사람은
영혼의 어둠 속에 빠진다.
내재적인 신*만을 추구하는 사람은
더 깊은 어둠 속으로 떨어진다.
그러나 초월자와 내재자,
이 둘을 결합하여 조화를 이루는 사람은
초월자를 통해 죽음의 바다를 건너고
내재자를 통해 불멸에 이른다.
이것은 옛 현자들의 가르침이다.

15-16. 진리[브라만]의 얼굴이
태양의 황금 원반에 가려 있구나.
진리의 길을 가려고 하는 나는
그분의 영광스러운 얼굴을 보고자 하노니
오, 태양이여!
그대의 황금 원반을 치워 주오.
하늘의 외로운 여행자여,
만물에게 생명을 공급하는 태양이여!
나 그대 속에 있는 그분의 얼굴을 보고자 하노니

눈부신 그대의 빛을 거두어 주오.
아, 이제 알았노라.
'내가 곧 그'라는 것을*.

17. 이제 나의 육신은 한줌 재로 변하고*
나의 생명은 저 불멸의 곳으로 가리니,
오, 마음이여!
영원한 자유를 위해 애써온 모든 행위를 기억하며
영원한 브라만만을 생각하도록 하라.

18. 오, 불의 신 아그니여!
우리의 영혼을 영원한 기쁨에 이르는 좋은 길로 인도하소서.
당신은 우리의 모든 행위를 알고 있나이다.
우리를 어둠과 방황의 길에서 건져 주소서.
당신께 경배하며 간청하나이다.

옴! 샨티, 샨티, 샨티!

번역노트

제목: 본문 첫 낱말에서 따온 제목이다. '이샤(Isha)'는 브라만이 인격화된 신의 이름이며, '내면의 통치자'라는 뜻을 가지고 있다.

1-2. 첫 구절의 글자대로의 뜻은 '이 모든 것이 이샤로 채워져 있다'이다. '채워져 있다'에 해당하는 '와스얌(vasyam)'은 '들어가다' 또는 '함께 머물다'라는 뜻을 가지고 있는 어근 'vas'에서 파생된 말이다.
"변하는 세상 속에 존재하는 모든 것": '자가트얌 자가트(jagatyam jagat)'의 번역이다. 글자대로는 '쉬지 않고 변하는 것 안에서 움직이는 모든 것'으로써, 현상세계를 일컫는 표현이다.
"이 세상 일": '카르마(karma)'의 번역이다. 이 세상에서 행하는 행위와 그 행위의 흔적을 함께 일컫는 말이다. 카르마가 소멸되지 않는 한 태어남과 죽음이 반복되는 윤회를 피하지 못한다.

4. "생각의 속도": 글자대로는 '마음의 속도'. 물리적인 세계에서는 빛의 속도보다 빠른 것이 없지만, 생각의 속도는 생각하는 순간 생각하는 대상에 도달하므로 빛의 속도보다 더 빠르다. 그러나 참 자아 아트만은 모든 곳에 현존하고 있기 때문에 생각이 미치기 전에 이미 그곳에 있다.

8. "형체가 없고": 글자대로는 '영혼의 몸조차도 없고'이다. 《우파니샤드》는 사람에게 세 가지 몸이 있다고 말한다. '물질적인 몸'은 육체이고, '영혼의 몸'은 물질의 몸을 가지고 행한 모든 행위에 대한 기억을 가지고 있는 윤회를 하는 주체이며, '근원적인 몸'은 물질적인 몸과 영혼의 몸이 아무리 많은 변화를 경험해도 본래 상태를 그대로 유지하고 있는

참 자아 아트만이다.

9-11. "외적인 세상이 전부라고 생각하는 사람": 글자대로는 '무지를 숭배하는 사람'이다. 샹카라는 내면적인 의미는 생각하지 않고 외적인 종교의식만 추구하는 사람으로 본다. 이를테면 종교적인 위선자라고 할 수 있다.

"내면세계만을 실재라고 생각하는 사람": 글자대로는 '지혜를 숭배하는 사람'이다. 샹카라는 내면적인 의미가 중요하다고 주장하면서 제사와 같은 외적인 종교의식을 무시하는 사람으로 본다. 이를테면 믿음에 행위가 따르지 않는 사람이라고 할 수 있다.

12-14. "초월적인 신": '아삼부티(asambhuti)'의 번역이다. 글자대로의 뜻은 '진정한 존재가 아닌 것'인데, 행위의 길을 가는 사람들이 추구하는 것이라는 뜻에서 '초월적인 신'이라고 옮겼다.

"내재적인 신": '삼부티(sambhuti)'의 번역이다. 글자대로는 '진정한 존재'인데, 지혜의 길을 가는 사람들이 추구하는 것이라는 뜻에서 '내재적인 신'이라고 옮겼다.

15-16. "'내가 곧 그'라는 것을": '소함 아스미(so'ham asmi)'의 번역이다. 《우파니샤드》에 나오는 중요한 여섯 구절 가운데 하나이다. 《우파니샤드》의 핵심적인 여섯 가지 표현에 대해서는 《찬도기야 우파니샤드》 제6부 8장 7절 노트 참조.

17. "이제 나의 육신은 한 줌 재로 변하고": 15-18절은 죽음의 길을 가는 사람에게 사제가 읊어주는 만트라로 쓰인다.

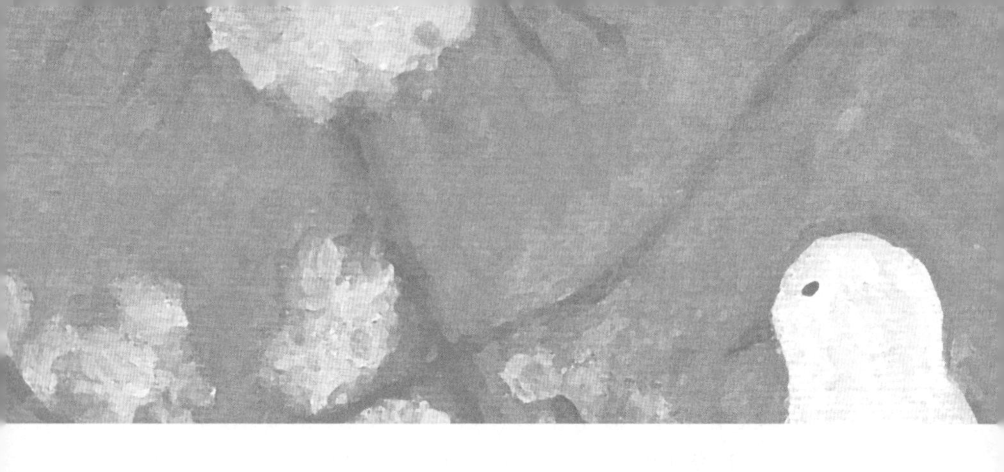

찬도기야 우파니샤드

성스러운 노래

육체는 브라만이 머물고 있는 도성(都城)이다. 이 도성에는 '작은 연꽃[심장]'이 있고, 이 작은 연꽃 속에는 또 '작은 공간'이 있다. 이 '작은 공간' 속에 무엇이 있는가? 그걸 탐구하고 깨달아야 한다.

※《찬도기야 우파니샤드》는 발췌 번역하였다.

제 1 부

1 장

1. 기도의 시작이 되는, 불멸의 음절 '옴'을 명상하라. 그 음절에 정신을 집중하라. '옴'을 소리 높여 찬양하라.

2. 세상의 토대는 땅이다.

땅에서 물이 나왔다. 그러므로 땅의 에센스는 물이다.

물로 말미암아 초목이 나왔다. 그러므로 물의 에센스는 초목이다.

초목으로 말미암아 사람이 나왔다. 그러므로 초목의 에센스는 사람이다.

사람에게서 말이 나왔다. 그러므로 사람의 에센스는 말(言語)이다.

그리고 말의 에센스는 신의 찬가《리그 베다》*이며,

《리그 베다》의 에센스는 암송 시구《사마 베다》*이고,

《사마 베다》의 에센스는 '옴'으로 시작되는 시구《우드기타》*이다.

3. 그러므로 '옴'은 모든 것의 에센스 가운데 에센스이며,

성스러운 것 가운데 가장 성스러운 것이며,

높은 것 가운데 가장 높은 것이다.
핵심 가운데 핵심*인 '옴'은
만물의 참 자아를 나타내는 음절이다.

4-9. 찬가인 '리그'는 무엇이고, 암송 시 '사마'는 무엇인가? 또 그 가운데서 '옴'으로 시작되는 '우드기타'는 무엇인가?

'리그'는 말(言語), '사마'는 호흡이다. 그리고 '우드기타'는 불멸의 음절 '옴'이다. 말과 호흡 곧 '리그'와 '사마'는 이상적인 한 쌍이다. 이 둘이 이상적으로 결합하여 불멸의 음절 '옴'이 소리로 울려 퍼진다. '리그'와 '사마'는 '옴'을 발음함으로써 서로의 소원을 함께 성취한다.

이런 이치를 알고 정신을 집중하여 불멸의 음절 '옴'을 암송하는 사람은 모든 소원을 이룰 것이다.

'옴'은 또한 허락 또는 긍정하는 뜻이 있다. 그러므로 어떤 일을 허락하거나 동의할 때 '옴' 하고 나직이 말하도록 하라.

《베다》에서 가르치는 제사에 관한 모든 의무가 이 '옴'을 경배하기 위한 것이다.

10. '옴'을 아는 사람이나 알지 못하는 사람이나 '옴'을 암송할 것이다. 그러나 알고 하는 것과 모르고 하는 것은 다른 결과를 가져온다.

'옴'의 뜻을 알고, 내적인 깨달음*과 믿음*을 가지고 집중하여 '옴'을 암송하는 사람은 영적으로 점점 더 강해진다. 이것이 성스러운 음절 '옴'의 특성이다.

2 장

1. 한번은 창조주 프라자파티의 두 부류의 아들인 신들과 악마들이 심하게 싸웠다. 그때 신들은 '옴'*을 암송하며 명상함으로써 악마들을 이기려고 했다.

2. 신들은 코의 후각에 정신을 집중하고 '옴'을 암송했다. 그러자 악마들이 재빨리 후각을 더럽혀 놓았다. 이 때문에 코를 통해서 향기와 악취를 모두 맡게 되었다. 코가 악에 오염되었기 때문이다.

3. 신들은 입에서 나오는 말(言語)에 정신을 집중하고 '옴'을 암송했다. 그러자 악마들이 재빨리 입을 더럽혀 놓았다. 이 때문에 입을 통해서 참말과 거짓말을 모두 하게 되었다. 입이 악에 오염되었기 때문이다.

4. 신들은 눈의 시각에 정신을 집중하고 '옴'을 암송했다. 그러자 악마들이 재빨리 눈을 더럽혀 놓았다. 이 때문에 눈을 통해서 아름다운 것과 추한 것을 모두 보게 되었다. 눈이 악에 오염되었기 때문이다.

5. 신들은 귀의 청각에 정신을 집중하고 '옴'을 암송했다. 그러자 악마들이 재빨리 귀를 더럽혀 놓았다. 이 때문에 귀를 통해서 듣기 좋은 소리와 듣기 싫은 소리를 모두 듣게 되었다. 귀가 악으로 오염되었기 때문이다.

6. 신들은 마음에 정신을 집중하고 '옴'을 암송했다. 그러자 악마들이 재빨리 마음을 더럽혀 놓았다. 이 때문에 마음으로 옳은 생각과 옳지 않은 생각을 모두 하게 되었다. 마음이 악으로 오염되었기 때문이다.

7. 신들은 생명의 기운인 숨[프라나]에 정신을 집중하고 '옴'을 암송했다. 그러자 악마들이 숨을 더럽히려고 달려왔다. 그러나 그 순간 악마들은 흙덩이가 돌에 맞아 부서지듯이 산산조각이 나고 말았다.

8. 진리를 아는 사람을 대적하여 그를 박해하거나 더럽히려고 하는 사람은 마치 흙덩이가 돌에 맞아 부서지듯이 파멸에 이를 것이다. 왜냐하면 진리를 아는 사람은 바위처럼 단단하기 때문이다.

9. 숨은 향기와 악취를 차별하지 않는다. 숨은 악으로 더렵혀지지 않고 순수하기 때문이다. 생명의 기운인 이 숨이 작용하고 있기 때문에 먹고 마실 수 있으며, 먹고 마신 것에서 얻은 기운을 다른 감각기관들에게 나누어 줌으로써 그들이 제 기능을 발휘하는 것이다. 죽어서 숨이 몸에서 떠나면 더 이상 먹고 마실 수 없으며, 감각기관의 힘

들 역시 숨과 함께 몸을 떠난다.

3장

1. 빛과 열을 주는 태양에 정신을 집중하고 '옴'을 암송하라. 태양은 우리의 생명을 위해 식물을 자라나게 한다. 그리고 해가 떠오르면 어둠과 공포가 사라진다. 이를 아는 사람은 두려움과 두려움의 원인인 무지에서 벗어난다.

2. '이것'과 '저것' 곧 생명의 기운인 숨과 태양은 같은 것이다. 숨도 따뜻하고 태양도 따뜻하다. 숨을 '소리[svara]'라고 부르고, 태양을 '반사된 소리[pratyasvara]'라고 부른다. 이 둘의 근본은 같은 것이다. 그러므로 '이것'과 '저것'에 정신을 집중하여 '옴'을 암송하라.

3. 숨 가운데서 들숨과 날숨 사이 정지된 순간의 숨인 '비야나'에 정신을 집중하고 '옴'으로 시작되는 성스러운 시구《우드기타》를 암송하라. 코와 입을 통해 숨을 내쉬는 것을 '날숨'이라고 하고, 코와 입을 통해 숨을 들이쉬는 것을 '들숨'이라고 한다. 이 두 호흡이 교차되는 지점이 '비야나'이다. '비야나'는 '말(言語)'이다. 사람이 말을 할 때에는 숨을 들이쉬지도 않고 내쉬지도 않기 때문이다.

4. 말(言語)의 에센스는 찬가인 '리그'이다. 그러므로《리그 베다》

의 찬가를 부르는 동안에는 숨을 내쉬지도 않고 들이쉬지도 않는다.

찬가인 '리그'의 에센스는 암송 시구인 '사마'이다. 그러므로《사마 베다》의 시구를 암송하는 동안에는 숨을 내쉬지도 않고 들이쉬지도 않는다.

암송 시구인 '사마'의 에센스는 '옴'으로 시작되는《우드기타》이다. 그러므로《우드기타》를 암송하는 동안에는 숨을 내쉬지도 않고 들이쉬지도 않는다.

5. 이 밖에도 힘이 필요한 일, 이를테면 장작을 비벼서 불을 일으키거나 달리기를 하거나 팽팽한 줄을 당겨 활을 쏘거나 할 때에는 숨을 멈춘다. 그러므로 들숨과 날숨 사이 숨이 멈춘 지점인 '비야나'에 정신을 집중하여 '옴'을 암송하도록 하라.

제 3 부

14 장

1. 온 우주는 브라만에서 나와서 브라만 안에서 숨 쉬다가 브라만에게 돌아간다.* 진실로 우주 전체가 브라만이다. 그러므로 마음을 고요히 하고 브라만을 명상하도록 하라.

마음속 깊은 곳에서 바라고 있는 것이 그 사람을 만든다. 살아 있는 동안 마음속으로 무엇을 바라고 무엇을 생각했느냐에 따라, 죽은 다음 그 바라고 생각했던 것을 따라 다음 생이 결정된다. 그러므로 참 자아를 깨닫는 것을 마음의 소원이 되도록 해야 한다.

2-4. 성자 샨딜리야는 이렇게 말했다.

"참 자아는 순수한 가슴으로 깨달을 수 있다. 참 자아는 생명이며, 빛이고, 진리이며 무한 공간이다.

모든 행위와 소망과 향기와 맛이 참 자아에서 비롯된 것이다. 그는 언어를 초월해 있다. 말로는 그를 표현할 수가 없다. 그는 가슴속에 머물고 있는 기쁨이다.

그는 쌀알보다 더 작고 보리알보다 더 작으며 좁쌀보다도 작고 겨자씨보다도 작다. 그러나 동시에 그는 땅보다 더 크고 하늘보다 더 크며 온 우주보다도 더 크다. 그가 바로 심장 속에 머물고 있는 참 자아이다.

모든 행위와 소망과 향기와 맛이 참 자아에서 비롯되었다. 그는 언어를 초월해 있다. 말로는 그를 표현할 수가 없다.

그는 가슴속에 머물고 있는 기쁨이며, 브라만 자신이다. 에고가 죽을 때 그에게로 돌아갈 것이다."*

18 장

1. 육체적인 입장에서 본다면, 모든 사람의 마음을 브라만으로 알고 숭배해야 한다. 모든 사람의 마음이 브라만이기 때문이다.

신적인 능력의 입장에서 본다면, 허공을 브라만으로 알고 숭배해야 한다. 마음과 허공은 둘 다 텅 비어 있으면서 충만한 닮은꼴이다.

2. 육체적인 입장에서 표현하자면, 브라만은 네 부분으로 이루어져 있다. 소리(말)가 그 첫째 부분이요, 호흡(숨)이 둘째 부분이며, 눈(시각)이 셋째 부분이고, 귀(청각)가 넷째 부분이다.

신적인 능력의 입장에서 표현하자면, 브라만은 네 부분으로 이루어져 있다. 그 첫째 부분은 불이요, 둘째 부분은 바람이며, 셋째 부분은 태양이고, 넷째 부분은 동서남북 네 방위(方位)이다.

3. 소리(말)는 브라만의 네 부분 가운데 하나이다. 소리는 불의 신 아그니의 빛과 열을 받아 자신의 역할을 한다. 이것을 아는 사람은 명예롭고 영광스러운 빛과 따뜻함을 발산하는 존재가 되리라.

4. 호흡(숨)은 브라만의 네 부분 가운데 하나이다. 호흡은 바람의 신 바유의 빛과 열을 받아 자신의 역할을 한다. 이것을 아는 사람은 명예롭고 영광스러운 빛과 따뜻함을 발산하는 존재가 되리라.

5. 눈(시각)은 브라만의 네 부분 가운데 하나이다. 눈은 태양의 신 아디티야의 빛과 열을 받아 자신의 역할을 한다. 이것을 아는 사람은 명예롭고 영광스러운 빛과 따뜻함을 발산하는 존재가 되리라.

6. 귀(청각)는 브라만의 네 부분 가운데 하나이다. 귀는 동서남북

네 방위(方位)의 빛과 열을 받아 자신의 역할을 한다. 이것을 아는 사람은 명예롭고 영광스러운 빛과 따뜻함을 발산하는 존재가 되리라.

제 4 부

4 장

1. 하루는 사트야카마*가 어머니에게 말했다.

"어머니, 이제 저도 훌륭한 스승을 찾아 공부를 하러 떠나야 할 때가 된 것 같습니다. 그런데 제가 어느 가문에서 태어났느냐고 물으면 뭐라고 대답해야 하지요?"

2. 어머니가 말했다.

"얘야, 나는 네가 어느 가문의 혈통을 타고 태어났는지를 모른단다. 내가 젊었을 때 하녀로 이집 저집 떠돌아다니는 도중에 너를 낳았기 때문이다. 네 이름은 사트야카마이고 이 에미 이름은 자발라이니 누가 네 이름을 물으면 사트야카마 자발라라고 대답하면 되지 않겠니?"

3. 사트야카마는 하리드루마타 가우타마를 찾아가서 말했다.

"선생님, 저를 선생님의 제자로 받아주십시오.

가우타마가 물었다.

"자네는 어느 가문 출신인가?"

"죄송합니다만 그걸 모릅니다. 저의 어머니께서 말씀하시기를 어머니께서 젊었을 때 하녀로 이집 저집 옮겨 다니는 도중에 저를 낳았기 때문에 누구의 피를 받았는지 모른다고 하셨습니다. 저의 어머니께서는 제 이름은 사트야카마이고 저의 어머니 이름은 자발라이니까 제 이름을 사트야카마 자발라라고 부르라고 하셨습니다."

4-5. 이 말을 들은 스승 가우타마는 감탄하며 말했다.

"진정한 브라만 가문 출신이 아니면 그 누구도 그대처럼 진실을 말할 수 없을 것이다. 너를 제자로 받아들이겠다. 부디 진리의 길에서 벗어나지 않도록 하라."

스승은 사트야카마에게 늙고 허약한 소 사백 마리를 맡기며 말했다. "이 소들을 몰고 나가서 잘 돌보도록 하거라."

사트야카마는 속으로 다짐했다. "이 소들이 천 마리가 될 때까지 절대로 돌아오지 않으리라."

그리고 그는 소가 천 마리가 될 때까지 스승에게 돌아가지 않고 여러 해를 숲 속에서 살았다.

5 장

1-3. 어느 날 황소 한 마리가 말했다.

"사트야카마여, 이제 우리가 천 마리가 되었으니 우리를 데리고 스승님의 거처로 돌아가야 하지 않겠는가. 이제 그대가 가르침을 받을 준비가 되었으니 내 그대에게 브라만의 네 가지 부분에 대해서 알려 주겠다."

황소의 이 말을 들은 사트야카마가 듣고자 하니 말해달라고 했다. 황소가 말했다.

"총명한 소년이여, 동서남북 네 방위는 브라만의 네 부분 가운데 첫째 부분에 해당한다. 이 네 방위는 빛의 세계이며, 이 네 방위에 정신을 집중하고 명상하면 존재가 빛으로 가득 차게 될 것이며, 죽어서도 빛으로 충만한 세계로 갈 것이다."

6 장

1-4. "총명한 소년이여, 이제 불의 신 아그니가 그대에게 브라만의 네 부분 가운데 둘째 부분에 대해 알려 줄 것이다."

황소는 여기까지 말하고 더 이상 말하지 않았다.

다음날, 사트야카마는 소 떼를 몰고 스승의 집을 향해 출발했다. 날이 저물자 그는 소 떼를 한 곳으로 모았다. 그리고 장작을 모아 불을 피우고 동쪽을 향해 앉아 있었다. 그때 불의 신 아그니가 소년을 불렀다.

"사트야카마여."

사트야카마가 대답했다.

"예, 존경하는 분이시여."

"내가 브라만의 네 부분 가운데 둘째 부분에 대해 알려 주겠다."

"예, 말씀해 주십시오."

불의 신 아그니가 말했다.

"총명한 소년이여, 땅, 하늘, 공간, 바다, 이런 것들이 브라만의 네 부분 가운데 둘째 부분이다. 이들은 무한한 브라만의 한 부분이다. 누구든지 수많은 모습으로 나타나는 무한한 브라만을 알고, 브라만의 둘째 부분인 땅, 하늘, 공간, 바다 등에 정신을 집중하여 명상하는 사람은 덕(德)으로 충만한 존재가 될 것이다."

7장

1-4. "총명한 소년이여, 이제 백조(白鳥)가 그대에게 브라만의 네 부분 가운데 셋째 부분에 대해서 알려 줄 것이다."

불의 신 아그니는 여기까지 말하고 더 이상 말하지 않았다.

다음날, 사트야카마는 소 떼를 몰고 출발했다. 가다가 날이 저물어 소 떼를 한곳으로 모아놓았다. 그리고 장작을 모아 불을 피우고 동쪽을 향해 앉아 있었다. 그때 태양신의 상징인 백조 한 마리가 날아와서 사트야카마에게 말했다.

"사트야카마여."

사트야카마가 대답했다.

"예, 존경하는 분이시여."

"내가 브라만의 네 부분 가운데 셋째 부분에 대해 알려 주겠다."

"예, 말씀해 주십시오."

백조가 말했다.

"총명한 소년이여, 불, 태양, 달, 번개 같은 것이 브라만의 네 부분 가운데 셋째 부분이다. 이들은 빛을 환하게 비추어 주는 브라만의 상징이다. 누구든지 브라만을 환하게 빛을 비추어 주는 존재로 알고, 불, 태양, 달, 번개 등에 정신을 집중하여 명상하는 사람은 밝은 지혜를 가진 존재가 될 것이다. 그는 죽은 다음에도 빛으로 충만한 세계로 갈 것이다."

8장

1-4. "총명한 소년이여, 이제 물새가 그대에게 브라만의 네 부분 가운데 넷째 부분에 대해서 알려 줄 것이다."

백조는 여기까지 말하고 더 이상 말하지 않았다.

다음날, 사트야카마는 소 떼를 몰고 출발했다. 가다가 날이 저물어 소 떼를 한곳으로 모아놓았다. 그리고 장작을 모아 불을 피우고 동쪽을 향해 앉아 있었다. 그때 숨[프라나]의 상징인 물새 한 마리가 날아와서 사트야카마에게 말했다.

"사트야카마여."

사트야카마가 대답했다.

"예, 존경하는 분이시여."

"내가 브라만의 네 부분 가운데 넷째 부분에 대해서 알려 주겠다."

"예, 말씀해 주십시오."

물새가 말했다.

"총명한 소년이여, 숨(호흡), 눈(시각), 귀(청각), 마음(인식작용)이 브라만의 네 부분 가운데 넷째 부분이다. 숨, 눈, 귀, 마음은 브라만이 머무는 자리이다. 누구든지 이 자리에 브라만이 머물고 있다는 것을 알고, 여기에 정신을 집중하여 명상하는 사람은 이 세상을 편안한 보금자리처럼 느낄 것이다. 그는 죽어서도 편안한 세계로 갈 것이다."

9 장

1-3. 사트야카마는 소 떼를 몰고 스승의 집에 도착했다. 스승이 말했다.

"사트야카마야, 너는 브라만을 깨달은 사람처럼 얼굴빛이 환하구나. 누가 너에게 브라만에 대해 가르쳐 줬느냐?"

사트야카마가 말했다.

"선생님, 저에게 가르침을 준 것은 사람이 아니라 자연의 힘을 다스리는 신들이었습니다. 지금 저의 소원은 선생님께 궁극적인 가르침을 받고 싶은 것입니다. 저는 스승의 지혜를 통해서만 진정한 깨달음에 이를 수 있다고 생각합니다."

이 말에 스승 가우타마는 흡족한 표정을 지으며, 앞서 그가 자연의 힘을 다스리는 신들에게서 배운 것과 동일한 가르침을 주었다. 그리하여 사트야카마는 브라만에 대해 조금도 모자람이 없는 지혜를 갖게 되었다.

제 6 부

1 장

1. 슈베타케투는 열두 살 되던 해*에 집을 떠나 스승에게 갔다. 그는 12년 동안 모든 경전의 가르침을 배우고 스물네 살이 되어서 집으로 돌아왔다. 그는 배울 것은 다 배웠다고 생각했다.

2-3. 그가 집에 돌아오자 아버지 우달라카가 말했다.

"얘야, 그동안 공부하느라고 고생이 많았겠구나. 그런데 너의 스승에게 지혜의 핵심을 물어본 일이 있느냐? 들을 수 없는 것을 듣고, 생각할 수 없는 것을 생각하고, 알 수 없는 것을 아는 지혜를 물어본 일이 있느냐?"

"무슨 지혜라구요?"

슈베타케투는 의아한 듯이 물었다.

4-6. 아버지 우달라카가 말했다.

"진흙이 무엇인지를 알면 진흙으로 만든 모든 것을 알게 되지. 진흙으로 여러 가지 물건을 만들 수 있지만, 이름만 다를 뿐 본질은 다 같은 진흙이기 때문이지.

금(金)이 무엇인지를 알면 금으로 만든 모든 것을 알게 되지. 금으로 여러 가지 장신구를 만들 수 있지만, 이름만 다를 뿐 본질은 다 같은 금이기 때문이지.

쇠가 무엇인지를 알면 쇠로 만든 모든 것을 알게 되지. 쇠로 여러 가지 도구를 만들 수 있지만, 이름만 다를 뿐 본질은 다 같은 쇠이기 때문이지.

마찬가지로 하나를 알면 모든 것을 알게 되는 그 하나를 알았느냐고 묻는 것이다."

7. 슈베타케투가 말했다.

"그런 앎이 있다는 것은 들어 보지도 못했어요. 제 스승께서는 그런 앎이 있다는 것을 모르시나봐요. 만약 아셨다면 왜 가르쳐 주시지 않았겠어요. 그러니 아버지께서 가르쳐 주세요."

2 장

1-3. 아버지가 말했다.

"태초에는 오직 순수의식*만 있었다. 다른 것은 아무것도 없었다. 이 순수의식에서 우주가 태어났다. 그리고 순수의식은 창조 작업을 활성화시키기 위해서 자신으로부터 태어난 모든 것 속으로 분화되어 침투해 들어갔다. 마치 햇살이 물에 비치듯이 그렇게 들어갔다.

순수의식에서 비롯되지 않는 것은 아무것도 없다. 순수의식은 모든 존재의 본질이다. 그는 진리이며 만물의 참 자아이다."

8 장

1. "꿈도 꾸지 않는 깊은 잠이 들면, 우리는 우리 자신의 참 자아인 순수의식과 하나가 된다. 우리가 그렇다는 것을 깨닫지 못할 뿐이다."

2. "발이 줄에 묶여 있는 새는 처음에는 날아가려고 사방으로 날갯짓을 한다. 그러나 지쳐서 더 이상 날아갈 수 없다는 것을 알게 되면 할 수 없이 묶여 있는 자리에 머문다.

우리의 마음도 그와 마찬가지로, 처음에는 사방팔방으로 방황한다. 그러나 그 어느 곳에서도 휴식할 수 없다는 것을 알게 되면 자신의 참 자아인 순수의식 속으로 돌아온다. 이처럼 우리의 영혼은 참 자아에 단단히 묶여 있다."

4. "모든 존재들은 자신의 참 자아 속에서 근원을 찾고 있다. 그들은 참 자아 속에서 살고 있으며, 마침내 참 자아 속에서 휴식하게 될 것이다."

6. "사람이 이 세상을 떠날 때 그의 말(言語)은 마음속으로 흡수되고, 마음은 숨 속으로 흡수되며, 숨은 불기운 속으로 흡수되고, 불기

운은 참 자아 속으로 흡수된다."

7. "순수의식에서 비롯되지 않는 것은 아무것도 없다. 순수의식은 모든 존재의 본질이다. 그는 진리이며 만물의 참 자아이다. 아들아, 네가 바로 그것이다.*"

9 장

1-4. "벌은 여러 가지 꽃에서 각기 다른 맛과 향이 나는 꿀을 모아 하나의 꿀을 만든다. 일단 꿀이 만들어지고 나면 여러 가지 꽃이 품고 있던 각기 다른 맛과 향의 꿀을 더 이상 구분할 수 없게 된다.

모든 존재는 꿈도 꾸지 않는 깊은 잠 속에서 또는 죽음의 순간에 그들 자신의 참 자아인 순수의식에 이르게 된다. 다만 그들이 그렇다는 것을 알지 못할 뿐이다. 그들은 지금 이 순간에도 이미 자신들의 참 자아 속에서 살고 있다.*

순수의식에서 비롯되지 않는 것은 아무것도 없다. 순수의식은 모든 존재의 본질이다. 그는 진리이며 만물의 참 자아이다. 아들아, 네가 바로 그것이다."

10 장

1-3. "동쪽으로 흐르는 강물과 서쪽으로 흐르는 강물은 바다에 이르면 하나가 된다. 그러면 그들은 나는 이 강이고 너는 저 강이라는 식의 개체의식이 사라진다. 마찬가지로 모든 존재가 순수의식 속으로 흡수되면 그들의 개체의식이 사라진다. 개체의식이 되었을 때 자기가 어디서 왔는지를 모르는 이유는 개체의식이 없는 자리에서 나왔기 때문이다.*

순수의식에서 비롯되지 않는 것은 아무것도 없다. 순수의식은 이 세상 모든 존재의 본질이다. 그는 진리이며 만물의 참 자아이다. 아들아, 네가 바로 그것이다."

11 장

1. "나무의 뿌리에 상처를 내면 수액은 흘러나오지만 죽지는 않는다.

나무의 둥치에 상처를 내면 수액은 흘러나오지만 죽지는 않는다.

나무의 가지에 상처를 내면 수액은 흘러나오지만 죽지는 않는다.

나무의 생명의 기운인 참 자아가 나무에 머물고 있는 한 나무는 죽지 않는다.

그러나 생명의 기운이 어떤 가지에서 떠나게 되면 그 가지는 죽는다.

생명의 기운이 다른 어떤 가지에서 떠나게 되면 그 가지도 죽는다.

생명의 기운이 나무 전체에서 떠나게 되면 그 나무는 말라 죽는다.

이처럼 죽음의 순간에 생명의 기운인 참 자아가 육체에서 떠나게 되면 그 육체는 죽는다. 그러나 생명의 기운 자체인 참 자아는 결코 죽거나 사라지지 않는다.*

순수의식에서 비롯되지 않는 것은 아무것도 없다. 순수의식은 모든 존재의 본질이다. 그는 진리이며 만물의 참 자아이다. 아들아, 네가 바로 그것이다."

12 장

1. 아버지가 아들에게 말했다.

"저기 가서 망고 열매를 하나 따오너라."

아들이 아버지가 시키는 대로 망고 열매를 하나 따왔다.

"여기 있습니다, 아버지."

"그것을 쪼개 보아라."

"자요, 쪼갰어요."

"그 안에 무엇이 들어 있냐?"

"작은 씨가 몇 개 있는데요."

"그 씨를 쪼개 보아라."

"예, 쪼갰어요."

"그 안에 무엇이 있니?"

"아무것도 없는데요."

2-3. 아버지가 말했다.

"얘야, 네가 씨 속에서 아무것도 볼 수 없었지만 눈에 보이지 않는 그 미묘한 것이 저 커다란 망고 나무의 본질이란다. 눈에 보이지 않는 그 미묘한 본질 속에 망고 나무가 들어 있다는 말이지. 그 미묘한 본질이 바로 아트만이며 참 자아란다.*

순수의식에서 비롯되지 않는 것은 아무것도 없다. 순수의식은 모든 존재의 본질이다. 그는 진리이며 만물의 참 자아이다. 아들아, 네가 바로 그것이다."

"이해가 잘 안 돼요. 좀 더 쉽게 설명해 주세요."

"그러자꾸나."

13 장

1-3. 아버지는 아들에게 그릇에 물을 떠오게 한 다음 거기에 소금을 집어넣으라고 했다. 아들은 아버지가 시키는 대로 했다.

다음 날 아버지가 말했다.

"어제 네가 물에 집어넣은 소금을 가져오너라."

그러나 그럴 수가 없었다. 소금은 이미 물에 녹아 눈을 씻고 보아도 보이지 않았다. 아버지가 말했다.

"표면에 있는 물을 찍어서 맛을 보거라. 맛이 어떠냐?"

"짭니다."

"이번에는 중간에서 찍어서 맛을 보아라. 어떠냐?"

"짭니다."

"음, 그러냐. 그러면 이제 물을 쏟아 버려라."

아들은 아버지가 시키는 대로 했다. 아버지가 다시 물었다.

"소금이 없어져 버렸느냐?"

"아니요."

아버지가 말했다.

"소금이 물에 녹았다고 해서 없어진 것이 아닌 것처럼, 또 소금물을 쏟아 버렸다고 해서 소금 자체가 사라진 것이 아닌 것처럼 네 속에 있는 참 자아 아트만도 마찬가지란다. 네 모습이 어떻게 변하든지, 네가 알지 못할 뿐이지 참 자아 아트만은 늘 그대로 존재하지. 늘 그대로 존재하는 참 자아가 곧 너의 본질이란다.*

순수의식에서 비롯되지 않는 것은 아무것도 없다. 순수의식은 모든 존재의 본질이다. 그는 진리이며 만물의 참 자아이다. 아들아, 네가 바로 그것이다."

14 장

1-3. "나쁜 사람이 어떤 사람의 손을 묶고 눈을 가린 다음 끌어다 외딴 곳에 버렸다. 그는 사방으로 방황하면서 외쳤다.

'나는 손이 묶이고 눈이 가려진 채로 이곳에 버려졌습니다. 누가

날 좀 도와주십시오.'

그때 마침 그곳을 지나가던 사람이 그의 손을 묶고 있는 밧줄을 풀어 주고 눈을 가리고 있던 가리개를 떼어주며 말했다.

'당신의 고향은 저쪽이니 그쪽으로 쭉 가면 집으로 돌아갈 수 있을 거요.'

그는 만나는 사람마다 고향 가는 길을 물어서 마침내 자기의 집으로 돌아왔다.

이처럼 우리도 우리를 이끌어 줄 수 있는 스승을 만나게 되면 지혜의 눈을 뜨게 될 것이다. 그리고 스승의 가르침을 따라 마침내 우리가 이르고자 하는 바로 그곳에 도달할 것이다.*

순수의식에서 비롯되지 않는 것은 아무것도 없다. 순수의식은 모든 존재의 본질이다. 그는 진리이며 만물의 참 자아이다. 아들아, 네가 바로 그것이다."

15 장

1-3. "사람이 죽을 때 가족들은 그의 둘레에 모여 앉아서 이렇게 말한다.

'아무개야, 우리를 알아보겠는가?'

죽어가는 사람의 말(言語)이 마음속으로 흡수되기 이전에는, 그의 마음이 숨(호흡) 속으로 흡수되기 이전에는, 그의 숨이 불기운 속으로 흡수되기 이전에는, 그리고 그의 불기운이 참 자아 속으로 흡수되기 이전에는 주위에 있는 가족들을 알아본다.

그러나 그의 말이 마음속으로 흡수되고, 마음이 숨 속으로 흡수되고, 숨이 불기운 속으로 흡수되고, 불기운이 참 자아 속으로 흡수된 다음에는 아무도 알아보지 못한다.*

순수의식에서 비롯되지 않는 것은 아무것도 없다. 순수의식은 모든 존재의 본질이다. 그는 진리이며 만물의 참 자아이다. 아들아, 네가 바로 그것이다."

"이해가 잘 안돼요. 좀 더 쉽게 설명해 주세요."

"그러자꾸나."

16 장

1-3. "사람들이 재판장에게 어떤 사람을 두 손을 꽁꽁 묶은 채로 끌고 와서 '이 사람이 도둑질을 했소. 벌을 내려주시기 바랍니다'라고 했다. 그러나 끌려온 사람은 자기는 도둑질을 하지 않았다고 끝까지 부인했다. 그러면 재판장은 도끼 자루를 불에 달구어서 그 자루를 잡아보라고 한다. 그러면 겁을 먹고 도둑질을 했다고 자백을 하든지, 아니면 뜨거운 도끼 자루를 잡아 손을 데고 형벌을 받게 되든지 한다.

그러나 정말로 도둑질을 하지 않았다면 자신의 결백을 맹세하고 도끼 자루를 잡는다. 그가 진정으로 결백하다면 그 진실이 그를 보호하여 뜨겁게 달구어진 도끼 자루를 잡아도 손을 데지 않을 것이다.

그러면 그는 풀려난다.

진실을 말하기로 맹세한 사람이 실제로 결백하다면 뜨거운 도끼자루를 잡아도 손을 데지 않는 것처럼, 진실로 진리를 깨달은 사람은 이 세상에 다시 태어나지 않는다. 그러나 그렇지 않은 사람은 거듭해서 태어난다.*

순수의식에서 비롯되지 않는 것은 아무것도 없다. 순수의식은 모든 존재의 본질이다. 그는 진리이며 만물의 참 자아이다. 아들아, 네가 바로 그것이다."

아버지에게 이렇게 아홉 번 가르침을 받은 슈베타케투는 브라만과 참 자아를 깨닫게 되었다. 진실로 깨달음을 얻었다.

제7부

1장

1. 나라다가 사나트쿠마라에게 말했다.

"존경하는 선생님, 저에게 가르침을 주십시오."

사나트쿠마라가 대답했다.

"그대가 알고 있는 것을 모두 말해 보아라. 그러면 내가 그 이상의 것을 말해 주리라."

2-3. 그래서 나라다가 말했다.

"저는 《베다》 경전과 역사*를 공부했고 산스크리트어 문법, 제례의식, 수학, 천문학, 논리학, 윤리학, 어원학, 발성론, 심리학, 병기(兵器)학, 그리고 각종 예술까지 모두 익혔습니다. 그러나 이 모든 지식은 저 자신을 아는 데에는 아무런 도움도 되지 않았습니다. 그래서 참 자아를 깨달은 선생님께 가르침을 받고자 하는 것입니다.

선생님, 저는 지금 마음이 몹시 혼란하고 괴롭습니다. 저에게 가르침을 주시어 이 괴로움에서 벗어나게 도와주십시오."

그러자 사나트쿠마라가 말했다.

"그대가 알고 있는 것은 모두 말에 지나지 않는다. 그대가 배운 것은 실재가 아니라 이름일 뿐이다."

16 장

1. 사나트쿠마라가 말했다.

"진리를 깨달음으로써 초월적인 경지에 올라간 사람은 말로써 말 이상의 것을 말하게 된다."

나라다가 말했다.

"존경하는 선생님, 저도 진리를 깨닫고 말로써 말 이상의 것을 말하고 싶습니다."

"그렇다면 먼저 무엇이 진리인지를 알아야 한다."

"존경하는 선생님, 그 진리를 알고자 합니다."

17 장

1. 사나트쿠마라가 말했다.

"진리를 말하려면 먼저 진리를 알아야 한다. 진리는 알지 못하고는 절대로 말할 수 없는 것이다. 그러므로 먼저 '안다는 것'이 무엇인지에 대해 알아야 한다."

나라다가 말했다.

"존경하는 선생님, '안다는 것'이 무엇인지 알고 싶습니다."

18 장

1. 사나트쿠마라가 말했다.

"마음속으로 성찰하면 '안다는 것'이 무엇인지 알 수 있다. 깊은 성찰이 없이는 절대로 알지 못한다. 그러므로 먼저 '마음으로 성찰하는 것'이 무엇인지 알아야 한다."

나라다가 말했다.

"존경하는 선생님, '마음으로 성찰하는 것'이 무엇인지 알고 싶습니다."

19 장

1. 사나트쿠마라가 말했다.

"'마음으로 성찰하는 것'이 무엇인지 알려면 먼저 스승에 대한 경외심과 신뢰가 있어야만 한다. 스승에 대한 경외심과 신뢰가 없이는 '마음으로 성찰하는 것'이 무엇인지 알지 못한다. 그러므로 먼저 '스승에 대한 경외심과 신뢰심'이 무엇인지 알아야 한다."

나라다가 말했다.

"존경하는 선생님, '스승에 대한 경외심과 신뢰심'이 무엇인지 알고 싶습니다."

20 장

1. 사나트쿠마라가 말했다.

"스승을 공경하며 받들면 '스승에 대한 경외심과 신뢰심'을 갖게 된다. 스승을 공경하지 않고서는 '스승에 대한 경외심과 신뢰심'이 생기지 않는다. 그러므로 먼저 '스승에 대한 공경'이 무엇인지 알아야 한다."

나라다가 말했다.

"존경하는 선생님, '스승에 대한 공경'이 무엇인지 알고 싶습니다."

21 장

1. 사나트쿠마라가 말했다.

"스승을 자발적인 마음으로 기꺼이 받들어 모시면* 공경하게 된다. 자발적으로 기꺼이 받들어 모시지 않으면 '스승에 대한 공경'이 무엇인지 알지 못한다. 그러므로 먼저 '자발적으로 기꺼이 받들어 모시는 것'이 무엇인지 알아야 한다."

나라다가 말했다.

"존경하는 선생님, '자발적으로 기꺼이 받들어 모시는 것'이 무엇인지 알고 싶습니다."

22 장

1. 사나트쿠마라가 말했다.

"사람은 즐거운 일을 자발적으로 기꺼이 하게 되어 있다. 즐거움이 없이는 스승을 '자발적으로 기꺼이 받들어 모실' 수 없다. 그러므로 먼저 '즐거움'이 무엇인지 알아야 한다."

나라다가 말했다.

"존경하는 선생님, '즐거움'이 무엇인지 알고 싶습니다."

23 장

1. 사나트쿠마라가 말했다.

"즐거움은 무한함*에 있다. 유한한 것에는 즐거움이 없다. 오직 무한한 것만이 즐거움을 준다. 그러므로 먼저 '무한함'이 무엇인지 알아야 한다."

나라다가 말했다.

"존경하는 선생님, '무한함'이 무엇인지 알고 싶습니다."

24 장

1. 사나트쿠마라가 말했다.

"보는 자와 보이는 대상이 구별되지 않고, 듣는 자와 들리는 소리가 구별되지 않으며, 생각하는 자와 생각의 대상이 구별되지 않는 것이 '무한'이다.

보는 자와 보이는 대상이 있고, 듣는 자와 들리는 소리가 있으며, 생각하는 자와 생각의 대상이 있는 것은 '유한'이다. 무한은 죽음을 초월하지만 유한은 죽음에 속박되어 있다."

나라다가 물었다.

"존경하는 선생님, 그 '무한'은 무엇에 의지해서 있습니까?"

2. 사나트쿠마라가 대답했다.

"사람들은 재물, 명성, 가족, 친구가 많고 넓은 땅과 큰집을 갖고 있으면 행복하게 여기면서 그런 것들에 의지한다. 그러난 이런 것들은 모두 서로가 서로에게 의지하고 예속되어 있다. 그러므로 결코 대단한 것도 아니고 위대한 것도 아니다. 진정으로 위대한 것은 어디에도 의지하지 않고 홀로 완전히 독립적인 무한뿐이다. 무한은 어디에도 예속되어 있지 않다."

25 장

1. "'무한'은 아래요 위이며, 앞이며 뒤이고, 오른쪽이며 왼쪽이다. 나 곧 참 자아는 아래요 위이며, 앞이며 뒤이고, 오른쪽이며 왼쪽이다. 나 곧 참 자아는 이 모든 것이다."

2. "참 자아에 정신을 집중하여 명상함으로써 참 자아를 깨닫고, 모든 것에서 참 자아를 보며 참 자아 안에서 기쁨을 느끼는 사람은 자유* 속에서 살게 된다. 그가 머무는 곳은 어디든지 그의 편안한 안식처가 될 것이다.

그러나 유한한 것을 추구하는 사람은 무한한 참 자아를 깨닫지 못하고 유한한 것들의 속박* 속에서 고통당하는 삶을 면치 못할 것이다."

26 장

1. "참 자아에 정신을 집중하여 명상함으로써 참 자아를 깨달은 사람은 모든 것들 속에서 참 자아를 발견한다. 생명의 기운과 허공, 물과 불, 명칭과 형상, 탄생과 죽음, 마음과 의지, 언어와 행위, 주문과 명상, 이 모든 것들이 참 자아에서 비롯된 것임을 알게 된다."

2. "이에 관련해서 이런 가르침이 있다.
'참 자아를 깨달은 사람은 죽음과 슬픔을 맛보지 않는다.
참 자아를 깨달은 사람은 자신 속에서 모든 것을 보며,
모든 것 속에서 자기 자신을 본다.
그는 하나가 된다.
그는 셋이 되기도 하고,
다섯이 되기고 하고,
일곱이 되기도 하고,
아홉이 되기도 한다.
그리고 그는 열 하나가 되기도 하고,
백 하나가 되기도 하고,
또는 천의 스무 배가 되기도 한다.
정신의 음식*이 깨끗하면 마음이 정화된다.
마음*이 정화되면 기억이 투명해지고,
기억*이 투명해지면
(개체로 나올 당시의 최초의 기억이 선명해져서)

가슴을 얽어매고 있는 모든 매듭이 풀린다.'"

이렇게 사나트쿠마라의 가르침을 받은 나라다는 모든 속박에서 풀려나 무지의 어둠에서 벗어났다. 그리하여 참 자아의 빛으로 충만하게 되었다. 그래서 사람들은 그를 지혜로운 스승이라고 부른다.

제 8 부

1장

1. 육체는 브라만이 머물고 있는 도성(都城)이다. 이 도성에는 '작은 연꽃[심장]'이 있고, 이 작은 연꽃 속에는 또 '작은 공간'이 있다. 이 '작은 공간' 속에 무엇이 있는가? 그걸 탐구하고 깨달아야 한다.

2-3. 제자가 스승에게 "브라만의 도성 안에 작은 연꽃이 있고 그 안에 다시 작은 공간이 있는데, 그 작은 공간 안에는 과연 무엇이 있습니까?" 하고 물으면 스승은 이렇게 대답한다.

"저 허공*이 무한하듯 심장 안의 공간*도 무한하다. 저 하늘과 이 땅은 모두 이 심장 속 공간 안에 들어 있다. 불과 바람, 해와 달, 번갯불과 별이 모두 이 심장 속 공간 안에 들어 있다. 지금 이 세상에 있는 것과 아직 없는 것조차도 모두 이 속에 들어 있다."

4-6. 제자들이 다시 "모든 것이 브라만의 도성인 이 육체 안에 있는 심장 속 공간 안에 들어 있다면, 늙고 병들어 육체가 부서질 때 그 안에 들어 있는 모든 것들은 어떻게 됩니까?" 하고 물으면 스승은 이렇게 대답한다.

"육체가 늙어도 심장 속에 있는 브라만은 늙지 않는다. 육체가 죽어도 브라만은 죽지 않는다. 그러므로 진정한 브라만이다. 브라만 안에 모든 소망이 들어 있다. 그것이 바로 그대의 참 자아이다. 그대의 참 자아는 늙음과 죽음, 배고픔과 목마름, 모든 슬픔과 걱정에서 벗어나 있다. 그는 진실한 욕망이요 의지이다. 왕이 명령하면 신하들이 그대로 행하듯, 참 자아가 원하면 원하는 대로 이루어진다.

우리가 이 세상에서 이룩한 모든 것들은 시간이 지나면 모두 물거품처럼 사라진다. 선한 행위조차도 시간의 흐름에 씻겨 흔적도 없이 지워져 버리고 만다. 그러므로 참 자아를 깨닫지 못하고 이 세상을 떠나게 되면 또다시 속박과 무지의 삶을 이어갈 수밖에 없다. 그러나 자신의 본질인 무한한 참 자아를 깨닫고 이 세상을 떠나게 되면 자유의 경지에 이른다."

2 장

1. 심장 공간 속에 있는 브라만을 깨달은 사람이 아버지가 계신 세계로 가기를 원하면 그 생각만으로 아버지가 계신 세계로 간다. 그는 아버지가 계신 세계에 이르고 난 다음 자신의 뜻이 이루어진 것

을 알고 행복해할 것이다.

2. 심장 공간 속에 있는 브라만을 깨달은 사람이 어머니가 계신 세계로 가기를 원하면 그 생각만으로 어머니가 계신 세계로 간다. 그는 어머니가 계신 세계에 이르고 난 다음 자신의 뜻이 이루어진 것을 알고 행복해할 것이다.

3. 심장 공간 속에 있는 브라만을 깨달은 사람이 형제들이 있는 세계로 가기를 원하면 그 생각만으로 형제들이 있는 세계로 간다. 그는 형제들이 있는 세계에 이르고 난 다음 자신의 뜻이 이루어진 것을 알고 행복해할 것이다.

4. 심장 공간 속에 있는 브라만을 깨달은 사람이 자매들이 있는 세계로 가기를 원하면 그 생각만으로 자매들이 있는 세계로 간다. 그는 자매들이 있는 세계에 이르고 난 다음 자신의 뜻이 이루어진 것을 알고 행복해할 것이다.

5. 심장 공간 속에 있는 브라만을 깨달은 사람이 친구들이 있는 세계로 가기를 원하면 그 생각만으로 친구들이 있는 세계로 간다. 그는 친구들이 있는 세계에 이르고 난 다음 자신의 뜻이 이루어진 것을 알고 행복해할 것이다.

6. 심장 공간 속에 있는 브라만을 깨달은 사람이 향기와 꽃다발이

있는 화려한 세계로 가기를 원하면 그 생각만으로 향기와 꽃다발이 있는 화려한 세계로 간다. 그는 향기와 꽃다발이 있는 세계에 이르고 난 다음 자신의 뜻이 이루어진 것을 알고 행복해할 것이다.

7. 심장 공간 속에 있는 브라만을 깨달은 사람이 먹을 것과 마실 것이 풍족한 세계로 가기를 원하면 그 생각만으로 먹을 것과 마실 것이 풍족한 세계로 간다. 그는 먹을 것과 마실 것이 풍족한 세계에 이르고 난 다음 자신의 뜻이 이루어진 것을 알고 행복해할 것이다.

8. 심장 공간 속에 있는 브라만을 깨달은 사람이 아름다운 음악이 흐르는 세계로 가기를 원하면 그 생각만으로 아름다운 음악이 흐르는 세계로 간다. 그는 아름다운 음악이 흐르는 세계에 이르고 난 다음 자신의 뜻이 이루어진 것을 알고 행복해할 것이다.

9. 심장 공간 속에 있는 브라만을 깨달은 사람이 여자들의 세계로 가기를 원하면 그 생각만으로 여자들의 세계로 간다. 그는 여자들의 세계에 이르고 난 다음 자신의 뜻이 이루어진 것을 알고 행복해할 것이다.

10. 심장 공간 속에 있는 브라만을 깨달은 사람은 그가 무엇을 원하든, 무엇을 바라든 다 그대로 이루어진다. 그러면 그는 자기가 원하던 것이 이루어진 것을 알고 행복해할 것이다.

3 장

1-2. 우리의 진정한 소망은 거짓 소망에 가려 있다. 그러나 거짓 소망에 가려 있다고 하더라도 그 진정한 소망은 언제나 내면에 존재하고 있다.

육체와 관련이 있는 가족이나 친척이나 친구들이 일단 이 세상을 떠나면 다시는 그들을 볼 수 없을 것이다. 그러나 나와 인연을 맺으면서 이 세상에 살고 있는 사람들, 또는 이미 죽은 사람들, 내가 원하고 있지만 아직 얻지 못한 모든 것을 심장 공간 속에서 모두 만나고 얻게 될 것이다.

그곳에 진정한 소망이 있다. 거짓 소망이 그것을 가리고 있을 뿐.

그것은 마치 보물이 묻힌 곳인 줄 모르고 그 위를 계속 서성이기만 하기 때문에 결국은 묻힌 보물을 발견하지 못하는 것과 같다.

모든 존재들이 매일 깊은 잠 속에서 브라만의 세계로 들어간다. 그러나 그들은 그런 사실을 알지 못한다. 그들의 의식이 무지의 어둠에 덮여 있기 때문이다.

3. 참 자아는 가슴속에 있다. '가슴(hridayam)'이라는 말은 '이것[참 자아]은(ayam)' '그 속에 있다(hrid)'는 뜻이다. 가슴속에 참 자아가 있다는 것을 아는 사람은 매일 밤 깊은 잠 속에서 참 자아의 세계로 들어간다.

4. 그는 깊은 잠 속에서 축복을 느낀 다음 육체를 벗어나 그 자신

의 본래 모습인 빛의 절정에 이른다.

이것이 바로 참 자아이며, 이것이 바로 불멸자이며, 이것이 바로 두려움 없는 존재이며, 이것이 바로 브라만이다. 이 브라만을 '사트얌(sattyam, 진실 그 자체)'이라고 부른다.

5. '사트얌'은 '사트(sat)', '티(ti)', '얌(yam)', 이 세 음절로 이루어져 있다. '사트'는 '불멸의 존재'를, '티'는 '죽음'을, '얌'은 이 둘의 '결합' 또는 '통제'를 의미한다. '얌'을 통해서 '사트'와 '티'는 굳게 결합되어 있기 때문이다. 이를 아는 사람은 매일 깊은 잠 속에서 참 자아의 세계로 들어간다.

4장

1-2. 참 자아는 제방*이다. 각기 다른 존재들의 고유 영역을 지켜주는 존재와 존재 사이의 경계선이다. 밤도 낮도 이 제방을 넘어갈 수 없다. 늙음도 죽음도 슬픔도 이 제방을 넘어갈 수 없다. 선행과 악행조차도 이 제방을 넘어갈 수 없다.

모든 죄악은 이 제방에 부딪쳐 왔던 곳으로 다시 되돌아간다. 그러므로 브라만의 세계는 어떤 죄악에도 물들지 않는다.

이 제방을 넘어가게 되면 영적으로 눈이 먼 사람은 눈을 뜨게 되고 불행이 멎을 것이다. 고뇌하는 사람은 더 이상 고뇌에 시달리지 않을 것이다. 이 제방을 넘어 브라만의 세계에 도달하면 어두운 밤

이 밝은 아침이 될 것이다. 브라만의 세계는 빛으로 충만한 세계이기 때문이다.

3. 영혼이 순수하며 자기절제*를 통해서 진리의 길을 가는 사람만이 브라만의 세계를 발견할 수 있다. 브라만의 세계는 오직 그런 사람들의 것이다. 브라만의 세계를 발견한 사람은 어떠한 상황에서도 완전한 자유를 누린다.

7장

1. 참 자아가 무엇인가? 이에 대해 창조주 프라자파티는 이렇게 말했다.

"참 자아는 죄악에서 벗어나 있다. 참 자아는 늙음과 죽음과 슬픔과 굶주림과 목마름에서 벗어나 있다. 참 자아가 소망하는 것은 모두 진실이며 그가 생각하는 것은 모두 진실이다.

이 참 자아를 깨닫고 이해하려고 노력하여야 한다. 참 자아를 깨달으면 모든 세계를 얻게 될 것이다. 그리고 소망하는 모든 것을 얻게 될 것이다."

2-3. 그때 신들과 악마들이 이 말을 듣고 외쳤다.

"자, 우리 모두 참 자아를 깨달아서 모든 세계를 얻고 모든 소원을 성취하자!"

이렇게 하여 신들의 우두머리인 인드라와 악마들의 우두머리인 바이로차나는 프라자파티에게 가서 그의 제자가 되었다.

그들은 32년 동안 프라자파티 밑에서 독신 수행을 하며 지냈다. 어느 날 프라자파티가 물었다.

"너희들은 왜 내 곁에 머물고 있느냐?"

인드라와 바이로차나가 대답했다.

"저희들은 불멸의 참 자아를 깨달아서 모든 소원을 성취하려고 선생님 곁에 있나이다."

4. 프라자파티가 말했다.

"눈(眼) 속에 있는, 눈으로 하여금 보게 하는 존재*, 그가 바로 참 자아이다. 그것은 죽지도 않고 두려움도 없는 브라만이다."

인드라와 바이로차나가 물었다.

"그렇다면 물에 비치는 모습과 거울에 비치는 모습 가운데 어느 것이 참 자아입니까?"

프라자파티가 대답했다.

"둘 다 그이다. 그는 모든 것 속에 비치고 있다."

8장

1-3. "저 연못에 비치는 그대 자신들의 모습을 보라. 그런 다음 참 자아에 대해서 이해하지 못하는 점이 무엇인지 말해 보도록 하라."

인드라와 바이로차나는 연못에 자신들의 모습을 비추어 본 다음 이렇게 말했다.

"선생님, 저희들은 연못에 비친 저희들의 모습을 보았습니다. 머리카락 한 올에서부터 손톱 하나하나까지 다 보았습니다."

프라자파티가 다시 말했다.

"이젠 멋진 옷을 입고 아름답게 꾸민 다음에 다시 연못에 비치는 그대들의 모습을 보라."

그들은 목욕도 하고 멋지게 치장을 한 다음 연못에 비치는 자신들의 모습을 바라보았다. 프라자파티가 그들에게 다시 물었다.

"연못 속에서 무엇을 보았는가?"

인드라와 바이로차나가 대답했다.

"저희들은 연못 속에서 멋지게 치장을 하고 잘 차려입은 저희들 자신의 모습을 보았습니다."

프라자파티가 말했다.

"그것이 참 자아이다. 그것이 두려움이 없는 불멸의 브라만이다."

그러자 인드라와 바이로차나는 평온한 마음이 되어 돌아갔다.

4-5. 그러나 프라자파티는 돌아가는 그들의 뒷모습을 보며 혼자 이렇게 말했다.

"저들은 참 자아를 보았다. 그러나 참 자아를 깨닫지는 못했다. 저들은 육체를 자기라고 생각했다. 육체를 자기라고 생각하는 자는 신들이건 악마들이건 결국은 모두 죽음에 이르고 말 것이다."

바이로차나는 육체가 자기라는 믿음을 굳게 갖고 악마들에게 돌아가서 그들에게 가르침을 펴기 시작했다.

"숭배의 대상은 이 육체이니, 이 육체를 위해서 모든 것을 다 바쳐야 한다. 육체를 행복하게 하고, 육체를 위해서 살아가는 것이 삶의 지고한 목표이다."

그러므로 자기 육체만 위하면서 자비도 베풀지 않고 조상에게 공물도 바치지 않는 사람을 '악마 같은 사람'이라고 부르는 것이다. 그들은 악마의 제자이다.

악마의 제자들은 육체를 참 자아라고 생각하기 때문에 죽은 시체를 화려한 옷과 꽃으로 치장한다. 이렇게 함으로써 죽은 자의 영혼이 좋은 곳에 태어난다고 착각하고 있기 때문이다.

9 장

1. 인드라는 돌아가면서 마음속에 다음과 같은 의문이 생겼다.

"이 육체가 만일 진정한 나라면, 좋은 옷을 입고 몸을 치장하면 내가 멋져 보일 것이다. 육체를 깨끗이 하면 나도 깨끗해질 것이다. 그리고 육체가 눈이 멀면 진정한 나도 눈이 멀고, 육체가 절름발이가 되면 진정한 나도 절름발이가 될 것이다. 또 육체가 죽으면 진정한 나도 소멸해 버리지 않겠는가?"

2-3. 인드라는 그 자리에서 발길을 돌려 프라자파티에게 되돌아왔다.

프라자파티가 말했다.

“인드라여, 그대는 매우 흡족해하면서 돌아가지 않았는가? 그런데 왜 다시 왔는가?”

인드라가 대답했다.

“스승이시여, 물에 비친 제 모습이 진정한 저의 모습이라면 이 육체가 죽을 때 저의 진정한 자아도 함께 소멸해 버리지 않겠습니까? 그러나 선생님께서는 참 자아는 불멸이라고 말씀하시지 않았습니까. 그렇다면 이 육체는 저의 참 자아가 아닌 게 분명합니다. 그래서 더 깊은 가르침을 받고자 이렇게 다시 온 것입니다.”

프라자파티가 말했다.

“인드라여, 그대 말이 옳다. 내 곁에 32년 동안 더 머물거라. 참 자아에 대해서 더 많은 것을 가르쳐 주겠다.”

인드라는 다시 프라자파티 밑에서 32년 동안 열심히 수행했다. 32년이 지난 어느 날 프라자파티가 말했다.

10 장

1-2. “인드라여, 꿈속에서 활동하고 있는 것, 그것이 바로 그대의 참 자아이다. 그 참 자아는 두려움이 없는 불멸의 브라만이다.”

이 말을 들은 인드라는 평온한 마음이 되어 돌아갔다. 그러나 가는 도중에 마음속에 이런 의문이 생겼다.

“육체가 눈이 멀 때도 꿈속의 자아는 눈이 멀지 않는다. 육체가 불구가 되어도 꿈속의 자아는 불구가 되지 않는다. 그리고 육체가 죽어도 꿈속의 자아는 죽지 않는다. 그렇지만 꿈속의 자아도 고통을 경험한다. 슬픔과 괴로움도 느낀다. 그렇다면 이 꿈속의 자아 역시 슬픔과 고뇌에서 벗어난 불멸의 참 자아라고 볼 수 없지 않은가?"

3-4. 인드라는 그 자리에서 발길을 돌려 프라자파티에 되돌아왔다. 프라자파티가 물었다.

"왜 또 왔는가?"

인드라가 말했다.

"스승이시여, 육체가 다치거나 병들어도 꿈속의 자아는 영향을 받지 않습니다. 그러나 꿈속의 자아도 고통과 슬픔을 경험합니다. 그렇다면 꿈속의 자아도 선생님께서 말씀하신 두려움 없는 불멸의 참 자아가 아니지 않습니까?"

프라자파티가 대답했다.

"인드라여, 그대 말이 옳다. 내 곁에서 다시 32년 동안 더 머물거라. 참 자아에 대해서 더 많은 것을 가르쳐 주겠다."

인드라는 다시 그곳에서 32년을 지냈다. 그러던 어느 날 프라자파티가 말했다.

11 장

1. "깊이 잠이 들면 몸의 모든 감각작용이 멎고 더 이상 꿈도 꾸지

않는다. 이 깊은 잠 상태가 바로 그대의 참 자아이다. 그 참 자아는 두려움이 없는 불멸의 브라만이다."

이 말을 들은 인드라는 평온한 마음이 되어 돌아갔다. 그러나 가는 도중에 마음속에서 또 다음과 같은 의문이 생겼다.

"깊은 잠 속의 자아는 자기도 인식하지 못하고 상대방도 인식하지 못한다. 그렇다면 깊은 잠 속의 자아는 의식이 없다는 뜻이 아닌가? 이건 스승께서 말씀하신 그 참 자아가 아니다."

2-3. 인드라는 그 자리에서 발길을 돌려 프라자파티에게 되돌아갔다. 프라자파티가 물었다.

"인드라여, 왜 다시 왔는가?"

인드라가 말했다.

"스승이시여, 깊은 잠 속의 자아는 자기 자신도 인식하지 못하고 상대방도 인식하지 못합니다. 그러므로 이것은 의식이 전혀 없는 상태입니다. 이것은 선생님께서 말씀하신 불멸의 참 자아가 아닌 게 분명합니다."

프라자파티가 대답했다.

"인드라여, 그대의 말이 맞다. 내 곁에서 5년 동안만 더 머물거라. 참 자아에 관한 모든 걸 가르쳐 주겠다."

인드라는 스승 프라자파티 밑에서 5년을 더 머물면서 수행에 몰두했다. 인드라는 이렇게 참 자아를 깨닫기 위해 101년 동안 독신 수행을 했다. 101년이 되는 해, 스승 프라자파티는 인드라에게 말했다.

12 장

1. "인드라여, 육체는 덧없는 것이다. 죽음을 면할 수 없다. 그러나 육체는 형태가 없는 참 자아가 살고 있는 '참 자아의 집'이다. 형체가 있는 육제적인 자아는 기쁨과 고통에 울고 웃는다. 그러므로 육체를 자기라고 여기는 동안에는 기쁨과 고통의 순환이 끝나지 않는다. 그러나 자기를 육체와 동일시하지 않는 사람은 결코 기쁨과 슬픔의 파도에 휩쓸리지 않는다."

2-3. "바람, 비구름, 번개, 천둥, 이런 것들은 원래 형체가 없다. 그러나 여름날 뜨거운 태양열을 받게 되면 이것들이 갑자기 허공에서 일어나 제각각 자신의 모습으로 나타난다.

이와 마찬가지로, 형체가 없는 존재인 참 자아에서 여러 가지 모습의 육체가 나타난다. 그러나 자신의 본래 자리인 순수하고 형체가 없는 상태에서는 모든 집착에서 벗어나 생명의 희열감으로 충만해 있다. 이 참 자아가 어떤 모습으로 나타났든, 그는 육체가 자기가 아님을 알고 있다. 말이 마차에 매어 있듯 참 자아는 생명의 기운인 숨[프라나]의 상태로 육체와 연결되어 있다. 참 자아는 이런 사실을 잘 알고 있다."

4-5. "우리가 사물을 볼 때, '보는 자'는 눈이 아니라 '눈 속에 있는 사람' 곧 참 자아이다. 눈은 다만 사물을 보기 위한 참 자아의 도구에 지나지 않는다.

우리가 냄새를 맡을 때, '냄새 맡는 자'는 코가 아니라 '코 속에 있는 사람' 곧 참 자아이다. 코는 다만 냄새를 맡기 위한 참 자아의 도구에 지나지 않는다.

우리가 소리를 들을 때, '듣는 자'는 귀가 아니라 '귀 속에 있는 사람' 곧 참 자아이다. 귀는 다만 소리를 듣기 위한 참 자아의 도구에 지나지 않는다.

우리가 생각할 때, '생각하는 자'는 마음이 아니라 '마음속에 있는 사람' 곧 참 자아이다. 마음은 다만 생각을 하기 위한 참 자아의 도구에 지나지 않는다. 참 자아는 마음이라는 도구를 가지고 브라만의 세계 속에 있는 모든 것을 원하고, 보고, 즐긴다."

6. 이렇게 하여 인드라는 프라자파티의 가르침을 받아 참 자아에 관한 모든 지혜를 얻었다. 그리고 자신의 세계로 돌아가서 신들에게 이 가르침을 폈다. 인드라의 가르침을 받은 신들은 참 자아를 깨닫기 위해 깊이 명상하기 시작했다. 그래서 신들은 모든 세상과 자신들이 원하는 모든 것을 얻게 되었다.

이처럼, 참 자아를 깨달은 사람은 모든 세상과 원하는 모든 것을 성취한다.

13 장

1. 성스러운 어둠 곧 심장 공간 속에서

모든 이름과 형상이 나타났다가
다시 성스러운 어둠 속으로 사라진다.
말(馬)이 머리를 흔들어 갈기에 붙은 검불을 털어내듯이
나는 브라만의 지혜로 죄악의 먼지를 털어 버리리라.
달(月)이 먹구름에서* 벗어나 환하고 맑은 얼굴을 내밀듯이
나는 육체의 속박에서 벗어나
영원한 브라만의 세계에 이르리라.

14 장

1. 심장 속 허공에서 모든 이름과 형상이 나왔다. 그 허공 안에 있는 자, 그가 바로 브라만이다. 그가 불멸의 참 자아이다.

나는 스승 프라자파티의 궁전,
저 성스러운 자들의 모임에 들어간다.
나는 브라만 사제들의 영광이요,
통치자들의 영광이며,
모든 사람들의 영광이다.
나는 이 모든 영광의 영광이다.
나는 이제 이 세상에 다시 태어나지 않으리라.
모든 것이 소멸의 길을 가며,
끊임없이 흔들리는 이 세상에 다시 오지 않으리라.
결코 다시 옴이 없으리라.

15 장

1. 창조의 신 브라마는 참 자아에 대한 이 지혜를 조물주 프라자파티에게 전했고, 프라자파티는 최초의 인간 마누에게 전했고, 마누는 그의 자손인 인간들에게 전했다.

그러므로 우리는 깨달음을 얻은 스승의 제자가 되어 경전의 가르침을 배운 다음, 집으로 돌아와 가장의 의무를 성실히 수행하면서 후손들에게 이 가르침을 전해 주어야 한다. 그리하여 그들도 모두 깨달음에 이르게 하여야 한다.

다른 생명을 해치지 않고, 경전의 가르침대로 살아간다면 마침내 브라만의 세계에 이르게 될 것이다. 그러면 이 세상으로 다시 돌아오지 않을 것이다. 영원히 브라만의 세계에 머물 것이다.

옴! 샨티, 샨티, 샨티!

번역노트

제목: 《사마 베다》의 찬양시를 노래하는 사람을 가리키는, '찬도가(chandoga)'에서 비롯되었다. '찬도가'는 '(《베다》의) 찬양'을 뜻하는 '찬다스(chandas)'에서 유래된 낱말이다.

제 1 부

1 장

2. "《리그 베다》", "《사마 베다》", "《우드기타》": '리그'는 '찬양', '사마'는 '노래', '우드기타'는 찬양을 시작하는 첫 음절을 가리킨다. 《사마 베다》에 실려 있는 노래들은 대부분 《리그 베다》에서 가져온 만트라이다.

3. "핵심 가운데 핵심": 글자대로는 '여덟 번째 (핵심)'이다. 2절에 언급된 일곱 가지 핵심(땅, 물, 초목, 사람, 말, 《리그 베다》, 《사마 베다》)의 핵심이라는 뜻이다.

10. "내적인 깨달음": '《우파니샤드》'의 번역이다. '지혜'라고 번역할 수도 있다.

"믿음": '슈랏다(shraddha)'의 번역이다. 《프라쉬나 우파니샤드》 6장 3절에서는 '소원'이라고 옮겼는데, 거기서는 피조물이 올바로 만들어지고 움직이도록 하는 내적인 질서라는 뜻으로 쓰였다. 그 의미를 받아들이면 여기서는 '올바른 마음가짐'이라고 옮길 수도 있다.

2장

1. "'옴'": 글자대로는 《우드기타》이다. 제1부 1장 5절에 따르면 '우드기타'는 불멸의 음절 '옴'이다.

제 3 부

14장

1. "브라만에서 나와서 브라만 안에서 숨 쉬다가 브라만에게 돌아간다": '갈란(galan)'의 번역이다. 'ga'는 '태어나다', 'la'는 '흡수되다' 또는 '죽다', 'an'은 '숨 쉬다'라는 뜻으로 해석하는 베단타 학파의 견해에 따라 풀어 옮겼다.

2-4. 다른 경전에서 '샨딜리야의 지혜(Shandilya vidya)'라고 부르는 유명한 구절이다.

제 4 부

4장

1. "사트야카마": '진리를 사랑하는 자'라는 뜻의 이름이다.

제 6 부

1장

1. "열두 살 되던 해": 브라만 계급으로 태어난 남자 아이는 보통 일곱 살 때 공부를 시작한다. 그에 비하면 슈베타케투의 공부 시작 나이는 좀

늦은 감이 있다.

2장

1-3. "순수의식": 글자대로는 '존재(sat)'이다. 브라만과 하나 되는 체험을 '사치드아난다(Satchidananda)'라고 하는데, 사치드아난다는 '존재(sat)', 의식(chit), 희열(ananda)이 합쳐진 말이다. 사치드아난다 체험이란 곧 상대성을 뛰어넘은 순수의식 상태에서 절대존재를 체험하는 희열이 넘치는 상태를 말한다. 브라만은 절대존대이며 순수의식이다. 그리고 그 상태는 희열이다. 여기서는 뒤에 이어지는 내용과 연결을 위해서 '순수의식'이라고 옮겼다.

본문에는 2절에 '어떤 사람은 태초에는 오직 비존재(非存在, asat)만 있었으며, 비존재에서 존재가 나왔다고 한다. 하지만 총명한 아들아, 비존재에서 존재가 어떻게 생겨날 수 있겠느냐? 틀림없이 태초에는 존재만 있었다. 그 밖에는 아무것도 없었다'라는 구절이 더 있지만 번역에서는 생략했다.

8장

7. "네가 바로 그것이다": '타트 트밤 아시(Tat tvam asi)'의 번역이다. 8장부터 16장까지 각 장 끝에 이 구절이 붙어 있다. 모두 아홉 차례 반복되었다. 그래서 16장 마지막 구절에서 "아버지에게 이렇게 아홉 번 가르침을 받은 슈베타케투는 브라만과 참 자아를 깨닫게 되었다"고 말한다. '타트 트밤 아시'는《우파니샤드》에 나오는 여섯 가지 중요한 구절 가운데 하나이다. 여섯 가지 중요한 구절은 다음과 같다.

1. "나는 브라만이다(Aham Brahmasmi)."
2. "참 자아가 브라만이다(Ayam Atma Brahma)."

3. "네가 그것이다(Tat tvam asi)."
4. "순수의식이 브라만이다(Prajnanam Brahma)."
5. "온 세상이 브라만이다(Sarvam Khalvidam Brahma)."
6. "내가 그이다(So'ham)."

9장-16장

주석가들은 9장부터 16장까지 각 장 앞에 아들이 아버지에게 물었음직한 질문을 첨부한다. 각 장에 나오는 아버지의 설명은 아들의 다음과 같은 질문에 대한 대답이라고 보는 것이다.

• 9장: 모든 사람이 매일 밤 깊은 잠 속으로 들어가 자신의 본질인 순수의식과 하나가 된다면, 어찌 그것을 모를 수 있습니까?

• 10장: 어떤 사람이 자기 집에서 잠을 자고 일어나서 다른 마을에 볼일을 보러 갔다면 그는 자기가 자기 집에서 왔다는 것을 압니다. 그런데 사람들은 어째서 자기들이 순수의식에서 왔다는 것을 모를까요?

• 11장: 파도와 물거품은 물에서 생겨났다가 물속으로 사라져 버립니다. 그와 마찬가지로 모든 존재도 죽으면 순수의식 속으로 들어가 완전히 사라져 버리는 것인가요?

• 12장: 형상과 이름을 가진 수많은 존재들로 이루어진 이 세상이 어떻게 이름도 없고 형상도 없는 미묘한 순수의식에서 나왔습니까?

• 13장: 순수의식이 모든 존재의 뿌리라면, 그걸 인지(認知)하지 못하는 이유가 무엇입니까?

• 14장: 소금이 물에 녹으면 눈이나 감촉으로는 알 수 없지만 맛으로는 알 수 있습니다. 순수의식은 감각기관으로는 인지할 수 없습니다. 그럼 어떻게 하여야 순수의식을 인지할 수 있습니까?

• 15장: 참 자아에 대한 깨달음이 어느 정도 되어야 죽은 다음에 참 자

아 속으로 완전히 흡수되나요? (본문에 따르면 깨달음이 있는 사람이나 없는 사람이나 죽으면 참 자아에 완전히 흡수된다. 그러나 깨달음이 있는 사람은 참 자아 상태에 그대로 머물러 있지만, 깨달음이 없는 사람은 현상세계로 다시 돌아온다.)

• 16장: 어째서 참 자아를 깨달은 사람은 현상세계로 다시 돌아오지 않고 깨닫지 못한 사람은 다시 돌아오나요?

제 7 부

1장

2. "《베다》 경전과 역사": '《베다》 경전'은 '《리그 베다》, 《야주르 베다》, 《사마 베다》, 《아타르바 베다》'의 번역이다. '역사'는 '위대한 서사시' 또는 '전승 설화'를 가리키는 '이티하사 프라나(itihasa purana)'의 번역이다. 인도 역사 설화의 창고이자 '다섯 번째 《베다》'라고 일컫는 대서사시 《마하바라타(Mahabharata)》를 가리킨다.

21장

1. "스승을 자발적인 마음으로 기꺼이 받들어 모시면": 글자대로는 '모든 성스로운 의무를 수행하면'이다. 제자의 의무는 스승의 가르침을 따라 열심히 수행하며 자발적인 마음으로 스승을 섬기는 것이다.

23장

1. "무한함": '부만(bhuman)'의 번역이다. '부만'은 '위대함' 또는 '최고'의 뜻으로 쓰이기도 한다. 인간이 도달할 수 있는 궁극적인 경지를 일컫는 말이다.

25 장

2. "자유", "속박": '스와라지(svaraj)'와 '아냐라지(anyaraj)'의 번역이다. 스와라지는 '스스로 다스린다(自治)'는 뜻이고, 아냐라지는 '다른 사람의 다스림을 받는다'는 뜻이다.

26 장

2. "정신의 음식", "마음", "기억": '아하라(ahara)', '사트바(sattva)', '스므리티(smriti)'의 번역이다. '마음'이라고 옮긴 '사트바'는 현상세계의 변화를 주관하는 세 기운[구나] 가운데 '맑고 가벼운 기운'을 가리키기도 하고 '본성'이라는 뜻으로 쓰이기도 한다. '스므리티'는 개인의 기억과 집단의 기억인 전통을 동시에 가리킨다. 개인과 인류의 기억 속에는 자신의 근원에 대한 앎이 존재하고 있다. 본문의 뜻은 기억이 투명해지면 그것을 알게 된다는 것이다.

제 8 부

1 장

제8부는 일종의 부록 형식으로 덧붙은 것이다. 제7부에서 이미 인간의 정신이 도달할 수 있는 지고한 경지에 도달했기 때문이다. 그러나 보통 사람들은 의식의 탐구를 통해 그런 경지에 도달하는 것이 어렵다. 그들은 시간과 공간 너머에 있는 순수의식을 인지할 수 없다. 그래서 그들을 돕기 위해 시간과 공간 안에 곧 인간의 심장 안에 머물고 있는 브라만에 대해 설명을 덧붙인 것으로 보인다.

2-3. "허공", "공간": 둘 다 '아카샤(akasha)'의 번역이다. 막스 뮐러(Max

Muller) 이후로 '에테르'라고 옮기는 사람도 많다. 우주공간을 채우고 있는, 조건이 되면 언제라도 물질로 현상화할 수 있는 비물질적인 실체를 가리킨다.

4 장

1-2. "제방": '세투르(setur)'의 번역이다. 세투르는 브라만의 세계의 순수함을 지켜주는 둑이면서 동시에, 브라만의 세계로 건너가는 다리이다.

3. "자기절제": '브라마차리야(brahmacarya)'의 번역이다. 흔히 독신 수행자를 일컫지만, 그보다는 성적인 욕망을 절제하는 사람으로 보는 것이 더 적합하다(《프라쉬나 우파니샤드》 1장 13절 참조).

7 장

4. "눈(眼) 속에 있는, 눈으로 하여금 보게 하는 존재": '눈으로 하여금 보게 하는 존재'를 말한다. 그러나 인드라와 바이로차나는 이 말을 이해하지 못하고 '눈에 비친 모습'에 대해 질문한다.

13 장

1. "먹구름에서": 글자대로는 '라후의 입에서'이다. 라후(Rahu)는 태양과 달을 삼키는 괴물로, 어둠의 상징이다. 이 이름은 '분리하다'라는 뜻을 가지고 있는 어근 'rah'에서 왔다. 히브리어로 '분리하는 자'라는 뜻의 '사탄'과 근원이 비슷하다.

아이타레야 우파니샤드

인간 내면의 우주

윤회의 비밀을 깨달은 현자 바마데바는 이렇게 말했다. "나는 어머니의 자궁 속에 있을 때 이미 탄생의 비밀을 깨달았다. 백 겹으로 된 무쇠처럼 단단한 갑옷이 나를 가두었다. 그러나 나는 매가 재빠르게 새장을 벗어나듯이 그 무쇠 감옥에서 벗어났다."

- 평온을 위하여 -

나의 말이 나의 생각과 하나 되게 하소서.
나의 생각이 나의 말과 하나 되게 하소서.
오, 사랑의 주님!
명료한 의식으로 당신을 깨닫게 하소서.
저로 하여금 경전의 진리를 깨닫고
날마다의 삶에서 그대로 실천하게 하소서.
경전의 진리를 선포하게 하소서.
진리만을 말하게 하소서.
진리가 저와 저의 스승을 보호하게 하소서.

옴, 샨티, 샨티, 샨티!

제 1 부

1장

1-2. 세상이 창조되기 전,
참 자아 아트만이 홀로 존재하고 있었다.
참 자아를 제외하고는
움직이는 것*이 아무것도 없었다.

참 자아는 '자, 세상을 창조해보자'라고 생각했다.
참 자아는 자신 속에서 여러 세상을 끌어냈다.
그래서 암바스와 마리키와 마라와 아파가 생겼다.*
암바스는 하늘 위의 물이고
마리키는 하늘이며
마라는 땅이고
아파는 땅 아래 물이다.

3-4. 참 자아가 또 생각했다.
'자, 세상이 만들어졌으니 세상을 보호할 수호신들을 만들자.'
그는 물에서 우주적인 영혼 '푸루샤'*를 끌어내어
그것이 형체를 띠게 한 다음,
그리고 암탉이 알을 품듯 그 형체를 품었다.*
그러자 입이 열리고
입에서 말(言語)이 나왔고
말에서 말을 통제하는 불의 신이 나왔다.
그 다음 콧구멍이 열렸다.
콧구멍에서 숨이 나오고
숨에서 호흡을 통제하는 바람의 신이 나왔다.
그 다음 눈이 열렸다.
눈에서 보는 힘이 나오고
보는 힘에서 시력을 통제하는 태양의 신이 나왔다.
그 다음 귀가 열렸다.

귀에서 듣는 힘이 나오고
듣는 힘에서 청각을 통제하는 공간의 신이 나왔다.
그 다음 피부가 살아났다.
피부에서 털이 나오고
털에서 이들을 통제하는 풀과 나무의 신이 나왔다.
그 다음 심장이 열렸다.
심장에서 마음이 나오고
마음에서 마음을 통제하는 달의 신이 나왔다.
그 다음 배꼽이 열렸다.
배꼽에서 소화시키는 힘인 '아파나'*가 나왔고
아파나에서 아파나를 통제하는 죽음의 신이 나왔다.
마지막으로 성기(性器)가 깨어났다.
성기에서 생명을 담은 정액이 나오고
정액에서 정액을 통제하는 물의 신이 나왔다.

2 장

1. 삼라만상을 통제하는 수호신들*은
이렇게 하여 존재의 바닷속으로 들어왔다.
참 자아는 그들이 굶주림과 목마름을 겪도록 했다.
그러자 그들이 참 자아에게 요청했다.
"우리가 먹고 마시며 살 수 있도록

우리가 들어갈 몸을 주십시오."

2-3. 참 자아는 그들에게
소의 형상을 한 몸뚱이를 주었다.
그러자 그들이 말했다.
"이것은 우리가 바라는 몸이 아닙니다."
이번에는 말의 형상을 한 몸뚱이를 주었다.
그러자 그들이 말했다.
"이것도 우리가 바라는 몸이 아닙니다."
참 자아는 사람의 형상을 한 몸뚱이를 주었다.
그러자 그들이 말했다.
"우리가 원하던 것이 바로 이것입니다.
사람의 몸이야말로
우리가 들어가 살기에 적당한 곳입니다."
그러자 참 자아는
"그러면 사람의 몸속에 들어가서 살거라"라고 했다.

4. 불의 신 아그니는 말(言語)이 되어 입 속으로 들어갔다.
바람의 신 와유는 숨이 되어 콧구멍 속으로 들어갔다.
태양의 신은 시력이 되어 눈 속으로 들어갔다.
공간의 신은 청력이 되어 귀 속으로 들어갔다.
풀과 나무의 신은 털이 되어 피부 속으로 들어갔다.
달의 신은 마음이 되어 심장 속으로 들어갔다.

죽음의 신은 아파나가 되어 배꼽 속으로 들어갔다.
물의 신은 정액이 되어 성기 속으로 들어갔다.*

5. 배고픔과 목마름이 참 자아에게 말했다.
"우리에게도 머물 곳을 주십시오."
참 자아가 그들에게 말했다.
"너희 둘은 이 신들에게 들어가
그들 속에서 살도록 하라."
이렇게 하여 어떤 신에게 제물을 바치든지
배고픔과 목마름도 신들과 함께 그것을 먹게 되었다.*

3 장

1-2. 창조자 참 자아가 생각했다.
"세상과 세상의 수호신들은 만들었으니
이제 그들이 먹고 살 음식을 만들자."
그는 물에 초점을 맞추고
거기에 정신 에너지를 모았다.*
그러자 물질의 형체를 가진 음식물*이 나왔다.

3. 물에서 창조된 음식물은
잡아먹히는 것이 두려워서 달아나기 시작했다.

사람은 달아나는 음식물을 말(言語)로 잡으려고 했다.
그러나 말은 음식물을 잡지 못했다.
만일 말이 음식물을 잡을 수 있었다면
음식물의 이름을 부르는 것만으로도 배가 불렀으리라.

4. 사람은 달아나는 음식물을 코의 후각으로 잡으려고 했다.
그러나 코의 후각도 음식물을 잡지 못했다.
만약 코의 후각이 음식물을 잡을 수 있었다면
음식물의 냄새를 맡는 것만으로도 배가 불렀으리라.

5. 사람은 달아나는 음식물을 눈의 시력으로 잡으려고 했다.
그러나 눈의 시력도 음식물을 잡지 못했다.
만약 눈의 시력이 음식물을 잡을 수 있었다면
음식물을 보는 것만으로도 배가 불렀으리라.

6. 사람은 달아나는 음식물을 귀의 청력으로 잡으려고 했다.
그러나 귀의 청력으로도 음식물을 잡지 못했다.
만약 귀의 청력이 음식물을 잡을 수 있었다면
음식물의 소리를 듣는 것만으로도 배가 불렀으리라.

7. 사람은 달아나는 음식물을 피부의 감촉으로 잡으려고 했다.
그러나 피부의 감촉으로도 음식물을 잡지 못했다.
만약 피부의 감촉이 음식물을 잡을 수 있었다면

음식물을 만져보는 것만으로도 배가 불렀으리라.

8. 사람은 달아나는 음식물을 마음으로 잡으려고 했다.
그러나 마음으로도 음식물을 잡지 못했다.
만약 마음이 음식물을 잡을 수 있었다면
음식물을 생각하는 것만으로도 배가 불렀으리라.

9. 사람은 달아나는 음식물을 성기(性器)로 잡으려고 했다.
그러나 성기로도 음식물을 잡지 못했다.
만약 성기가 음식물을 잡을 수 있었다면
섹스 행위만으로도 배가 불렀으리라.

10. 사람은 아파나로 음식물을 잡으려고 했다.
마침내 소화시키는 기운인 아파나가 음식물을 잡았다.
그가 음식물을 먹을 적당한 존재였다.
이렇게 하여 음식물은
소화시키는 기운인 아파나에게 잡혔다.

11-12. 참 자아가 생각했다.
"만일 내가 없다면 저들이 어떻게 될까?
입은 제멋대로 말을 하고,
코는 제멋대로 냄새를 맡으며,
숨은 제멋대로 숨 쉬고,

피부는 제멋대로 느끼며,
아파나는 제멋대로 소화를 시키고,
성기는 제멋대로 정액을 쏟아내지 않겠는가?
그래서는 안 되겠다.
나도 사람의 몸속으로 들어가서
저들의 활동을 조화롭게 이끌어 주어야겠다."
그래서 참 자아는 정수리를 통해* 사람의 몸속으로 들어왔다.
사람의 몸속에 들어온 참 자아는
깨어 있는 상태, 꿈꾸는 상태, 깊이 잠든 상태의
3가지 의식 차원에 머물고 있다.

13-14. 사람의 몸속에 들어온 참 자아는
자신이 곧 우주에 충만한 브라만이며,
만물이 자신의 모습임을 보고 있다.
그래서 그의 이름이 '이담드라'* 곧 '보는 자'이다.
하지만 신들은 베일에 가려 있는 것을 좋아한다.
그래서 '이담드라' 대신 '인드라'라고 부르는 것이다.

제 2 부

1장

1-2. 새 생명*은 남자의 정액에서 시작된다.
정액에는 남자의 몸속에 있는
각 기관의 힘이 모아져 응축되어 있다.
이 정액이 여자의 몸속으로 들어가면
비로소 한 생명이 태어난다.
이것이 자아의 첫 번째 탄생이다.
뱃속에서 태어난 태아와 어머니는 한 몸이다.
태아는 보호받을 필요가 있으며,
어머니는 태아를 잘 보호한다.

3. 아이는 어머니의 몸속에서 자란 다음
이 세상에 태어난다.
이것이 자아의 두 번째 탄생이다.
세상에 태어난 아이는
아버지의 보호를 받으며 양육된다.
아이는 곧 부모의 참 자아가 현상으로 나타난 존재이며,
참 자아의 혈통은 이런 식으로 대를 이어간다.

4. 아이는 성장하여 어른이 된다.

그리고 자기에게 주어진 의무를 수행한 다음
나이 들어 늙으면 육체를 떠나게 된다.
그가 육체를 떠나면서
다른 세상에 다시 태어나는 것이
자아의 세 번째 탄생이다.

5-6. 어머니의 뱃속에 있을 때 이미
이런 탄생의 연속,
곧 윤회의 비밀을 깨달은 현자 바마데바는 이렇게 말했다.
"나는 어머니의 자궁 속에 있을 때
이미 탄생의 비밀을 깨달았다.
백 겹으로 된
무쇠처럼 단단한 갑옷이 나를 가두었다.
그러나 나는
매가 재빠르게 새장을 벗어나듯이
그 무쇠 감옥에서 벗어났다."
바마데바는 완전히 깨달은 상태로
이 세상에 태어났다.
그는 이 세상 속에서 깨달음의 기쁨 속에서 살다가
죽음 저 너머로 갔다.
그는 불멸의 존재가 되었다.

제 3 부

1장

1-3. 우리가 깨닫고자 애쓰는 참 자아 아트만은 누구인가?
누구 때문에 우리가 볼 수 있고,
들을 수 있고, 냄새 맡을 수 있고, 맛볼 수 있고, 말할 수 있는가?
느끼고, 생각하고, 이해하고, 기억하고,
의지를 품고, 바라고, 사랑하는 것은 누가 시키는 것인가?
이런 것은 모두
순수의식인 참 자아 아트만의 활동이다.*
모든 것이 참 자아 아트만이다.
모든 신들이 그이며,
흙, 물, 불, 바람, 공간과
이들 5대 원소로 이루어진 모든 피조물이 그이다.
큰 것과 작은 것,
자궁에서 태어나는 존재와 알에서 태어나는 존재,
그리고 열(熱) 기운에서 태어나는 존재와
싹에서 태어나는 모든 존재가 다 그이다.*
말, 소, 코끼리, 남자, 여자가 모두 그이다.
땅에서 걸어 다니는 모든 동물과
하늘을 날아다니는 모든 새가 그이다.
날아다니지도 않고 걸어 다니지도 않는 것들도 모두 그이다.

그는 만물의 내면에 머물고 있는 순수의식이다.
온 세상이 그 순수의식의 발현(發顯)이며,
그 순수의식이 곧 브라만이다.

4. 브라만을 깨달은 사람은
죽음을 넘어 불멸의 경지로 들어간다.
진실로 그들은 불멸 그 자체가 된다.

옴! 샨티, 샨티, 샨티!

번역노트

제목: 이 《우파니샤드》가 포함되어 있는 《아이타레야 아라냐카》의 저자로 알려진 성자 '마히다사 아이트레야(Mahidasa Aitareya)'의 이름에서 유래되었다.

제 1 부

1 장

1-2. "움직이는 것": '미샤트(mishat)'의 번역이다. 글자대로의 뜻은 '깜박이는 것'인데, 아주 미미한 움직임이라도 있는 것을 가리킨다.
"암바스", "마리키", "마라", "아파": '암바스(ambhas)'와 '아파(apa)'는 둘 다 물이라는 뜻인데, '암바스'는 하늘 위에 있는 물이고 '아파'는 땅 아래에 있는 물이다. 고대 서아시아 지역과 그 영향을 받은 《구약성서》의 창조설화와 대단히 비슷하다. '마리키(mariki)'는 '빛'이라는 뜻이고 '마라(mara)'는 '죽음'이라는 뜻이다. 샹카라는 땅에 사는 생명체에게는 죽음이 피할 수 없는 것이기 때문에 땅을 죽음이라고 했다고 설명한다.

3-4. "우주적인 영혼 '푸루샤'": '푸루샤(Purusha)', '형체가 있는 존재' 또는 '인간 모양의 존재'라는 뜻이다. 현상으로 나타난 인간의 배후에 있는 인간의 원형(原形)이라는 뜻으로 사용되기도 하며, 아트만과 동의어로 쓰이기도 한다.
"암탉이 알을 품듯 그 형체를 품었다": '아브야타파트(abhyatapat)'의 번역이다. 글자대로의 뜻은 '그 위에 타파스[고행, 명상, 집중]를 행했다'이다.

"아파나": '아래로 내려가는 숨'인 '아파나(apana)'는 육체의 생명을 유지하는 네 가지 기운 - 전체 기운을 통제하는 '프라나'를 포함하면 다섯 가지 기운 - 가운데 하나이다. "네 기운 가운데 중심이 되는 '아파나'는 … 아래로 내려가는 성질을 가지고 있으며, 아래로 내려가서 배설과 생식을 주관한다."(《프라슈나 우파니샤드》 3장 5절)

2 장

1. "삼라만상을 통제하는 수호신들": 자연을 지배하는 힘들을 가리킨다. 이 모든 힘이 아트만에서 나온 것이다.

4. 감각기관의 능력들이 신과 동일시되고 있다.

5. "어떤 신에게 제물을 바치든지 배고픔과 목마름도 신들과 함께 그것을 먹게 되었다": 말을 뒤집으면, 배고픔과 목마름을 해소하기 위해 음식을 먹는 것이 곧 신에게 제물을 바치는 것이라는 뜻이 된다. 따라서 이 구절은 욕망을 채우는 행위가 신들을 공양(供養)하는 행위로 변형될 수 있다는 의미를 함축하고 있다.

3 장

1-2. "거기에 정신 에너지를 모았다": '그 위에 타파스[고행, 명상, 집중]를 행했다'는 뜻이다.

"음식물": 신들이 먹을 음식을 가리킨다. 앞에서 감각기관의 능력들이 신과 동일시되었다(제1부 2장 4절). 따라서 신들이 먹을 음식이란 감각의 대상이라고 볼 수 있다.

12. "정수리를 통해": 글자대로는 '난다나(nandana) 곧 비드리티(vidriti)라는 문을 통해'이다. '난다나'는 '희열의 장소'라는 뜻이고, '비드리티'는 '갈라진 곳'이라는 뜻이다. 두개골이 갈라져 있는 '숨구멍'이라고

부르는 자리를 말한다.

14. "이담드라": 글자대로의 뜻은 '이것을 보는 자'이다. '이것'이라는 뜻의 '이담(idam)'은 브라만의 현현(顯現)인 '이 세상'을 가리킨다. 따라서 '이담드라'는 이 세상을 브라만의 현현으로 보는 사람을 가리킨다. 《우파니샤드》에서는 브라만을 '그것' 곧 '타트(tat)'라고도 하는데, '이담'과 대조되는 '타트'는 말로 표현할 수 없는 궁극적인 실재를 가리킨다.

제 2 부

1장

1-2. "새 생명은": '자아의 탄생은'이라고 옮길 수도 있다.

제 3 부

1장

1-3. "순수의식인 참 자아 아트만의 활동이다": '프라즈나남 브라마(prajnanam brahma)'의 번역이다. '브라만의 지성(또는 의식)'이라는 뜻인데, '프라즈나(prajna)'는 '초월적인 의식' 또는 '초월적인 지성'을 뜻한다.

"자궁에서 태어나는 존재", "알에서 태어나는 존재", "열(熱) 기운에서 태어나는 존재", "싹에서 태어나는 존재": 불교에서 말하는 태생(胎生), 난생(卵生), 습생(濕生), 화생(化生)과 비교할 수 있다. 요점은 어떤 형태로 태어나든지 간에 태어난 모든 존재가 참 자아 아트만이라는 말이다.

케나 우파니샤드

누가 주인공인가?

명상, 감각과 열정의 통제, 헌신적인 봉사, 이런 것은 몸통에 해당한다. 경전 연구는 팔다리에 해당한다. 이런 것을 통해 도달하는 참 자아 곧 브라만에 대한 깨달음은 심장에 해당한다.

1장

1. 제자가 물었다.
"나의 마음이 생각하도록 만드는 자가 누구입니까?
나의 육체를 생명력으로 채우는 자가 누구입니까?
나의 혀가 말을 하도록 하는 자가 누구입니까?
내 눈을 통해 보는 자가 누구입니까?
내 귀를 통해 듣는 자가 누구입니까?"*

2. 스승이 대답했다.
"참 자아가 귀의 귀이고,*
참 자아가 눈의 눈이며,
참 자아가 마음의 마음이다
참 자아가 말의 말이고,
참 자아가 생명력의 생명이다.
현명한 사람은 감각과 마음을 뛰어넘어,
분별의 차원을 포기함으로써 불멸의 참 자아를 깨닫는다."

3. "그는 눈으로 볼 수 없고 말로 표현할 수도 없다.
그는 마음으로 생각할 수도 없다.
우리는 그를 알 수 없으며 이해할 수도 없다.
그는 앎과 알지 못함을 초월해 있기 때문이다.
우리는 깨달음을 얻은 현자들에게 이렇게 들었다."

4. “혀로 말을 하게 하는 자는 말로 설명할 수 없다.
그는 참 자아 곧 브라만이며, 그대가 곧 그이다.
사람들이 브라만이라고 대상화해서 섬기는 것은 그가 아니다.”

5. “마음으로 생각하게 하는 자는 마음으로 생각할 수 없다.
그는 참 자아 곧 브라만이며, 그대가 곧 그이다.
사람들이 브라만이라고 대상화해서 섬기는 것은 그가 아니다.”

6. “눈으로 보게 하는 자는 눈으로 볼 수 없다.
그는 참 자아 곧 브라만이며, 그대가 곧 그이다.
사람들이 브라만이라고 대상화해서 섬기는 것은 그가 아니다.”

7. “귀로 듣게 하는 자는 귀로 들을 수 없다.
그는 참 자아 곧 브라만이며, 그대가 곧 그이다.
사람들이 브라만이라고 대상화해서 섬기는 것은 그가 아니다.”

8. “그대로 하여금 숨을 끌어들이게 하는 자는
숨으로 끌어들일 수 없다.
그는 참 자아 곧 브라만이며, 그대가 곧 그이다.
사람들이 브라만이라고 대상화해서 섬기는 것은 그가 아니다.”*

2 장

1. 스승이 말했다.

"그대가 만일 '나는 브라만을 안다'고 생각한다면 그것은 브라만의 형상 가운데 극히 적은 한 부분만을 아는 것이다. 그대가 아는 것은 인간이나 신들의 모습으로 나타난 브라만의 형상일 뿐이다. 그러므로 브라만에 대해서는 아직도 물어야 할 것이 남아 있다."

스승의 이런 가르침을 받은 제자는 숲 속으로 들어가 오랜 고행과 명상을 통해 비로소 브라만에 대해서 스승의 가르침의 뜻을 이해하게 되었다. 그래서 제자는 스승에게 돌아와서 이렇게 말했다.

2. 제자가 말했다.

"저는 브라만을 안다고 생각하지 않으며, 또 모른다고 생각하지도 않습니다."*

3. 스승이 말했다.

"머리로는 브라만을 알지 못한다고 생각하는 사람은 깨달은 사람이다. 이런 사람은 '아는 자'와 '앎의 대상'이라는 이원성을 초월한 사람임을 알아야 한다."

4. "브라만은 육체를 자기라고 생각하는 그릇된 동일시가 사라진 높은 차원의 의식 상태에서 깨달을 수 있다. 이 차원에서 브라만을 깨달은 사람은 죽음을 넘어 불멸에 이른다."

5. "참 자아를 깨닫는 것이 인생의 지고한 목표이다. 참 자아를 깨닫지 못하면 무지의 어둠에서 빠져나오지 못한다. 모든 존재 속에서 참 자아를 보는 사람은 죽음을 넘어 불멸에 이른다."

3 장

1. 옛날에 신들과 악마들 사이에 전쟁이 벌어졌다. 신들은 브라만의 힘으로 악마들을 물리쳤다. 그러나 브라만의 힘으로 물리친 줄을 모르고 "우리가 승리했다! 영광은 우리 것이다!"라고 의기양양해 했다.

2-6. 브라만은 신들이 자만심에 빠져 있는 것을 보고 그들 앞에 나타났다.* 그러나 신들 가운데 어느 누구도 그를 알아보지 못했다. 신들은 불의 신 아그니에게 가서 정체를 알 수 없는 그가 누구인지 알아보라고 부탁했다. 그래서 불의 신 아그니가 브라만에게 가까이 다가갔다.

아그니가 가까이 오자 브라만이 물었다.

"그대는 누구인가?"

아그니가 대답했다.

"나는 불의 신 아그니다."

브라만이 말했다.

"아그니여, 그대는 어떤 능력을 가지고 있는가?"

"나는 이 세상에 있는 것은 무엇이든지 태워 버릴 수 있는 능력이 있다."

"그러면 이걸 태워 봐라."

브라만은 아그니 앞에 마른 밀짚 한 개를 갖다 놓으며 이렇게 말했다.

아그니는 밀짚을 태우려고 애를 썼다. 그러나 도저히 밀짚에 불이 붙지 않았다. 아그니는 신들에게 돌아와서 이렇게 말했다.

"나는 정체를 알 수 없는 그가 누구인지 도무지 알 길이 없네."

7-10. 신들은 이번에는 바람의 신 와유에게 가서 정체를 알 수 없는 그가 누구인지 알아보라고 부탁했다. 그래서 바람의 신 와유가 브라만에게 가까이 다가갔다.

와유가 가까이 오자 브라만이 물었다.

"그대는 누구인가?"

와유가 대답했다.

"나는 바람의 신 와유다."

브라만이 말했다.

"와유여, 그대는 어떤 능력을 가지고 있는가?"

"나는 이 세상에 있는 것은 무엇이든지 날려 보낼 수 있는 능력이 있다."

"그러면 이걸 날려 보내봐라."

브라만은 아그니 앞에 마른 밀짚 한 개를 갖다 놓으며 이렇게 말했다.

와유는 밀짚을 날려 보내려고 애를 썼다. 그러나 밀짚이 도저히 날아가지 않았다. 와유는 신들에게 돌아와서 이렇게 말했다.

"나는 정체를 알 수 없는 그가 누구인지 도무지 알 길이 없네."

11-12. 이번에는 신들이 번개의 신 인드라에게 가서 정체를 알 수 없는 그가 누구인지 알아보라고 부탁했다. 그래서 번개의 신 인드라가 브라만에게 가까이 다가갔다.

인드라가 가까이 오자 브라만은 인드라 앞에서 갑자기 사라져 버렸다. 그리고 그가 사라져 버린 바로 그 자리에 사랑스런 지혜의 여신 우마가 나타났다. 인드라가 우마에게 물었다.

"우마여, 그가 누구인가?"

4장

1-3. 우마가 대답했다.

"그는 브라만이다. 그대의 모든 능력과 영광이 다 그에게서 온 것이다."

인드라는 그가 곧 자신의 참 자아이며 브라만이라는 것을 깨닫고 그것을 다른 신들에게도 전했다.

불의 신 아그니, 바람의 신 와유, 번개의 신 인드라, 이 셋이 수많은 신들 가운데 가장 뛰어난 이유는 이들이 자신의 참 자아 브라만을 깨달았기 때문이다.

4. 브라만의 모습은 번개처럼 반짝하는 순간*에 깨달을 수 있다.

브라만의 모습은 눈 깜짝하는 찰나*에 깨달을 수 있다.

5-6. 마음이 생각하고, 바라고, 의지를 품도록 만드는 힘은 브라만의 힘이다. 이 브라만의 힘을 브라만을 명상하는 데 쓰도록 하라.

그는 모든 존재의 가장 깊은 참 자아이다.

사랑할 가치가 있는 존재는 오직 그뿐이다.

모든 존재 속에 있는 그를 명상하라.

모든 존재 속에 있는 그를 명상하는 사람은 모든 존재들의 사랑을 받게 될 것이다.

7-8. 제자가 말했다.

"더 깊은 가르침*을 주십시오."

스승이 말했다.

"이미 그대에게 깊은 가르침을 주었다. 브라만에 관해 내가 아는 모든 것을 알려 주었다.

명상, 감각과 열정의 통제, 헌신적인 봉사, 이런 것은 몸통에 해당한다. 경전 연구는 팔다리에 해당한다. 이런 것을 통해 도달하는 참 자아 곧 브라만에 대한 깨달음은 심장에 해당한다."

9. "브라만을 깨닫는 사람은 모든 죄악에서 풀려나 지고한 경지에 이른다. 진실로 그들은 불멸의 브라만에 이른다."

옴! 샨티, 샨티, 샨티!

번역노트

제목: 이 《우파니샤드》는 '케나(누구에 의해서)'라는 낱말로 시작된다. 본문 맨 처음에 나오는 이 말이 제목이 되었다. 때로는 샤카 학파의 전승이라고 해서 '샤카 우파니샤드'라고 부르기도 한다.

1장

1. 글자대로 옮기면 '누구에 의해서 나의 마음이 생각을 하는가? 누구에 의해서 숨을 쉬는가?…'가 된다.

2. "참 자아가 귀의 귀이고": 참 자아가 귀로 하여금 들을 수 있게 하는 자라는 뜻.

5-8. 많은 사람들이 브라만을 알려고 하지만 브라만은 인식할 수 있는 객관적인 대상이 아니라는 것이 이 부분의 요점이다. 브라만에 대한 이런저런 설명은 모두 달을 가리키는 손가락에 지나지 않는다. 중세 독일의 신비가 마이스터 에크하르트(Meister Eckhart)는 하느님을 대상으로 생각하는 사람들에 대해 이렇게 말했다. "황소를 보는 그 눈으로 하느님을 보기를 원하는 사람들이 있다."

2장

2. 인간의 사고영역 속에서는 궁극적인 진리 전체를 알 수 없다. 그래서 '나는 진리를 안다'고 말하면 이미 함정에 빠진 것이다(3절 참조). 그러나 직관적인 영역에서는 궁극적인 진리를 통째로 인식할 수 있다. 그러므로 '나는 진리를 모른다'고 말하는 것 역시 덫에 걸린 것이다(4절 참조).

3 장

2-6. "그들 앞에 나타났다": 글자대로의 뜻은 '약샤(yaksa)의 모습으로 그들 앞에 나타났다'이다. '약샤'는 다른 신을 보좌하는 신으로, 신보다는 인간에 가까운 존재이다.

4 장

4. "반짝하는 순간", "눈 깜짝하는 찰나": 브라만에 대한 깨달음은 이성이 아니라 찰나적인 직관을 통해 가능하다는 뜻.

7. "깊은 가르침": '우파니샤드(upanisad)'의 번역이다.

타이티리야 우파니샤드

다섯 가지 몸과 음식

진실만을 말하라. 그대의 의무를 행하라. 경전 공부를 게을리하지 마라. 최선을 다해서 스승을 섬겨라. 결혼하여 가정을 이루고 자녀를 낳아 대를 이어라. 진리에서 벗어나지 마라. 선에서 벗어나지 마라. 그대의 영적인 진보에 장애물이 끼어들지 않도록 조심하라. 배우고 그대로 실천하는 일에 최선을 다해라. 현자들을 존경하라.

제 1 부

1 장

1. 옴 -

낮의 신 미트라여, 우리에게 자비를 베푸소서.

밤의 신 바루나여, 우리에게 자비를 베푸소서.

권능의 신 인드라여, 우리에게 자비를 베푸소서.

말(言語)의 신 브리하스파티여, 우리에게 자비를 베푸소서.

공간의 신 비슈누여, 우리에게 자비를 베푸소서.

브라만께 경배하나이다.

바람의 신 와유여, 당신께 경배하나이다.

당신은 진실로 브라만이니이다.

나는 당신을 브라만이라고 선언하오니,

나는 당신을 옳음이라고 선언하오니,

나는 당신을 진리라고 선언하오니,

저와 진리를 가르치는 저의 스승*을 보호하소서.*

2 장

1. 옴-

이제 《베다》의 여섯 부분 가운데 하나인

발성법*을 잘 배우도록 하라.
모음, 자음, 악센트, 장음, 단음, 연음, 복합음.
이런 것을 발음하는 법을 잘 배우도록 하라.

3 장

1. 지혜의 빛이 우리*를 비추어 주기를 바라노라.
합일의 신비한 지혜를 얻게 되기를 바라노라.
이제 다섯 범주의 세상*에 대해서 말하고자 한다.
이 세상, 하늘[허공]의 빛나는 세상, 배움[지혜], 임신[자손],
그리고 말[언어]이 세상의 다섯 범주이다.

이 세상이란 무엇인가?
땅이 아래에 있고 하늘이 위에 있으며 그 사이에 공기가 있다.
그리고 허공이 하늘과 땅을 연결해 주고 있다.
이것이 이 세상이다.

2. 하늘의 빛나는 세상이란 무엇인가?
한쪽에는 불이 있고 다른 한쪽에는 태양이 있다.
그리고 그 사이에 물이 있으며
번갯불이 불과 태양을 연결해 주고 있다.
이것이 하늘의 빛나는 세상이다.

3. 배움이란 무엇인가?
스승이 자기 곁에 앉아 있는 제자에게 말한다.
스승과 제자 사이에는 지혜가 있으며
질문과 대답이 스승과 제자를 연결해 주고 있다.
이것이 배움의 세상이다.

4. 임신이란 무엇인가?
한쪽에는 어머니가 있고 다른 한쪽에는 아버지가 있다.
어머니와 아버지 사이에는 자식이 있으며
성교(性交)가 어머니와 아버지를 연결해 주고 있다.
이것이 임신의 세상이다.

5. 말(言語)이란 무엇인가?
아래에는 아래턱이 있고 위에는 위턱이 있다.
아래턱과 위턱 사이에 말이 있으며
혀가 아래턱과 위턱을 연결해 주고 있다.
이것이 말의 세상이다.

6. 이렇게 다섯 범주의 세상이 모여 큰 세상을 이룬다.
마음을 모으고 다섯 범주의 세상에 대해서
그리고 그들이 모인 큰 세상에 대해서 명상하는 사람은
자손과 가축과 양식과 지혜를 얻으리라.

4장

1. 모든 피조물의 형상을 취하신,

경전에 계시된 인드라 주여!

저에게 불멸로 인도하는 길을 선택할 수 있는 지혜를 주소서.

저의 육체가 튼튼하고 저의 혀를 달콤하게 하소서.

저의 귀가 주님의 지고한 상징인 '옴'의 울림을 늘 듣게 하소서.

당신을 향한 저의 사랑이 점점 타오르기를 바라나이다.

2-3. 제가 영적으로 점점 더 성숙하게 하시고,*

그로 인해 음식과 의복과 가축이 풍부하게 하소서.

원근 각지에서 진리를 갈구하는 젊은이들이

쉬지 않고 흐르는 강물처럼 저에게 몰려오게 하소서.

저들을 잘 인도할 수 있는 힘과 지혜를 주소서.

그리하여 저들이 감각을 제어하고 마음을 고요히 할 수 있게 하소서.

이것이 저의 부요함이 되고 저의 명예가 되게 하소서.

인드라 주여, 당신과 하나 되기를 원하나이다.

수많은 가면을 쓰고 나타난 순수한 분이시여!

저는 당신 안으로 들어가기를 원하나이다.

당신은 제 안으로 들어와 당신을 드러내 보여 주소서.

당신은 모든 귀의자들의 안식처입니다.

당신께 귀의하오니, 저를 당신 것으로 만드소서.

5장

1-4. '부후', '부후와', '스와아'*는

성스러운 세 감탄사이다.

그런데 마하차마스야는 여기에 더하여

네 번째 성스러운 감탄사 '마하'*를 가르쳤다.

'부후'가 땅이고, '부후와'가 하늘과 땅 사이의 공간이며, '스와아'가 위에 있는 하늘이라면,

'마하'는 태양이다.

왜냐하면 태양으로 말미암아 모든 생명체가 자라나기 때문이다.

'부후'가 불이고, '부후와'가 바람이며, '스와아'가 태양이라면*

'마하'는 달이다.

왜냐하면 하늘의 모든 빛이 달빛으로 인해 더욱 밝아지기 때문이다.

'부후'가《리그 베다》이고, '부후와'가《사마 베다》이며, '스와아'가《야주르 베다》라면,

'마하'는 브라만이다.

왜냐하면 모든《베다》의 지혜가 브라만에서 나왔기 때문이다.

'부후'가 들이쉬는 숨이고, '부후와'가 내쉬는 숨이며, '스와아'가 들숨과 날숨 사이의 정지 순간인 비야나 숨이라면,

'마하'는 음식이다.

왜냐하면 음식을 먹어야 숨을 쉴 수 있기 때문이다.

5. 이들 네 가지 감탄사의 네 가지 상징을 이해하는 사람은
브라만을 아는 사람이다.
그에게는 모든 신들이 축복을 내려줄 것이다.

6 장

1-2. 주님은 모든 존재의 심장 속에 머물고 있다.
불멸의 황금빛 존재인 그는 마음으로 이루어져 있다.
그를 깨닫는 사람은 죽음을 초월하여 불멸에 이른다.
두개골 가운데 정수리에 문(門)이 있다.
죽을 때 '부후'를 암송하면
그는 그 문을 통해 나가 불의 신 아그니와 하나가 되고,
'부후와'를 암송하면
그는 그 문을 통해 나가 바람의 신 와유와 하나가 되며,
'스와아'를 암송하면
그는 그 문을 통해 나가 태양신 아디티야와 하나가 된다.
그리고 '마하'를 암송하면
그는 그 문을 통해 나가 브라만과 하나가 된다.
브라만과 하나가 되면
자신의 마음과 감각과 지성의 지배자
곧 자기 인생의 주인이 된다.
그는 진리, 평화, 불멸, 기쁨의 근원인 브라만과 하나가 된다.

그러므로 항상 인생의 지고한 목표인 그를 명상하라.*

7 장

1. 다섯으로 이루어진 조합이 있다.

첫째는 땅, 공간, 위에 있는 하늘, 네 방위(方位), 그리고 네 방위 사이의 또 다른 네 방위이다.

둘째는 불, 바람, 태양, 달, 별이다.

셋째는 물, 약초, 나무, 허공을 이루고 있는 에테르, 보편적인 실체이다. 이것은 물질세계의 구성요소들이다.

넷째는 눈, 귀, 마음, 혀, 피부이다. 또는 피부, 살, 근육, 뼈, 골수이다. 이것은 육체의 구성요소들이다.

다섯째는 프라나, 비야나, 아파나, 우다나, 사마나이다.* 이것은 육체를 지탱하는 다섯 가지 생명력이다.

현자는 다섯으로 이루어진 이 다섯 가지 조합에 대해 명상함으로써 모든 것이 성스럽다는 것*을 발견했다.

외적인 실체로 이루어진 다섯 가지 조합에 대해 명상함으로써
그 배후에 있는 내면적인 실체를 깨달을 수 있다.

8 장

1. '옴'은 브라만의 상징이다.

'옴'은 전체의 상징이다.

'옴'은 확언의 상징이다.* 제사를 드릴 때 사제가 '옴, 따라하시오' 하면 모든 사람이 사제를 따라 주문을 낭송한다.

'옴'은《베다》찬가의 시작이다.

사제는 제사에 관한 명령을 내리기 전에 '옴' 하고 소리 낸다.

스승은 제자에게 가르침을 주기 전에 '옴' 하고 소리 낸다.

제자들은 스승에게 질문하기 전에 '옴' 하고 소리 낸다.

존재 전체가 성스러운 음절 '옴'의 진동으로 충만한 사람은
브라만과 하나가 된다.

9 장

-가장에게 주는 가르침-

1. 바른 행위를 하라. 무엇이 바른 행위인지를 배우고 그대로 실천하라.

진실하라. 어떻게 하는 것이 진실된 것인지를 배우고 그대로 실천하라.

욕망을 다스려라. 어떻게 하여야 욕망을 다스릴 수 있는지를 배우

고 그대로 실천하라.

감각기관을 제어하라. 어떻게 하여야 감각기관을 제어할 수 있는지를 배우고 그대로 실천하라.

평화를 도모하라. 어떻게 하여야 평화로운지를 배우고 그대로 실천하라.

몸에 잠재되어 있는 생명 에너지를 일깨워라. 어떻게 하여야 그 에너지가 깨어나는지를 배우고 그대로 실천하라.

생명의 신께 제사를 드려라. 그 제사를 어떻게 드리는지를 배우고 그대로 실천하라.

이웃에게 자비를 베풀어라. 어떻게 하는 것이 이웃에게 자비를 베푸는 것인지를 배우고 그대로 실천하라.

자녀를 잘 양육하라. 어떻게 하는 것이 자녀를 잘 양육하는 것인지를 배우고 그대로 실천하라.

아내를 사랑하라. 어떻게 하는 것이 아내를 사랑하는 것인지를 배우고 그대로 실천하라.

손자손녀를 잘 양육하라. 어떻게 하는 것이 손자손녀를 잘 양육하는 것인지를 배우고 그대로 실천하라.

샤트야바카*는 이렇게 말한다. "항상 진실하라. 이것 하나면 충분하다."

타포니트야*는 이렇게 말한다. "욕망을 다스려라. 이것 하나면 충분하다."

나카 마우드갈리야*는 이렇게 말한다. "영적인 성숙을 위해서는 배우고 그대로 실천하는 것이 중요하다."

10 장

1. 성자 트리샹쿠는 브라만과 하나가 된 다음에 이렇게 말했다.

"나는 생명나무와 하나가 되었다.
나의 영광은 산꼭대기처럼 높도다.
나는 참 자아를 깨달았다.
나는 티 하나 없이 순수하며, 모든 것을 알고,
영원히 빛을 발하는 보물이다.
나는 지혜이며 불멸자이다."

11 장

1-5. 《베다》를 가르치고 난 다음 스승이 제자에게 말한다.

"진실만을 말하라. 그대의 의무를 행하라. 경전 공부를 게을리하지 마라. 최선을 다해서 스승을 섬겨라. 결혼하여 가정을 이루고 자녀를 낳아 대를 이어라. 진리에서 벗어나지 마라. 선에서 벗어나지 마라. 그대의 영적인 진보에 장애물이 끼어들지 않도록 조심하라. 배우고 그대로 실천하는 일에 최선을 다해라. 현자들을 존경하라.

그대의 어머니, 아버지, 스승, 그리고 이웃에게서 신을 보도록 하라. 그른 일은 결코 하지 마라.

훌륭한 사제들*에게 높은 자리를 내어주어 그들을 명예롭게 높여라. 보시로 그들에게 무엇을 주든 진실한 마음으로 주어라. 사랑으로 주어라. 기쁜 마음으로 주어라.

옳은 길인 줄 알고 따라가는 데 의심이 들거든 영적인 성숙에 가장 좋은 길이 어떤 길인지를 알고 있는 현자들의 뒤를 따라가라.

이것이 비밀스러운 《베다》의 가르침이다."*

12 장

1. 낮의 신 미트라여, 우리에게 자비를 베푸소서.
밤의 신 바루나여, 우리에게 자비를 베푸소서.
권능의 신 인드라여, 우리에게 자비를 베푸소서.
말(言語)의 신 브리하스파티여, 우리에게 자비를 베푸소서.
공간의 신 비슈누여, 우리에게 자비를 베푸소서.
브라만께 경배하나이다.
바람의 신 와유여, 당신께 경배하나이다.
당신은 진실로 브라만이니이다.
나는 당신을 브라만이라고 선언하오니,
나는 당신을 옳음이라고 선언하오니,
나는 당신을 진리라고 선언하오니,
저와 진리를 가르치는 저의 스승을 보호하소서.*

옴! 샨티, 샨티, 샨티!

제 2 부

- 평온을 위하여 -

옴-

스승과 제자를 보호하소서.

스승과 제자의 노력을 기뻐하소서.

스승과 제자가 힘차게 탐구하게 하소서.

스승과 제자의 깨달음이 빛을 발하게 하소서.

스승과 제자가 시기하지 않게 하소서.

옴! 샨티, 샨티, 샨티!

1장

1. 진리와 지혜와 무한한 기쁨의 근원인

브라만을 깨닫는 사람은 지고한 목적지에 이르리라.

심장의 동굴 속에 머물면서 모든 경험을 향유하고 있는

브라만을 깨닫는 사람은

삶의 모든 축복을 한없이 누리리라.

브라만에서 허공*이 나오고 허공에서 바람이 나왔다.

바람에서 불이 나오고 불에서 물이 나왔다.

물에서 땅이 나오고 땅에서 식물이 나왔다.
식물에서 음식이 나오고 음식에서 인간의 몸이 나왔다.
인간의 몸은 음식의 에센스로 이루어져 있다.

이어지는 다음 구절을 더 읽어보라.

2 장

1. 음식으로 이루어진 인간의 몸은
죽은 다음 다른 생명체의 음식이 된다.
음식은 모든 존재의 삶을 지탱해 준다.
그러므로 음식은 대단히 중요하다.
모든 질병에 가장 좋은 약은 음식이다.
음식을 브라만으로 또는 브라만의 선물로 여기는 사람은
육신이 늘 편안함을 누릴 것이다.
모든 육체가 음식에서 비롯되었다.
육체는 음식을 먹고 생명을 유지한다.
그러다가 죽은 다음에는 다른 생명체의 음식이 된다.

음식으로 이루어진 육체라는 집을
프라나[숨 또는 생명 에너지]로 이루어진 몸이 채우고 있다.*
프라나로 이루어진 몸의 모습은 육체의 모습과 똑같다.

내쉬는 숨 프라나는 머리에 해당하고,
들숨과 날숨 사이의 숨 비야나는 오른쪽 팔에 해당하며,
들이쉬는 숨 아파나는 왼쪽 팔에 해당하고,
허공은 몸통에 해당하며,
땅은 육신을 지탱해 주고 있는 다리에 해당한다.

이어지는 다음 구절을 더 읽어보라.

3장

1. 사람이나 동물이나 모두 숨을 쉼으로써 산다.
그러므로 숨을 쉰다는 것은 살아 있다는 표시이다.
사람의 수명은 숨에 담겨 있는 생명력에 따라 결정된다.
숨을 브라만으로 또는 브라만의 선물로 여기는 사람은
자기에게 주어진 수명을 남김없이 누린다.

음식으로 이루어진 육체 안에는
숨으로 이루어진 참 자아의 몸이 있고,
참 자아의 몸은 마음으로 채워져 있다.
마음으로 이루어진 몸도 사람의 형상을 하고 있다.
《야주르 베다》는 머리에 해당하고,
《리그 베다》는 오른쪽 팔에 해당하며,

《사마 베다》는 왼쪽 팔에 해당한다.

그리고 《베다》의 핵심인 《우파니샤드》의 지혜는 몸통에 해당하며,

성자 아타르바의 찬가*는 마음으로 이루어진 몸을 지탱해 주는 다리에 해당한다.

이어지는 다음 구절을 더 읽어보라.

4 장

1. 생각이 닿을 수 없는 곳,
모든 말과 소리가 되돌아오는 곳.
그 자리를 깨달으라.
그러면 브라만의 희열을 알고 모든 두려움에서 벗어나리라.

숨으로 이루어진 참 자아의 몸 안에
마음으로 이루어진 몸이 있으며,
마음으로 이루어진 몸은 생각으로 채워져 있다.
생각으로 이루어진 몸도 사람의 형상을 하고 있다.
믿음은 머리에 해당하고,
옳은 생각은 오른쪽 팔에 해당하며,
진실은 왼쪽 팔에 해당한다.
그리고 명상 수행은 몸통에 해당하며,

식별능력은 생각의 몸을 지탱해 주는 다리에 해당한다.

이어지는 다음 구절을 더 읽어보라.

5장

1. 대가를 바라지 않고 행하는 섬김이 참 지혜이다.
신들조차도 이런 지혜를 구하고 있다.
이런 지혜를 얻은 사람은 모든 죄악에서 벗어나
이기심이 들어 있지 않은 자신의 소망을 이룬다.

지혜의 몸은 집착하지 않음으로 이루어져 있다.
이 몸은 희열로 가득 차 있다.
희열로 가득 찬 지혜의 몸도 사람의 형상을 하고 있다.
기쁨은 머리에 해당하고,
만족은 오른쪽 팔에 해당하며,
즐거움은 왼쪽 팔에 해당한다.
그리고 희열은 몸통에 해당하며,
브라만은 지혜의 몸을 지탱해 주는 다리에 해당한다.

6장

1. 브라만을 존재하지 않는다고 부정하는 사람은
자기 자신을 부정하는 것이다.
브라만을 알고 그의 존재를 인정하는 사람은
자기 자신의 존재를 인정하는 것이다.
지혜로운 사람은 브라만을 깨닫겠지만
그렇지 못한 사람은 깨달음을 얻지 못하리라.

브라만은 스스로 '다양한 존재가 되자!'고 생각하고
스스로에게 의식을 집중하자 만물이 나타났다.
그는 만물 안으로 들어갔다.
형태가 없는 그가 다양한 형태를 취했다.
무한한 그가 한계가 있는 존재인 것처럼 나타났다.
어느 곳에나 현존하고 있는 그가 일정한 공간에 존재하는 것처럼 나타났다.
모든 것을 알고 있는 그가 제한적인 앎을 가진 존재처럼 나타났다.
궁극적인 실재인 그가 상대적인 존재인 것처럼 나타났다.*
그러므로 지혜로운 사람은 모든 것을 브라만이라고 부른다.

이어지는 다음 구절을 더 읽어보라.

7장

1. 세상이 창조되기 전에는

오직 눈에 보이지 않는 브라만이 홀로 존재하고 있었다.

눈에 보이지 않는 브라만에서

눈에 보이는 형상과 이름이 태어났다.

그것들은 모두 브라만이 스스로

자신의 모습을 형상화하여* 나타난 존재들이다.

그래서 그를 '스스로 존재하는* 자'라고 부른다.

'스스로 존재하는 자'*는 내면에 머물고 있는 즐거움*의 근원이다.

우리의 깊은 차원의 의식은

가슴속에 머물고 있는 그를 바라보며 기쁨으로 충만하다.

그가 만약 가슴속에 없다면

숨을 쉬며 살아갈 수 있는 사람이 과연 있겠는가?

그는 모든 존재의 가슴을 기쁨으로 채우고 있는 자이다.

자기 내면에 있는 '스스로 존재하는 자' 곧 참 자아를 깨달으면

모든 생명체가 하나라는 것을 알게 될 것이다.

모든 존재의 이름과 형상이 구별되는 것이 아니며,

변하지 않는 영원한 하나라는 것을 알게 될 것이다.

그러면 모든 두려움이 사라질 것이다.

모든 존재가 하나라는 것을 깨닫기 전에는

두려움이 결코 사라지지 않는다.
책을 많이 읽어서 아는 것은 많아도
모든 존재가 하나라는 것을 깨닫지 못하면
남과 자기를 구별해서 보는 인식으로 말미암아
가지가지 두려움에 휩싸이게 될 것이다.*

8 장

1. 브라만에 대한 두려움으로 바람이 불고,
그에 대한 두려움으로 태양이 떠오르며,
그에 대한 두려움으로 불이 타오르고,
그에 대한 두려움으로 번개와 천둥이 치며,
그에 대한 두려움으로 죽음이 모든 것을 잡아챈다.*

그렇다면 참 자아를 깨달은 기쁨은 어떠할까?
건강하고 잘생긴 젊은이가 있다고 하자.
그가 공부도 많이 하고 재물도 많이 모았다고 하자.
그렇다면 그는 기쁨을 누릴 것이다.
그러나 그가 누리는 기쁨은
참 자아를 깨닫고 모든 욕망에서 풀려난
현자가 누리는 기쁨의 백분의 일도 안 된다.

2. 인간이 누리는 기쁨은

인간세계에서 간다르바의 세계로 올라간 자가 누리는 기쁨의 백분의 일도 안 되며,

간다르바의 세계로 올라간 자가 누리는 기쁨은

태어날 때부터 간다르바인 신적인 존재들이 누리는 기쁨의 백분의 일도 안 되고,

태어날 때부터 간다르바인 신적인 존재들이 누리는 기쁨은

참 자아를 깨달은 기쁨의 백분의 일도 안 된다.

영원한 세계에 사는 조상들이 누리는 기쁨은

참 자아를 깨닫고 모든 욕망에서 풀려난

현자가 누리는 기쁨의 백분의 일도 안 된다.

천상의 신들이 누리는 기쁨은

참 자아를 깨닫고 모든 욕망에서 풀려난

현자가 누리는 기쁨의 백분의 일도 안 된다.

3. 선한 공덕을 많이 쌓음으로써

신들의 차원에 올라간 사람들이 누리는 기쁨은

천상의 신들이 누리는 기쁨의 백분의 일도 안 되며,

천상의 신들이 누리는 기쁨은

천둥과 번개의 신 인드라가 누리는 기쁨의 백분의 일도 안 되고,

인드라가 누리는 기쁨은

참 자아를 깨닫고 모든 욕망에서 풀려난

현자가 누리는 기쁨의 백분의 일도 안 된다.

4. 천둥과 번개의 신 인드라가 누리는 기쁨은
브리하스파티 신이 누리는 기쁨의 백분의 일도 안 되며,
브리하스파티 신이 누리는 기쁨은
창조주 프라자파티가 누리는 기쁨의 백분의 일도 안 되고,
창조주 프라자파티가 누리는 기쁨은
참 자아를 깨닫고 모든 욕망에서 풀려난
현자가 누리는 기쁨의 백분의 일도 안 된다.

사람의 내면에 있는 참 자아와 태양 안에 있는 참 자아는 하나이다.
이것을 깨닫는 사람은 음식으로 이루어진 몸을 초월할 것이다.
이것을 깨닫는 사람은 숨으로 이루어진 몸을 초월할 것이다.
이것을 깨닫는 사람은 마음으로 이루어진 몸을 초월할 것이다.
이것을 깨닫는 사람은 생각으로 이루어진 몸을 초월할 것이다.
이것을 깨닫는 사람은 희열로 가득 찬 지혜의 몸을 초월할 것이다.
그리하여 마침내 모든 것이 하나인 세계로 갈 것이다.

이어지는 다음 구절을 더 읽어보라.

9 장

1. 생각이 닿을 수 없는 곳,

모든 말과 소리가 되돌아오는 곳.
그 자리를 깨달으라.
그러면 브라만의 희열을 알고 모든 두려움에서 벗어나리라.
분별로 인한 모든 괴로움에서 벗어나리라.
'나는 왜 옳은 일을 하지 않았는가?' 하며 탄식하지 않으리라.
'나는 왜 옳지 않은 일을 하였는가?' 하며 괴로워하지 않으리라.
브라만의 희열을 체험하는 자리에 들어간 사람은
선과 악의 이원성(二元性)에서 영원히 벗어나리라.

이것이 '우파니샤드' 곧 비밀스러운 가르침이다.*

제 3 부

- 평온을 위하여 -

옴-
스승과 제자를 보호하소서.
스승과 제자의 노력을 기뻐하소서.
스승과 제자가 힘차게 탐구하게 하소서.
스승과 제자의 깨달음이 빛을 발하게 하소서.
스승과 제자가 시기하지 않게 하소서.
옴! 샨티, 샨티, 샨티!

1장

1. 어느 날 브리구가 아버지 바루나에게 말했다.

"아버지, 브라만에 대해서 알려 주십시오."

바루나가 대답했다.

"먼저 음식, 숨, 눈의 시각, 귀의 청각, 말(言語), 그리고 마음이 무엇인지 탐구해 보도록 하거라. 그런 다음 이런 것이 어디서 오는 것이며, 어떤 힘에 의해서 자기 기능을 하고 있으며, 무엇을 위해서 활동하고 있으며, 죽으면 어디로 돌아가는지를 찾아보도록 하거라. 이 모든 것이 나온 그 자리, 그리고 다시 돌아가는 그 자리가 곧 브라만이니라."

2장

1. 이 말을 들은 브리구는 명상에 몰입했다.

그리하여 음식이 브라만임을 깨달았다.

브리구는 생각했다.

'모든 생명체가 음식에서 나와서, 음식을 먹고 살다가, 죽으면 다른 생명체의 음식으로 돌아간다. 그러니 음식이 곧 브라만이다.'

그러나 브리구는 만족스럽지 못했다.

그래서 아버지에게 돌아가서 말했다.

"아버지, 브라만에 대해서 좀 더 깊이 알고 싶습니다."

바루나가 대답했다.

"명상이 곧 브라만이니 명상을 통해 스스로 깨닫도록 하거라."

3 장

1. 이 말을 들은 브리구는 명상에 몰입했다.

그리하여 생명의 숨이 브라만임을 깨달았다.

브리구는 생각했다.

'모든 생명체가 생명의 숨에서 나와서, 숨을 쉬며 살다가, 죽으면 영원한 숨 속에 잠긴다. 그러니 숨이 곧 브라만이다.'

그러나 브리구는 만족스럽지 못했다.

그래서 아버지에게 돌아가서 말했다.

"아버지, 브라만에 대해서 좀 더 깊이 알고 싶습니다."

바루나가 대답했다.

"명상이 곧 브라만이니 명상을 통해 스스로 깨닫도록 하거라."

4 장

1. 이 말을 들은 브리구는 명상에 몰입했다.

그리하여 마음*이 브라만임을 깨달았다.

브리구는 생각했다.

'모든 생명체가 마음에서 태어나서, 마음에 따라 살다가, 죽으면 그가 왔던 마음으로 다시 돌아간다. 그러니 마음이 곧 브라만이다.'

그러나 브리구는 만족스럽지 못했다.

그래서 아버지에게 돌아가서 말했다.

"아버지, 브라만에 대해서 좀 더 깊이 알고 싶습니다."

바루나가 대답했다.

"명상이 곧 브라만이니 명상을 통해 스스로 깨닫도록 하거라."

5장

1. 이 말을 들은 브리구는 명상에 몰입했다.

그리하여 지혜*가 브라만임을 깨달았다.

브리구는 생각했다.

'모든 존재는 지혜로 말미암아 태어나서, 지혜에 의해 성장하다가, 죽으면 그가 왔던 지혜로 다시 돌아간다. 그러니 지혜가 곧 브라만이다.'

그러나 브리구는 만족스럽지 못했다.

그래서 아버지에게 돌아가서 말했다.

"아버지, 브라만에 대해서 좀 더 깊이 알고 싶습니다."

바루나가 대답했다.

"명상이 곧 브라만이니 명상을 통해 스스로 깨닫도록 하거라."

6 장

1. 이 말을 들은 브리구는 명상에 몰입했다.

그리하여 희열이 브라만임을 깨달았다.

브리구는 생각했다.

'모든 존재가 희열에서 나와서, 희열 속에서 살다가, 죽으면 그가 왔던 희열 속에 다시 잠긴다. 그러니 희열이 곧 브라만이다.'

바루나의 아들 브리구는* 깊은 명상을 통해

이렇게 참 자아를 깨달았다.

브리구처럼 자신의 내면에서 참 자아를 깨닫고

그 깨달음이 흔들리지 않는 사람은 풍요를 누릴 것이며,

깨달음의 대가 끊어지지 않을 것이다.

그에게는 많은 제자들이 몰려와 스승으로 높임을 받게 될 것이다.

7 장

1. 음식을 존귀하게 여겨라.

이는 반드시 지켜야 할 규칙이다.

숨은 몸이 먹는 음식이다.

몸이 숨에 의존하고 있으며 숨은 몸에 의존하고 있다.

음식은 다른 음식을 먹음으로써 생기는 것이기 때문에

이것이 없으면 저것도 없다.
이렇게 한 음식이 다른 음식에 의존하고 있음을 아는 사람은
풍성한 음식을 얻고 건강해질 것이다.
그의 자손과 가축이 번성하고
그의 깨달음에 대한 명성이 널리 퍼질 것이다.

8장

1. 음식을 버리지 마라.
이는 반드시 지켜야 할 규칙이다.
물은 불이 먹는 음식이다.
불이 물에 의존하고 있으며 물은 불에 의존하고 있다.
음식은 다른 음식을 먹음으로써 생기는 것이기 때문에
이것이 없으면 저것도 없다.
이렇게 한 음식이 다른 음식에 의존하고 있음을 아는 사람은
풍성한 음식을 얻고 건강해질 것이다.
그의 자손과 가축이 번성하고
그의 깨달음에 대한 명성이 널리 퍼질 것이다.

9 장

1. 음식이 풍성해지도록 하라.

이는 반드시 지켜야 할 규칙이다.

땅은 허공이 먹는 음식이다.

허공은 땅에 의존하고 있고 땅은 허공에 의존하고 있다.

음식은 다른 음식을 먹음으로써 생기는 것이기 때문에

이것이 없으면 저것도 없다.

이렇게 한 음식이 다른 음식에 의존하고 있음을 아는 사람은

풍성한 음식을 얻고 건강해질 것이다.

그의 자손과 가축이 번성하고

그의 깨달음에 대한 명성이 널리 퍼질 것이다.

10 장

1. 먹을 것을 구하기 위해 찾아오는 사람을 빈손으로 돌려보내지 마라.

이것은 반드시 지켜야 할 규칙이다.

배고픈 사람이 찾아올 것을 대비해 항상 음식을 준비해두어라.

배고픈 사람에게 좋은 음식을 대접하면 자기도 좋은 음식을 받고,

적당히 대접하면 자기도 그렇게 받을 것이고,

소홀하게 대접하면 자기에게도 음식이 늘 부족하리라.

2-4. 항상 남을 기쁘게 하는 말을 하라.

숨을 깊게 쉬어라.

팔은 주위에 있는 모든 존재를 신으로 알고 그들을 섬길 준비를 하고 있어라.

다리는 도움을 필요로 하는 사람을 위해 언제라도 달려갈 수 있도록 준비를 하고 있어라.

짐승, 새, 별빛, 기쁨, 성적인 충동, 소나기 등

모든 것의 내면에 머물고 있는 브라만을 깨닫도록 하라.

그대의 내면에 있는 브라만의 모든 소유

곧 안전과 지혜와 사랑을 끌어내어 쓰도록 하라.

브라만과 하나 됨으로써

내면에 있는 모든 적들을 정복하라.

사람의 내면에 있는 참 자아와 태양 안에 있는 참 자아는 하나이다.

5. 이것을 깨닫는 사람은 음식으로 이루어진 몸을 초월할 것이다.

이것을 깨닫는 사람은 숨으로 이루어진 몸을 초월할 것이다.

이것을 깨닫는 사람은 마음으로 이루어진 몸을 초월할 것이다.

이것을 깨닫는 사람은 생각으로 이루어진 몸을 초월할 것이다.

이것을 깨닫는 사람은 희열로 가득 찬 지혜의 몸을 초월할 것이다.

그리하여 마침내 모든 것이 하나인 세계로 갈 것이다.

모든 존재가 하나라는 것을 깨달은 사람은

어디에 있든지 자기 집에 있는 것이며,

모든 존재 속에서 자기 자신을 본다.
그들은 즐거움으로 노래 부르리라.

6. “나는 음식이다, 나는 음식이다, 나는 음식*이다!
나는 음식을 먹는 자*이다, 나는 음식을 먹는 자이다, 나는 음식을 먹는 자이다!
나는 음식과 음식 먹는 자를 연결하는 자*이다, 나는 음식과 음식 먹는 자를 연결하는 자이다, 나는 음식과 음식 먹는 자를 연결하는 자이다!
나는 우주에서 맨 처음에 태어난 자이다.
나는 신들보다 먼저 태어난 불멸자이다.
배고픈 사람에게 음식을 주는 사람은 나를 보호하는 사람이다.
나는 음식이며 음식 먹는 자를 다시 먹는 자이다.
나는 이 세상이며 이 세상을 소멸하는 자이다.
이것을 깨닫는 사람은 생명의 비밀을 알게 되리라.”

이것이 ‘우파니샤드’ 곧 비밀스러운 가르침이다.

옴! 샨티, 샨티, 샨티!

번역노트

제목: 닭과 비슷하게 생긴 '티티르'라는 새의 이름에서 유래했다.

제 1 부

1장

1. 보통《우파니샤드》앞에 오는 '평온을 위하여' 대신 붙인 찬가이다. 이 찬가는《리그 베다》제1부 90장 9절에 나오는 것을 그대로 인용했다.
"저와 진리를 가르치는 저의 스승": 글자대로는 '나와 말하는 자'이다. '나'는 가르침을 받는 제자이고, '말하는 자'는 가르치는 스승을 가리킨다.

2장

1. "발성법":《베다》를 체계적으로 이해하기 위해 나눈 여섯 학문 분야 가운데 하나이다. '발성법'을 배우는 목적은《베다》에 나오는 찬가를 올바로 반복하기 위함이다.

3장

1. "우리": 스승과 제자를 말한다.
"다섯 범주의 세상": '범주'는 '상히타(samhita)'의 번역이다. '상응(相應)하는 다섯 세상'이라는 뜻이다.

4장

2-3. "영적으로 점점 더 성숙하게 하시고": 본문에는 '영적으로'라는 말이 없다. 사람들은 이 구절을 부유함을 기원하는 주문(呪文)으로 사용한다. 하지만 이어지는 기원은 물질적인 풍요가 아니라 영적인 깨달음에 대한 것이기 때문에 '영적으로'라는 말을 덧붙였다.

5장

1. "'부후', '부후와', '스와아'": '부후(buhr)', '부후와(bhuvas)', '스와아(suvar)'는 브라만 사제가 기도를 시작할 때 '옴' 다음에 내는 소리이다. 그 뜻은 '땅', '(하늘과 땅 사이의) 공간', '하늘'이다.

"마하": 본문의 내용에 비추어 보면 '마하(Maha)'는 참 자아를 상징하는 소리이다.

"불", "바람", "태양": 불의 신 '아그니', 바람의 신 '와유', 태양의 신 '아디티야'의 번역이다.

6장

1-2. 요가 시스템에서 말하는 쿤달리니의 상승에 대한 언급으로 보인다. 요가 시스템에서는 생명 에너지인 쿤달리니가 척추를 따라 나있는 통로인 슈숨나를 타고 올라가서 정수리 차크라를 통해 빠져나가 우주적인 에너지와 하나가 된다고 말한다. 이런 이론이 체계화되기 전에는 개체아(個體我, jiva) 또는 영혼이 브라마란드라(brahmarandhra)라는 길을 따라 육체를 빠져나간다는 가르침이 있었다.《브리하다란야카 우파니샤드》에 이와 같은 가르침이 있다. "육체 각 기관에 흩어져 있던 생명의 기운이 심장으로 모여 하나가 되면 심장에서 밖으로 나가는 길에 빛이

비치고, 참 자아는 그 빛을 따라 눈이나 정수리를 통해서 또는 몸의 다른 부분을 통해서 육체를 빠져나갑니다."(제4부 4장 2절)

7 장

1. "프라나", "비야나", "아파나", "우다나", "사마나": 근본적인 생명의 기운인 '프라나'가 몸속으로 들어오면 여러 기능으로 나누어 작용한다. '비야나'는 유지하는 기운이며, 기운이 흐르는 이 수많은 길을 따라 움직이며 활동한다. '아파나'는 아래로 내려가는 성질을 가지고 있으며, 아래로 내려가서 배설과 생식을 주관한다. '사마나'는 몸통 중심에 머물면서 분배와 소화를 주관한다. '우다나'는 몸 밖으로 빠져나가는 기운이다. 깨달음을 얻은 사람의 우다나는 척추를 따라 연결되어 있는 미묘한 통로를 따라 위로 올라가서 정수리를 통해 빠져나간다. 그러면 그 영혼은 다시 이 땅으로 돌아오지 않는다(《프라쉬나 우파니샤드》 3장 4절 이하 참조).

   "모든 것이 성스럽다는 것": 눈에 보이는 현상세계는 눈에 보이지 않는 실체세계의 그림자이다.

8 장

1. "'옴'은 확인의 상징이다": '옴'은 '그렇다'고 긍정하는 뜻을 가진 히브리어[아람어]의 '아멘'과 비슷한 역할을 한다.

9 장

1. "사트야바카", "타포니트야", "나카 마우드갈리야": 수사(修辭)의 목적으로 붙인 이름인 것 같다. '사트야바카(satyavakas)'는 '진실을 말하는

사람', '타포니트야(taponitya)'는 '쉬지 않고 자기를 제어하는 사람', '나카(naka)'는 '하늘'이라는 뜻이기 때문이다.

11 장

1-5. 고대 인도 사람들의 교육 목표를 보여주는 유명한 구절이다.
"훌륭한 사제들": '브라마나스(brahmanas)'의 번역이다. '깨달음을 얻는 현자'라고 옮길 수도 있다.

12 장

1. 《리그 베다》에서 인용한 제1부 1장에 나오는 찬가가 다시 반복되었다.

제 2 부

1 장

1. "허공": '아카샤(akasha)'의 번역이다. 막스 뮐러 이후로 '에테르'라고 옮기는 사람도 많다. 우주공간을 채우고 있는 비물질적인 실체를 가리킨다(《브리하다란야카 우파니샤드》 제3부 8장 4절 노트 참조).

2 장

1. "음식으로 이루어진 육체라는 집을 프라나[숨 또는 생명 에너지]로 이루어진 몸이 채우고 있다": 땅의 에센스는 음식이다. 마찬가지로 음식 또는 음식으로 이루어진 육체의 에센스는 생명 에너지이다.

3장

1. "아타르바의 찬가": '아타르방기라스(atharvangiras)'의 번역이다. 이 말을 '아타르바와 앙기라스'라고 보는 사람도 있지만 근거가 분명하지 않다. 성자 아타르바가 초능력을 통해 보고, 본 대로 읊었다고 하는 제례의무에 관한 찬가이다.

6장

1. "궁극적인 실재인 그가 상대적인 존재인 것처럼 나타났다": 글자대로는 '그가 실재와 실재가 아닌 것이 되었다'이다. 앞에 나오는 형태나 지혜의 경우도 마찬가지이다. '그가 나타난 것과 나타나지 않은 것이 되었다. 그가 무한한 것과 한정이 있는 것이 되었다. 그가 지혜와 무지가 되었다'이다.

7장

1. 《리그 베다》 제10부 129장 1절에서 인용한 유명한 창조의 찬가이다.
"형상화하여", "스스로 존재하는", "즐거움": '잘 만들어진'이라는 뜻의 '수크리탐(sukritam)', '스스로 만드는'이라는 뜻의 '스와크리탐(svakritam)', '행복'이라는 뜻의 '수캄(sukham)'의 번역이다. 이 세 낱말은 일종의 말놀이[語戱]로 사용되었다.
"스스로 존재하는 자": 글자대로는 '스스로 만드는 자'이다.

8장

1. 《카타 우파니샤드》에도 비슷한 구절이 나온다. "브라만의 놀라운 힘으로 불이 타오르고, 태양이 빛을 발하고, 구름이 비를 내리며, 바람이 불

고, 죽음이 휩쓸고 지나간다."(제2부 3장 3절)

"죽음이 모든 것을 잡아챈다": 글자대로는 '죽음이 다섯 번째로써(as the fifth) 달려간다'이다. 여기서 '다섯 번째'란《우파니샤드》시대의 묵시문학에 나오는 '다섯 번째 기마병(騎馬兵)'을 가리킨다. 곧 '죽음이 모든 것을 휩쓸고 지나간다'는 뜻이다.

9장

1. "이것이 '우파니샤드' 곧 비밀스러운 가르침이다": 이 구절이 이어지는 제3부 맨 첫 줄로 되어 있는 사본도 있다.

제 3 부

4장

1. "마음": '마나스(manas)'의 번역이다. 요가 전통의 설명에 따르면 인간의 의식은 마나스(manas), 붓디(buddhi), 그리고 아함카라(ahamkara)라고 하는 세 요소로 구성되어 있다. 마나스는 감각기관을 통해 외부 세계에서 받아들인 느낌을 모아 두는 속성을 가리킨다. 인간 의식의 출발점이라고 할 수 있다. 붓디는 그 느낌들을 분류하여 어떤 특정한 느낌에 대해 특정한 반응을 하도록 구별하는 속성이다. 아함카라는 어떤 느낌을 받는 것도 '나'이며 그러한 여러 가지 느낌을 기억하고 저장하는 것도 '나'라고 생각하는 에고 의식을 말한다.

5장

1. "지혜": '비즈나나(vijnana)'의 번역이다. '식별능력'이라고 옮길 수도

있다.

6 장

1. "바루나의 아들 브리구는": 글자대로는 '브리구와 바루나는'이다. 바루나가 가르치고 브리구가 깨달은 것이기 때문에 이렇게 옮겼다.

10 장

6. "음식", "음식을 먹는 자", "음식과 음식 먹는 자를 연결하는 자": 샹카라는 '음식'은 '대상', '음식을 먹는 자'는 '주체', '음식과 음식 먹는 자를 연결하는 자'는 '주체와 대상을 포함하고 있는 초월적인 의식'이라고 설명한다.

"음식과 음식 먹는 자를 연결하는 자": '시인(poet)'이라는 뜻의 '슈로카크리트(shlokakrit)'의 번역이다. 이 말 속에는 '만드는 자'라는 뜻이 함축되어 있다.

우파니샤드 해설

《우파니샤드》의 주요 개념

《우파니샤드》의 사상도 시대 흐름에 따라 변화하고 발전하는 과정을 거쳤다. 그러나 몇 가지 주요 개념이 모든 《우파니샤드》의 기본 주제를 이루고 있다. 브라만(Brahman, 梵)과 아트만(Atman, 我), 마야(Maya, 幻影)와 아비드야(Avidya, 無知), 카르마(Karma, 行爲)와 삼사라(Samsara, 輪廻), 그리고 브라만과의 합일인 요가(Yoga, 合一)와 모크샤(Moksha, 解脫)가 그것이다.

1. 브라만[梵] / 아트만[我]

'브라만(Brahman)'은 '확장하다' 또는 '자라나오다'는 뜻을 가지고 있는 어근 '브리(brh)'에서 파생된 말이다. '브라만'은 남성명사도 아니고 여성명사도 아니며 중성명사도 아닌, 어느 성에도 속하지 않은 특이한 낱말이다.

브라만은 말로는 표현할 수 없는 궁극적인 실재를 가리킨다. 온 우주가 그에게서 나왔고, 그의 힘으로 유지되며, 마지막에는 다시 그에게로 돌아간다. 그는 자신을 '확장'하여 현상계의 존재로 나타나는 자이다. 성자 야즈나발키야는 브라만을 이렇게 설명한다.

> 현자들은 그것을 일러 '아크샤라[불멸자]'라고 한다.
> 그것은 크지도 않고 작지도 않으며,
> 길지도 않고 짧지도 않다.
> 그것은 뜨겁지도 않고 차갑지도 않으며,
> 밝지도 않고 어둡지도 않다.
> 그것은 공기도 아니며 공간도 아니다.
> 그것은 눈도 없고 귀도 없고 입과 혀도 없다.
> 그것은 맛도 없고 냄새도 없고 촉감으로 느낄 수도 없다.
> 그것은 숨도 아니고 마음도 아니다.
> 그것은 안도 없고 바깥도 없다.
> 그것은 무엇으로도 측정할 수가 없다.
> 그것은 아무것도 먹지 않으며 또한 잡아먹히지도 않는다.
> 이 '불멸자'의 뜻에 따라
> 해와 달이 자기의 길을 가고 있으며,
> 하늘과 땅이 그 자리를 잡았다.
> 그의 뜻에 따라 시간의 흐름이 정해졌다.
> 낮과 밤은 보름이 되고 보름은 한 달이 되며
> 몇 달이 모여 계절이 되고 계절이 모여 일 년이 된다.
> 이 모든 것이 '불멸자'의 섭리이다.
> 이 '불멸자'의 명령에 따라 눈이 녹아 강물을 이루고,
> 강물은 여러 길을 따라 바다로 흘러들어 간다.
> 사람들이 선행을 칭찬하고, 신들에게 제물을 바치며, 조상에게 제사

를 드리는 것도 모두 '불멸자'의 뜻에 따른 것이다.
(…)
이 '불멸자'는 보는 자이다.
그러나 그는 눈에 보이지 않는다.
그는 듣는 자이다.
그러나 그는 들리지 않는다.
그는 생각하는 자이다.
그러나 그는 생각의 대상이 아니다.
그는 아는 자이다.
그러나 그는 앎의 대상이 아니다.
볼 수 있고, 들을 수 있고, 생각할 수 있고, 알 수 있는 자는
오직 '불멸자' 자신뿐이다.
그 말고는 아무도 보거나 듣거나 생각하거나 알 수 있는 존재가 없다.
허공을 둘러싸고 충만하게 채우고 있는 존재가 바로 이 '불멸자'이다.
—《브리하다란야카 우파니샤드》 제3부 8장 7-11절

야즈나발키야의 브라만에 대한 설명은 노자가《도덕경》에서 말하고 있는 도(道)와 너무 비슷하다. 노자는 이렇게 말한다.

그것은 보려고 해도 보이지 않으므로
형태가 없는 것이라고 한다.
그것은 들으려고 해도 들리지 않으므로
소리가 없는 것이라고 한다.
그것은 잡으려 해도 잡을 수 없으므로
실체가 없는 것이라고 한다.

이 셋은 알 수도 없고 설명할 수도 없으나,
신비스러운 순간에
혼연일체가 된 하나로 경험할 수 있다.
그 꼭대기라고 해서 밝지 않으며,
바닥이라고 해서 어둡지도 않다.
끊이지 않고 작용하는
이 신비로운 하나를 분명하게 설명할 수 없다.
그대가 만약 이 신비로운 하나를 설명하려고 하면
안개가 사라지듯 무로 돌아가 버리리라.
그래서 이것을 형상 없는 형상,
모양 없는 모양이라고 한다.
그저 신비하고 신비할 따름이다.
그대가 이 신비로운 하나를 직접 보고자 해도
어디 얼굴이라고 할 수 있는 부분이 없다.
그대가 이 신비로운 하나의 뒤를 따르려 해도
어디 뒤라고 부를 부분이 없다.
이 신비한 道가 태곳적부터 지금까지
온 우주를 주관하고 있다.
그러므로 道를 알면
모든 것의 본원과 영원성을 알게 된다.
—《도덕경》 14장

브라만은 자신을 확장하여 현상계의 존재로 나타나고, 현상계의 모든 존재들의 중심에 머문다. 이렇게 현상계의 각 존재들의 중심에 머물고 있는 브라만을 아트만이라고 한다. 《우파니샤드》의 현자들은 브라만과 아트만이 동일한 존재라고 말한다.

> 이 세상에 존재하는 모든 것은 브라만이다.
> 참 자아 아트만이 곧 이 브라만이다.
> —《만두키야 우파니샤드》 2절

노자도 비슷한 말을 한다.

> 道 자체는 무한하다.
> 하늘과 땅과 사람은 모두
> 道가 스스로 자신을 나타낸 것이다.
> 그러므로 하늘과 땅과 사람 역시 무한한 것이다.
> —《도덕경》 25장

그런데 개체적인 존재 속에 머물고 있는 아트만은 각 존재의 의식 상태에 따라 깨어 있는 상태, 꿈꾸는 상태, 꿈도 없는 깊은 잠 상태, 그 잠 너머의 순수의식 상태를 오간다.

첫째, 깨어 있는 상태는 감각기관을 통해 현상계를 인식하고 경험하는 차원이다.

둘째, 꿈꾸는 상태는 깨어 있는 상태에서 경험한 기억을 근거로 자신의 소망과 주관을 섞어 이미지를 만들고 그 꿈을 실제인 것처럼 착각하는 차원이다.

셋째, 깊은 잠 상태는 자신의 본성과 하나 되어 깊은 휴식을 취하는 차원이다. 그러나 이 차원에는 자신이 본성과 하나 되었다는 의식이 없다.

넷째, 순수의식 상태는 본성과 하나가 된 상태에서 본성과 하나 되었다는 명료한 의식이 있는 차원이다. 의식이 도달할 수 있는 궁극의 차원이라고 할 수 있다.

아트만은 이런 여러 의식 상태를 오가며 여러 가지 경험을 하지만, 그 자신은 선과 악에 물들지 않고 아무것에도 영향 받지 않는다. 이 아트만이 곧 모든 존재의 참 자아이며 영원한 브라만이다. 이 책에서는 아트만을 진정한 자아(自我)라는 뜻에서 '참 자아' 또는 '참 자아 아트만'이라고 옮겼다.

2. 마야[幻影] / 아비드야[無知]

《우파니샤드》는 우리가 객관적으로 경험하는 이 세상을 '마야'라고 한다. '마야'는 실재가 아닌 그림자 또는 환영을 일컫는 말이다. 마야 현상 때문에 유일자인 브라만이 수많은 존재로 분화되어 보이고, 주관과 객관이라는 이원성에 빠진다. 마야에 현혹되면 하나인 궁극적인 실재를 인식하지 못하고, 끊임없이 변전(變轉)하는 그림자에 지나지 않는 현상을 실제인 것처럼 착각한다.

이 착각을 영적인 무지 곧 '아비드야'라고 한다. 《우파니샤드》의 현자는 우리의 정신의 경험이나 감각의 경험이 모두 환영의 힘이 만들어 낸 것이라고 말한다. 그리고 이런 환영의 힘 뒤에 있는 근원인 참 자아를 깨달을 때 모든 속박에서 벗어나게 된다고 말한다.

의식이 있는 영혼과 의식이 없는 물질은
본래 태어나거나 죽는 일이 없다.
이 둘은 시간이 시작될 때부터 함께 있었다.
환영(幻影)의 힘이 이 둘을 엮어
영혼으로 하여금
자신이 세상을 '경험하는 자'인 줄 착각하게 만든다.
영혼과 물질과 환영의 힘 뒤에는
스스로는 아무런 활동도 하지 않는
무한한 공통의 참 자아가 있다.
그가 곧 브라만이다.
이를 깨닫는 사람은 모든 속박에서 벗어난다.
—《슈베타슈바타라 우파니샤드》 1장 9절

태어난 적이 없는 그로부터
각기 다른 이름과 모양을 가진 존재가 나타나는
마술적인 환영이 펼쳐진다.
뭇 존재들은 그 마술에 걸려서
괴로움에 울고 즐거움에 웃고 있다.
그러나 이 마법의 장막을 찢어버리면
자신의 모습을 다양하게 나타내는
'유일자'가 드러난다.
—《슈베타슈바타라 우파니샤드》 4장 5절

《우파니샤드》 현자의 가르침에 따르면 물질세계의 환영은 세 가지 기운의 상호작용으로 일어난다.

사람들은 브라만이 펼쳐놓은 환영의 그물에 걸려
수없는 생을 거치면서
자신의 행위로 맺은 과실을 먹으며
때로는 기뻐하고 때로는 슬퍼하는 삶을 반복한다.
이것은 생명의 주(主)가 가지고 있는 세 기운,
곧 맑고 밝은 기운인 사트바 구나와
어둡고 무거운 기운이 타마스 구나
그리고 활동을 일으키는 격정적인 기운인 라자스 구나가
각자 자기의 길을 가면서 벌이는 일이다.
—《슈베타슈바타라 우파니샤드》 5장 7절

환영을 펼치는 '세 기운'이란 사트바 구나(sattva guna), 라자스 구나(rajas guna), 타마스 구나(tamas guna)를 말한다. '기운'으로 번역한 '구나'는 '힘' 또는 '성질'이라고 할 수도 있다. 이 세 가지 구나는 평형 상태와 평형이 깨진 상태를 오락가락한다. 그런데 평형 상태가 깨져 세 힘 상호간의 관계가 다양하게 변함에 따라 영원한 변화가 일어난다. 이 세 가지 구나가 평형 상태를 유지하고 있는 동안 물질은 미분화 상태로 남아 있으며, 현상적인 우주는 잠재 상태로 존재한다. 그러나 힘의 균형이 깨지는 순간 우주의 창조가 시작된다.

세 힘의 상호관계는 예측할 수 없을 정도로 다양하게 변한다. 어느 한 힘이 다른 두 힘보다 우세하거나 또는 다른 한 힘이 나머지 힘보다 우세해지는데, 이렇게 서로 다른 힘의 조합 결과로 우리가 이 세상에서 경험하고 있는 바와 같은 엄청나게 다양한 물질현상과 정신현상이 생겨난다. 현상세계는 세 구나가 다시 평형 상태를 찾아 미분화된 잠재 상태로 돌아갈 때까지 계속 그 형태와 수를 늘려 나간다.

'구나'라는 말은 '에너지'로 표현되기도 하고 때에 따라서는 '성질(性質)'로 번역되기도 한다. 하지만 그 성격과 기능을 온전히 나타낼 적당한 말이 없다. 세 가지 구나는 서로 반대되면서 동시에 상호 보완하는 성질을 가지고 있다. 말하자면 일종의 힘의 삼각형으로써, 각 구나는 삼각형의 각 꼭짓점을 차지하고 있다고 할 수 있다. 사트바 구나는 원형(原型)이고 타마스 구나는 사트바 구나가 자신의 형태를 실현하지 못하도록 방해하는 힘이다. 그리고 라자스 구나는 방해하는 힘을 제거하고 형태의 본질인 원형을 형상화시키는 힘이다.

진흙으로 말의 형상을 빚어내려는 조각가가 있다고 하자. 이때 그 조각가가 마음속에 그리고 있는 말의 형상[한 생각]은 사트바 구나에 해당한다. 그가 사용할 진흙 덩어리는 타마스 구나이다. 진흙 덩어리는 아무런 특정한 형태도 갖고 있지 않다. 이 '형태 없음'은 말의 형상이 구체화할 때까지 말의 형상이 나타나는 것을 방해하는 요소로 작용할 것이다. 타마스 구나의 요소는 조각가 자신의 마음속에도 있다. 조각가는 혼자 생각으로 이렇게 말할 수도 있을 것이다.

'아, 이 일은 어렵겠는데.'

'몹시 피곤하구나.'

'이 일을 꼭 해야 할 이유가 있을까?'

이런 생각은 분명히 작업을 방해하는 타마스 구나이다. 그러나 작업을 계속해 말의 형상을 빚어내도록 만드는 라자스 구나의 힘이 있다. 자신의 게으름과 작업의 어려움을 극복하고 목적을 이루고야 말겠다는 조각가 자신의 의지가 곧 그것이다. 또 의도한 말의 형상을 빚어내기 위해 손발을 움직이는 것도 라자스 구나에 해당된다. 라자스의 힘이 타마스의 장애를 극복하기에 충분할 만큼 발휘되면 말의 형상은 성공적으로 현상화한다. 곧 사트바 구나가 실현되는 것이다.

이렇듯 모든 창조에는 세 가지 구나가 함께 작용한다. 사트바만으로는 실현되지 않는 공허한 이상에 그칠 것이고, 사트바가 없는 라자스는 방향성 없는 에너지일 뿐이다. 또한 타마스가 없다면, 라자스는 지렛목 없는 지렛대와 다를 바 없다.

세 가지 구나를 개별적으로 살펴보면, 사트바 구나는 밝고 순수하고 고요한 성질[純質]이고 라자스 구나는 행동 또는 움직임[動質]이다. 그리고 타마스 구나는 어둡고 우둔하고 움직이지 못하도록 억제하는 성질[暗質]이라고 할 수 있다. 그런데 위에서 살펴본 대로, 어느 한 구나는 강하고 나머지 두 구나는 약한 상태이긴 하지만, 모든 것 속에는 세 가지 구나가 함께 작용하고 있다.

예를 들면 태양 빛의 경우에는 사트바 구나가 우세하고, 폭발하는 화산의 경우에는 라자스 구나가 우세하며, 화강암 덩어리의 경우에는 타마스 구나가 우세하다. 사람의 마음도 세 가지 구나의 균형 여하에 따라, 사트바 구나가 우세할 경우에는 욕망에 끌리지 않고 명상 상태의 평온한 기쁨을 누린다. 그러나 라자스 구나가 우세해지면 분노와 격정에 휩싸이게 되어 마음이 평안히 쉬지 못한다. 하지만 라자스 구나가 우세해지지 않으면 창조적인 에너지가 분출되지 않으며 용기 있는 행동도 취하지 못한다.

사트바 구나와 라자스 구나가 힘을 잃고 타마스 구나가 우세해지면 정신적인 늪에 빠진다. 게으름, 우둔함, 완고함, 절망감 등은 모두 타마스 구나가 우세할 때 나타나는 현상이다.

《바가바드 기타》는 구나와 각 구나가 어떻게 나타나는가에 대한 이야기를 하는 데 여러 장을 할애하고 있다.《바가바드 기타》에서 크리슈나는 영적인 구도자인 아르쥬나에게 분별력의 훈련을 통해 세 구나의 영역을 초월할 것을 가르친다. 크리슈나는 이렇게 말한다.

> 모든 행위는
> 타고난 본성적인 기운[구나]의 흐름에 의해 저절로 일어난다.
> 그러나 에고에 사로잡혀 있는 사람은
> 자기를 행위자라고 생각한다.
> 하지만 본성적인 기운과 그 기운의 흐름에 따라
> 행위가 일어난다는 것을 아는 사람은
> 행위에 집착하거나 얽매이지 않는다.
> 그들은 세 가지 서로 다른 기운[구나]의 상호 작용에 의해
> 행위가 저절로 일어난다는 것을 알기 때문에
> 자기를 행위자라고 생각하지 않는다.
> —《바가바드 기타》 제3장 27-28절

> 지혜가 있는 사람은
> 모든 행위가 세 가지 기운[구나]의 활동임을 안다.
> 그러나 물질차원의 세 기운 너머에 있는 것을 아는 사람은
> 나[크리슈나]의 상태에 이른다.
> 육체에서 비롯되는
> 물질의 세 가지 기운을 넘어가는 사람은

생 · 노 · 병 · 사의 수레바퀴에서 벗어나
불멸의 자유를 얻는다.
—《바가바드 기타》 제14장 19-20절

크리슈나는 세 가지 기운의 활동을 초월한 사람에 대해 이야기를 계속한다.

물질 차원의 세 기운을 초월한 사람은
밝으면 밝은 대로 놔두고,
활동적이면 활동적인 대로 놔두며,
어두우면 어두운 대로 놔둔다.
어떤 상태를 싫어하거나 갈구하지 않는다.
그는 멀리서 바라보고 있는 구경꾼처럼
물질의 기운들이 활동하고 있는 것을
그저 바라보기만 한다.
그 활동에 영향을 받지 않는다.
그는 모든 행위와 활동이
물질적인 기운의 활동일 뿐이라고 생각하며
흔들리지 않는 상태로 머물러 있다.
그는 괴로움과 즐거움을 하나로 보며,
흙덩이와 돌과 황금을 똑같은 것으로 여긴다.
그는 칭찬을 들어도 기뻐하지 않고,
비난을 받아도 화를 내지 않는다.
그는 명예와 불명예를 동등하게 보고,
친구와 적을 똑같이 여기며,

인위적인 행위를 피하지 않는다.
이런 사람을 일러
물질 차원의 기운을 초월한 자라고 한다.
—《바가바드 기타》 제14장 22-25절

《우파니샤드》의 현자도 크리슈나와 똑같이 말한다. 브라만은 마야를 지배하는 세 기운 너머에서, 어떤 현상이 일어나도 그것에 영향 받거나 오염되지 않고 그냥 지켜보는 순수한 의식이라고 말한다.

브라만은 모든 존재의 가슴속에 숨어 있다.
그는 모든 곳에 충만하게 깃들이어 있다.
그는 세 가지 기운[구나]의 활동 너머에서
이 세상에서 일어나고 있는 모든 것을
지켜보고 있는 증인이다.
그는 순수한 의식이지만
스스로는 어떠한 성격도 가지고 있지 않다.
—《슈베타슈바타라 우파니샤드》 6장 11절

3. 카르마[行爲] / 삼사라[輪廻]

마야를 실제로 착각하고 있는 동안에는 '내가 행위자'라는 생각과 느낌에서 벗어나지 못한다. 그리하여 끊임없는 행위의 연속에 매인다. 하나의 행위는 결과를 낳고, 그 결과는 또 다른 행위를 하게 만든다. 이것이 카르마[행위]이고 삼사라[윤회]이다. 《우파니샤드》의 현자는 말한다.

현상계에 있는 모든 것은
참 자아 안에 있는 것이 나타난 것이다.
다양한 현상만을 보고
눈에 보이지 않는 하나의 근원을 보지 못하는 사람은
태어남과 죽음이 반복되는
윤회의 길에서 벗어나지 못한다.
—《카타 우파니샤드》 제2부 1장 10절

사랑의 주(主)께서
변하는 것과 변하지 않는 것,
눈에 보이는 것과 보이지 않는 것들로 이루어진
이 세상을 유지하며 기르고 있다.
창조하고 유지하는 이 신을
자기와 별개의 존재로 인식하는 동안에는
이원성의 갈등 속에서
끊임없이 이어지는 행위와
행위의 결과의 구속에서 벗어나지 못한다.
그러나 창조하고 유지하는 그 신이
자기 속에 있는 주인공임을 깨달으면
모든 속박에서 벗어나게 된다.
—《슈베타슈바타라 우파니샤드》 1장 8절

행위의 연속은 죽은 다음에도 계속 다음 생으로 이어진다.

죽은 사람의 영혼은 그의 과거 행위와 습관에 따라 죽기 직전까지 강하게 품고 있던 특정한 생각에 끌리게 됩니다. 그는 그 생각에 가장 어울리는 육체를 찾아갑니다. 그때 그의 좋고 나쁜 모든 행위와 생각과 경험과 그가 받았던 느낌들도 함께 따라갑니다. 풀잎 위를 기어다니는 벌레가 풀잎 끝에 다다르면 몸을 뻗쳐 문득 다른 풀잎 위로 옮겨가듯이, 참 자아는 자신의 경험을 그대로 가지고 이 육체에서 또 다른 육체로 옮겨갑니다.

—《브리하다란야카 우파니샤드》 제4부 4장 2-3절

그리고 죽은 다음에는
참 자아가 어떻게 되는지에 대해서도 가르쳐 주리라.
참 자아를 깨닫지 못한 사람은
자신의 영적인 성숙 정도에 따라
자신에게 알맞은 육체를 입기 위해
새로운 자궁을 찾아간다.
어떤 사람은 보다 높은 차원의 몸을 입고 태어나며
어떤 사람은 낮은 차원의 몸을 입고 다시 태어난다.
누가 강제로 그렇게 시키는 것이 아니라,
자신의 영적인 각성 수준에 따라
스스로 자신의 몸을 선택하는 것이다.

—《카타 우파니샤드》 제2부 2장 6-7절

《우파니샤드》의 현자들은 쓸데없이 괴로움만 경험하는 영혼의 윤회를 부정적으로만 보지 않는다. 그들은 윤회도 궁극적으로는 영혼이 깨달음을 향해 성숙해 나가는 과정으로 보고 있다.

무슨 음식을 먹고 마시느냐에 따라
육체의 상태가 변하듯이,
육체 속에 갇혀 있던 영혼은
무엇을 보고 무엇을 듣고 무슨 생각을 하느냐에 따라
육체가 행한 행위에 알맞은
새로운 육체와 환경 속에 다시 태어난다.
영혼은 이전 생의 상태에 따라
그에 어울리는 모습으로 다시 육체를 입는다.
새로운 육체의 성질이
무거울 수도 있고 가벼울 수도 있다.
어쨌든 이전 생의 행위에 가장 잘 어울리는 모습,
영혼의 성숙에 가장 적합한 모습을 취한다.
—《슈베타슈바타라 우파니샤드》 5장 11-12절

4. 요가[合一] / 모크샤[解脫]

'요가'란 궁극적인 실재인 브라만 또는 아트만과 '하나가 되는 것'이고, '모크샤'는 브라만 속으로 녹아들어가 그와 하나 됨으로써 모든 구속과 윤회의 쳇바퀴에서 '풀려난 상태'를 말한다.

파탄잘리는 요가에 대해 이렇게 말한다.

요가란 마음속에서 일어나는 생각의 흐름을 지우는 것이다. 그러면 사람은 자신의 진정한 본성에 머무르게 된다.

—《요가수트라》1장 2-3절

모든 인식 작용은 '내가 이것을 안다'는 식의 에고 의식[我想]을 불러 일으킨다. '내가 안다'고 생각하는 것은 에고이지 참 자아인 아트만이 아니다. 에고 의식은 마음이나 감각 등을 참 자아와 동일시하는 데서 생긴다. 마음이나 감각은 마야의 영역에 속해 있다.

외부로부터 어떤 사건이나 사물이 감각에 의해 받아들여지면 마음속에서 생각이 일어난다. 에고 의식은 그 생각을 자신과 동일시한다. 즐거운 생각이 들면, 에고 의식은 '나는 행복하다'고 느낀다. 반대로 즐겁지 않은 생각이 들면 '나는 행복하지 않다'고 느낀다. 이 그릇된 동일시가 모든 불행의 원인이다. 즐거운 생각이라 할지라도, 그런 일시적인 에고의 즐거움은 즐거움을 주는 대상에 집착하도록 만들어서 결국은 대상의 변화에 따라 불행하게 될 가능성을 준비하는 것이다.

참 자아 아트만은 에고의 생각의 흐름에 영향을 받지 않고 영원히 순수하고 자유로운 상태에 머물고 있다. 개체로서의 '나'라는 에고 의식이 있는 동안, 곧 생각의 흐름과 자기 자신을 동일시하는 동안에는 결코 참 자아 아트만을 알지 못한다. 그렇기 때문에 참 자아 아트만을 깨닫기 위해서는, 생각의 흐름을 통제하여 마음속에서 일어나는 생각이 내 생각이라는 그릇된 에고 의식을 깨뜨려 버려야 한다. 파탄잘리는 이렇게 에고 의식을 소멸시켜 아트만 자리에 머무는 것을 '요가'라고 말하는 것이다.

《우파니샤드》에서 죽음의 신 야마는 참 자아가 무엇이냐고 묻는 나치케타에게 요가 상태에 들어가야 참 자아를 깨달을 수 있다고 말한다.

그는 이렇게 말한다.

> 의식이 흔들리지 않으면
> 마음이 고요해지고,
> 마음이 고요해지면
> 감각기관의 활동도 멈춘다.
> 현자들은 이런 상태를
> 최상의 단계라고 부른다.
> 생각의 흐름이 멎은
> 이런 완벽한 정지와 합일상태를
> '요가'라고 부른다.
> 흔들리지 않고 이 상태에 머물러야 한다.
> 그렇지 않으면 합일에 대한 느낌과
> 분별에 대한 느낌 사이를 오락가락하게 된다.
> (…)
> 두 개의 자아가 있다.
> 하나는 '나'라는 에고 의식이며
> 다른 하나는 나눌 수 없는 참 자아이다.
> '나'와 '나의 것'이라는 에고 의식을 넘어가는 사람은
> 참 자아가 진정한 자기라는 깨달음에 이른다.
> 마음속에 있는 모든 욕망을 포기하면
> 죽을 존재가 불멸의 존재가 된다.
> 가슴을 얽어매고 있는 모든 매듭이 풀리면
> 죽을 존재가 불멸의 존재가 된다.
> —《카타 우파니샤드》 제2부 3장 10-15절

《우파니샤드》의 현자는 한 나뭇가지에 앉아 있는 두 마리 새에 대한 아름다운 비유에서 이렇게 말한다.

> 늘 함께 다니는 정다운 새 두 마리가
> 같은 나뭇가지에 앉아 있다.
> 그 가운데 한 마리는
> 열매를 따먹느라고 정신이 없다.
> 하지만 다른 한 마리는 아무 집착이 없이
> 열매를 탐닉하고 있는 친구를
> 초연하게 바라보고만 있다.
> 열매를 탐닉하고 있는 새는 에고이고,
> 그냥 바라보고만 있는 새는 참 자아이다.
> 그 둘이 함께 앉아 있는 나무는 육체이고
> 열매를 탐닉하는 새가 따먹고 있는 열매는 행위이다.
> 에고를 자기라고 생각하는 동안엔
> 열매를 탐닉하고 있는 새처럼
> 집착과 슬픔에서 벗어나지 못한다.
> 그러나 자신의 참 자아 브라만을 깨달으면
> 열매를 따먹는 새를 초연하게 바라보는 새처럼
> 슬픔에 젖지 않는다.
> —《문다카 우파니샤드》 제3부 1장 1-3절

《우파니샤드》의 현자는 우주적인 합일 또는 궁극적인 요가 상태에 들어가는 길로 명상을 제시한다.

깊은 명상을 통해
생명의 기운에 불을 붙여라.
숨을 조절하고 마음을 제어하라.
신성한 기운에 흠뻑 젖어
모든 것이 하나로 녹아드는
합일의 상태를 성취하라.
—《슈베타슈바타라 우파니샤드》 2장 6절

지혜로운 구도자는 깊은 명상을 통해,
모든 개념과 시간 너머에 있는 참 자아를 깨닫는다.
—《카타 우파니샤드》 제1부 2장 12절

마음을 한 곳에 집중하여,
흔들리지 않고 고요하게 머무는 수행을 통해
초감각적인 지혜를 얻은 사람만이
브라만을 체험할 수 있다.
집중하는 명상을 통해
의식 속으로 점점 더 깊이 들어갈 수 있다.
하나의 근원에 집중하는 명상을 통해
언어와 마음의 세계를 넘어
참 자아의 빛의 차원으로 들어갈 수 있다.
—《카타 우파니샤드》 제1부 3장 12-13절

브라만에 대한 명상이 깊어지면
육체에 대한 의식이 소멸된다.

그러면 브라만 속으로 녹아들어가 그와 하나 되어
더 이상 아무런 욕망이나 갈망이 일어나지 않는
충족감으로 충만한 제3의 차원에 이른다.
—《슈베타슈바타라 우파니샤드》 1장 11절

브라만은 형상이 없다.
그래서 눈으로는 그를 볼 수 없다.
그는 깊은 명상 속에서
가슴으로 깨달을 수 있을 뿐이다.
그를 깨닫는 사람은 불멸에 이른다.
—《슈베타슈바타라 우파니샤드》 4장 20절

참 자아에 정신을 집중하여 명상함으로써 참 자아를 깨닫고, 모든 것에서 참 자아를 보며 참 자아 안에서 기쁨을 느끼는 사람은 자유 속에서 살게 된다. 그가 머무는 곳은 어디든지 그의 편안한 안식처가 될 것이다.
—《찬도기야 우파니샤드》 제7부 25장 2절

명상을 통해 궁극적인 존재인 브라만 또는 참 자아 아트만과 합일을 이룬 사람은 다시는 생사윤회의 길로 돌아오지 않는다. 그는 죽음을 넘어 불멸에 이른다. 이것이 모크샤 곧 해탈이다.《우파니샤드》의 현자들은 말한다.

참 자아를 깨닫고 합일상태에 도달한 사람은
순수한 빛을 발하고 있는 브라만만을 본다.

그는 육체에 관련된 모든 욕망을 버리고
불멸의 브라만과 하나 됨으로써
태어남과 죽음이 반복되는
윤회의 바다를 영원히 건너간다.
—《문다카 우파니샤드》 제3부 2장 1절

세상은 브라만의 거대한 바퀴이다.
쉬지 않고 돌고 있는 그 바퀴 속에서
생명체의 탄생과 죽음이 끝없이 이어지고 있다.
세상은 브라만의 거대한 강이다.
브라만에서 흘러나와 브라만으로 흘러들어 가는
그 강물의 수많은 갈래와 출렁임 속에서
뭇 존재들의 태어남과 죽음,
울고 웃음이 끝없이 이어지고 있다.
개체적인 자아는 자기를 독립적인 존재로 믿으며
생과 생을 이어가면서
태어남과 죽음을 반복한다.
그러나 브라만과 하나임을 깨달으면
나눌 수 없는 전체 속에 통합되어 불멸에 이른다.
—《슈베타슈바타라 우파니샤드》 1장 4-6절

사랑하는 친구여, 형태도 없고 그림자도 없는 순수한 참 자아를 아는 사람은 모든 것을 알게 되며, 불멸의 존재와 하나가 된다. 사랑하는 친구여, 의식과 감각과 생명의 불꽃과 모든 물질의 근원인 참 자아를 알게 되면 모든 것을 알게 되며, 모든 존재의 가슴속에 머물고 있는 참 자아와 하나가 되어 자신의 의식이 우주적인 의식으로 확장된다.
—《프라쉬나 우파니샤드》 4장 10-11절

중요한 것은 모든 속박에서 풀려나 불멸과 지고한 자유의 경지에 들어가는 것이 죽은 다음에 일어나는 것이 아니라 '지금-여기'에서의 경험이어야 한다는 사실이다. 자나카 왕의 질문에 대해 성자 야즈나발키야는 이렇게 대답한다.

'마음속에 있는 모든 욕망을 포기하면
죽을 존재가 불멸의 존재가 된다.
가슴을 얽어매고 있는 모든 매듭이 풀리면
죽을 존재가 불멸의 존재가 된다.
그는 이 세상에 살면서도 완전한 자유를 누린다.'
그의 육체는 뱀이 벗어놓은 묵은 껍질처럼 미련 없이 아무렇게나 버려질 것이지만, 그의 참 자아는 육체의 속박에서 벗어나 무한한 생명이자 영원한 빛인 브라만과 하나가 됩니다.
—《브리하다란야카 우파니샤드》 제4부 4장 7절

《우파니샤드》 현자들의 이 가슴 벅찬 메시지가 독자들의 가슴속에서 공명의 진동을 일으키길 바라면서, 마지막으로 죽음의 신 야마의 가르침을 인용해 본다.

경전 공부나 지식을 통해서는
결코 참 자아를 깨닫지 못한다.

참 자아는 참 자아를 찾고 구하는 자에게
스스로 자신의 모습을 드러낸다.
—《카타 우파니샤드》 제1부 2장 23절

《우파니샤드》의 철학

1.《우파니샤드》의 깨달음

시 형태의 신화와 상징으로 기록된《베다》는《우파니샤드》에 이르러서 보다 철학적인 형태로 발전되었다.《우파니샤드》는《베다》시대 말기인 B. C. 8세기 무렵부터 형성되기 시작하여 B. C. 3세기 무렵에는 주요한《우파니샤드》가 거의 완성되었다.

《우파니샤드》가 형성된 시기는 인류의 역사에서 아주 특별한 의미를 지니고 있다. 이 시기는 동서양을 막론하고 정신의 꽃이 활짝 핀 시대였다. 칼 야스퍼스(Karl Jaspers)는 이 시기를 인류 정신의 '축(軸)의 시대(Axial Era)'라고 했다. 이 시기에 중국에서는 노자, 장자, 열자, 공자, 맹자, 순자, 묵자 등이 나왔고, 그리스에서는 탈레스, 아낙시만드로스, 프로타고라스, 플로티누스, 소크라테스, 플라톤, 아리스토텔레스 등이 나왔으며, 인도에서는 이름이 알려지지 않은《우파니샤드》의 현자들과 붓다와 자이나교의 시조 마하비라 등이 나왔다. 이스라엘에서는 이사야와 예레미야 등 기라성 같은 예언자들과 이스라엘의 종교를 부활시킨 제2의 모세 에스라가 나왔으며, 이란에서는 짜라투스트라의 예언이 불꽃을 피웠다. 아마 제각각 흔들리던 여러 개의 시계추가 서로 공명하여 동일한 진동으로 흔들리듯, 그 시대에 지구를 둘러싼 의식의 흐름이 그러했던 모양이다.

이 시기 이후의 인류정신 역사는 이 시기에 나온 사상과 가르침을 해석하거나 보완하는 수준에서 크게 벗어나지 못했다. 서양의 철학사가 그러하고 인도와 중국의 종교와 철학사가 그러하다. 기독교의 출발점인 예수는 이 시대가 지난 다음에 출현했다. 그러나 서방으로 전파된 기독교는 바울과 초대교회 교부(敎父)들의 시대를 거치면서 서양철학의 영향권 안에서 신학을 형성했고, 이후 서구 기독교 신학의 흐름은 서양철학의 흐름과 그 궤를 같이할 수밖에 없었다. 동방으로 전파된 기독교는 그 시대 인도와 중국불교의 명상과 수행 전통의 영향을 깊이 받았다. 그래서 동방교회에서는 수도원이나 은둔 수행자가 많이 나왔다.

예수의 출현은 '축의 시대'가 지난 훨씬 뒤일지라도, 기독교의 역사는 서방교회이든 동방교회이든 '축의 시대'에 형성된 사상의 영향권에서 벗어나지 못했다. 어찌 보면 예수를 당시 외적인 수준에 머물고 있던 종교를 '축의 시대'에 형성된 정신으로 내면화시킨 인물이라고 볼 수도 있다.

'축의 시대'의 특징은 신화적인 상상력의 세계에서 이성적인 사고가 발현되어 나온 데 있다. 역사가 시작된 때부터, 아니 좀 더 정확하게 말하자면 인간이 언어를 처음으로 사용하기 시작한 때부터 인간은 상상과 직관의 세계에서 살았다. 그 세계에서는 감각, 느낌, 욕망, 생각, 의지 등의 정신 작용이 춤과 노래와 몸짓과 노래와 그림 등이 어우러진 종교적인 상징들로 표현되었다. 그 시대 사람들은 우주적이며 영적인 신들의 세계를 신화와 상징을 통해 그려냈다.《베다》의 세계가 바로 그런 세계였다. 그런데《우파니샤드》시대에 와서는 이성적인 정신인 이미지와 상징의 장막을 뚫고 나와 개념의 세계를 형성하기 시작했다.

《우파니샤드》시대에 오면 이성이 발현하여 그동안 인간 정신을 지배하고 있던 상상력과 결합한다. 이성이 결여된 상상력의 단계에서는 궁극적인 실재를 느끼기는 하지만 혼란스럽고 분명하지 않다. 하지만 뱃속에 있는 태아가 임신 삼 개월 무렵이 되면 거의 사람에 가까운 형태를 갖추듯이 초기 단계의 상상력 속에는 앞으로 발전될 사고 구조의 흐릿한 윤곽이 포함되어 있다.

아직은 분명하지 않은 그런 태아적인 인식은 이성이 깨어남에 따라 점점 분명한 개념을 형성한다. 인간은 풍부한 이미지와 상징의 언어로 이루어진 신화의 세계 곧 태아적인 인식의 세계에서 수천 년 동안 살았다. 그러다가 '축의 시대'에 이르러 이성이 상징의 장막을 뚫고 들어가 그 뒤에 숨겨져 있던 진리를 발견하게 된 것이다. 이것이 바로《우파니샤드》시대에 일어난 일이다.

인류 역사에서 이 시기가 갖는 중요성은 아무리 과장해도 지나치지 않을 것이다. 이 시기에 인간은 자기 자신을 인식하기 시작했다. 인식의 초점이 자연 현상에서 인간 자신으로 옮겨온 것이다.《우파니샤드》의 주제인 참 자아 아트만에 대한 깨달음이나 '너 자신을 알라'는 델포이 신전의 신탁이 이를 잘 말해 준다. 그러나 이 시대가 전 시대와 단절된 것은 아니다. 오히려 이전에 뿌려진 씨앗이 싹이 튼 시대라고 보는 것이 옳을 것이다. 신화와 상징의 세계를 창조해 낸 상상력 속에 이미 이성이 씨앗의 형태로 잉태되어 있었고, 그 이성이 활동력을 갖게 됨에 따라 신화와 상징 속에 감추어져 있던 궁극적인 실재의 베일이 벗겨지기 시작한 것이다. 인간 정신의 초기 단계의 직관은 명확한 개념이 아니라 상징성이 풍부한 이미지를 통해 표현되었다. 그러던 것이 '축의 시대'에 이르러서 이성의 빛이 강렬해지면서 상징과 이미지의 의미를 해석해 내기 시작했다. 그러나 인간 정신은 이미지와 상징의 도움이 없이는 아무것도 이해하지 못한다.

흐릿했던 직관이 이성의 빛을 받아 명쾌한 직관으로 변해도 그것을 표현하기 위해서는 여전히 이미지와 상징을 필요로 한다. 이것이 바로 '축의 시대'에 시의 꽃이 만발했던 이유이다. 호머를 비롯한 그리스 비극 작가들의 서사시, 중국의《시경》, 히브리 예언자들의 직관과 깨달음의 결과로 나온《구약성서》의 예언서들, 그리고 인도의 대서사시《라마야나》와《마하바라타》 등이 모두 이 시기에 나왔다.

《우파니샤드》는 이렇게 인간 정신이 최고로 고양된 시기에 형성된 문헌이다.《우파니샤드》는 풍부한 상상력을 토대로 한《베다》의 토양에서 싹이 터서 순수한 지혜의 빛으로 그 토양을 비옥하게 변화시켰다.

인간은 육체와 정신과 영이 유기적으로 결합된 존재이다. 인간의 활동은 처음에는 육체적인 활동, 곧 의식주를 해결하려는 노력이나 결혼을 통한 종족 보존, 또는 종교적인 의식과 제사행위와 같은 외적인 활동에 국한되어 있었다. 그러나 어느 시점이 되면 정신능력을 사용하여 언어를 만들고 언어로 신화를 지어내는 등의 과정을 거치면서 거대한 상상력의 세계를 건설한다.

그 후 정신능력이 점점 발달하면 이성적인 사고와 도덕적인 자각 그리고 자기 자신에 대한 인식이 생기기 시작한다. 그리고 정신능력이 어느 경지에 오르면 육체와 정신의 한계를 뛰어넘어, 육체와 정신의 근원이 되는 영적인 실재의 세계를 깨닫는 차원이 열린다.《우파니샤드》는 이런 인간정신 발전의 마지막 단계에서 핀 꽃이다.

《우파니샤드》의 현자들은 브라만, 아트만, 푸루샤 이 세 낱말을 가지고 궁극적인 실재를 표현한다. 하지만 인간의 언어로는 궁극적인 실재의 세계 전체를 정확하게 묘사할 수 없기 때문에 이 세 낱말 가운데 어느 하나도 실재를 표현하는 데 적확한 것은 아니다.

"언어를 만든 것은 인간의 지성이 아니라 육체의 신경조직이다"라는 스리 오로빈도(Sri Aurobindo)의 말처럼, 언어란 원래 감각과 충동의 표현으로 생긴 것이다. 그런데 감각과 충동의 자발적인 표현이던 원시언어는 상상의 세계 속에서 상징 언어로 발전한다. 그런 시점에서 탄생하는 것이 바로 시이다.

이 단계에 이르면 언어는 무의식 속의 원형적인 이미지들을 의식 차원에서 표현하는 매개체로서의 상징 역할을 한다. 그리하여 언어라고 하는 상징을 통해 자기를 둘러싼 세계와 자기 자신을 의식하기 시작한다. 하지만 아직 의식의 초점이 흐리고 분명하지 않다. 그 단계의 언어는 음악, 몸짓, 춤, 그리고 제의적인 행동 등과 분리될 수 없을 정도로 결합되어 있다. 그 상태의 인간은 행동과 결합된 이런 상징적인 언어를 통하여 세계와 자신이 하나임을 체험하고 그 체험을 표현한다. 이성이 외부 세계와 자신을 분명히 구별하는 일은 시간이 훨씬 흐른 다음에 서서히 일어난다.

원시 상태의 인간은 다양한 개체에 대한 개별적인 지식은 별로 가지고 있지 않았다. 그러나 우주를 통일체로 느끼는 감각을 가지고 있었다. 그들은 자연 만물과 일어나는 모든 현상은 우주의 질서에 따라 서로 연관되어 있다고 생각했다. 이것이 《베다》 시대에 살던 인간들의 시각인데, 《우파니샤드》 시대에 이르러서는 막연히 느끼던 우주의 통일성이 이성적으로 점점 더 명확하게 의식되기 시작했고, 그것을 브라만이라고 불렀다.

말로는 브라만이 무엇인지 설명할 수가 없다. 브라만은 모든 것이며 동시에 아무것도 아니다. 그것은 우주 만물과 모든 현상의 근원이다. 하나의 브라만이 만물 속에 깃들어 있다. 땅, 바다, 하늘, 해, 달, 별, 여러 신들로 이루어져 있는 우주 전체는 브라만이라고 하는 공통의 토대 위에서 각자의 개별상을 가지고 있는 것이다.

브라만은 모든 존재의 눈에 보이지 않는 본질로서, 진정한 의미에서 그는 모든 것이다. 하지만 그는 동시에 아무것도 아니다. 《우파니샤드》의 현자는 그를 '네티, 네티(neti, neti)'라고 표현한다(《브리하다란야카 우파니샤드》 제4부 4장 22절). 그런데 '이것도 아니고 저것도 아니다'라는 뜻이다. 이것도 아니고 저것도 아닌 것은 그야말로 아무것도 아닌 것이다.

《우파니샤드》는 인간의 자기 발견에 대한 기록이다. 《우파니샤드》는 이런 질문에 대답하려고 애쓴다. 나는 누구인가? 물질로 구성되어 있는 이 육체가 나인가? 그렇지 않다면 생각하고 느끼고 괴로워하고 즐거워하는 마음이 나인가? 이런 것 말고 진정한 내가 따로 있는가? 있다면 그것은 무엇인가?

《찬도기야 우파니샤드》 제8부 8장에는 자연의 긍정적인 힘을 상징하는 신 인드라와 부정적인 힘을 상징하는 악마 바이로차나가 창조주인 프라자파티에게 진정한 자기가 누구인지 가르쳐 달라고 간청하는 이야기가 나온다. 프라자파티는 진정한 자기 자신이 누구인지 가르쳐 달라는 그들에게 연못을 들여다보라고 말한다. 그래서 그들은 연못으로 달려가서 물에 비친 자신들의 모습을 살펴보았다. 그리고 물에 비친 그 모습 곧 육체를 진정한 자기 자신이라고 생각했다. 악마들의 우두머리인 바이로차나는 곧바로 악마들이 살고 있는 곳으로 달려가서 '육체가 자기'라는 가르침을 폈다. 악마들은 그 가르침을 기쁘게 받아들였다.

그러나 신들의 우두머리인 인드라는 육체가 진정한 자기가 아님을 깨닫고 다시 프라자파티를 찾아갔다. 프라자파티는 '네가 꿈속에서 보는 너의 모습이 바로 너의 참모습이다'라고 말했다. 그래서 인드라는 자기 내면의 모습 곧 생각하고 느끼고 욕망을 추구하는 자아가 자기의 진정한 자아라고 생각하게 되었다. 그러나 인드라는 머지않아 정신 또는 마음도 자기가 찾는 진정한 자아가 아님을 깨닫게 되었다. 그래서 다시 프라자파티를 찾아갔다.

프라자파티는 '육체와 정신의 활동이 그치고 깊이 잠이 들면 몸의 모든 감각작용이 멎고 더 이상 꿈도 꾸지 않는다. 이 깊은 잠 상태가 바로 그대의 참 자아이다'라고 가르쳐 주었다. 그래서 인드라는 육체와 정신을 초월한 절대 정적의 상태가 진정한 자아라고 알게 되었다. 그러나 인드라는 만족할 수가 없었다. 왜냐하면 그런 절대 정적의 상태는 자기라는 의식조차 없는 그야말로 어둠 그 자체였기 때문이다.

그래서 인드라는 다시 프라자파티를 찾아갔다. 그때 프라자파티는 깨어 있는 상태, 꿈꾸는 상태, 꿈조차 사라진 깊은 잠 상태를 모두 초월한, 그러나 의식이 투명하게 깨어 있는 네 번째 의식 상태에 대해서 가르쳐 준다.

《우파니샤드》의 현자는 참 자아 아트만이 경험하는 의식의 네 가지 상태에 대해 이렇게 말한다.

> 첫 번째 의식 상태는 '깨어 있는 상태'라고 부른다. 이 상태에서는 모든 감각이 외부를 향하고 있으며, 따라서 외적인 세상만을 인식한다.
> 두 번째 의식 상태는 '꿈꾸는 상태'라고 부른다. 이 상태에서는 모든 감각이 내면을 향한다. 이 상태에서는 과거의 행위나 현재 가지고 있는 욕망과 관련된 주관적인 경험을 한다.
> 세 번째 의식 상태는 '깊이 잠든 상태'라고 부른다. 이 상태에서는 꿈도 꾸지 않으며 욕망과 관련된 주관적인 경험도 하지 않는다. 이 상태에서는 마음이 작용하지 않는다. '너와 나'라고 하는 분리 의식도 사라지고 깊은 평온과 희열에 잠긴다. 이 깊은 평온과 희열에 잠긴 의식이 곧 모든 존재의 가슴속에 머물고 있는, 모든 것을 알고 모든 것을 다스리는 만유의 지배자 프라즈나[숭고한 지혜]이다. 모든 존재는 프라즈나에서 나왔다가 프라즈나 속으로 흡수되어 돌아간다.
> 마지막으로 앞의 세 의식 상태를 초월한 네 번째 의식 상태는 '투리야'라고 부른다. 투리야는 주관적인 상태도 아니고 객관적인 상태도 아니다. 투리야는 감각과 지성을 초월해 있다. 투리야 상태는 의식도 아니고 의식이 아닌 것도 아니다. 이 상태는 인식할 수도 없고 말로 설명할 수도 없다. 이 상태는 포착할 수 없으며 어떤 특징으로 설명할 수도 없고 생각도 할 수 없다. 이 상태에는 어떤 이름도 붙일 수 없다. 이 상태가 곧 무한한 평화와 사랑만이 존재하는 의식의 본질 참 자아 아트만이다. 그가 인생의 지고한 목표이니 그를 깨달아야만 한다.
> —《만두키야 우파니샤드》 3-7절

참 자아는 꿈속에서 여기저기 돌아다니면서 기쁨과 즐거움을 누리고, 선한 것과 악한 것을 보며 온갖 경험을 다 합니다. 하지만 그는 자신의 행위를 그저 바라볼 뿐, 거기에 집착하거나 영향을 받지 않습니다. 그는 꿈에서 깨면 아무것도 변하지 않은 원래의 자리로 되돌아옵니다. 깨어 있는 상태에서도 마찬가지입니다. 그는 온갖 경험을 다합니다. 그러나 어디에도 집착하거나 영향 받지 않고 그저 지켜보기만 합니다. 그러다가 다시 아무것도 변한 것이 없는 꿈의 상태로 돌아갑니다.

큰 물고기가 강의 양쪽 언덕 사이에서 유유히 헤엄치듯이 이 불멸의 존재는 꿈의 상태와 깨어 있는 상태 사이를 오가며 유유히 노닐고 있는 것입니다.

송골매나 독수리가 하늘을 날아다니다가 지치면 둥지로 돌아와 날개를 접고 쉬는 것처럼, 지고한 참 자아도 꿈도 없는 깊은 잠의 상태로 돌아와 쉽니다. 거기에서는 어떤 꿈도 꾸지 않으며 아무런 갈망도 없습니다.

—《브리하다란야카 우파니샤드》 제4부 3장 16-19절

노자도 이와 비슷한 경지를 노래한다.

사람들은 잔치를 벌이는 것처럼 기뻐하고,
화창한 봄날 전망 좋은 누각에 올라
아름다운 경치를 즐기는 것처럼 좋아하는데…
나 혼자만이 좋다 싫다 감정도 없이,
아무것도 분별 못하는 갓난아이처럼
담담하게 앉아 있구나.

이 세상 근심 걱정 멀리하고,
강물 흐르는 대로 그저 흘러가고 있구나.
세상 사람들은 높은 이상과 야망을 가지고 있는데,
흐리멍덩한 사람은 나뿐인 듯하구나.
세상 사람들은 옳고 그름을 잘도 구별하는데,
나 홀로 멍청한 듯하구나.
세상 사람들은 똑똑하고 영리한데,
나 홀로 어리석어 보이는구나.
그러나 내 마음은,
모든 것을 품고 있는 거대한 바다처럼
고요하고 깨끗하다.
—《도덕경》 20장

《우파니샤드》가 말하는 의식의 네 가지 상태를 다른 방법으로 표현할 수도 있다. 화려한 현상계의 삶은 우리가 매일 밤 돌아가는 자연의 자궁 곧 무의식의 어둠에서 나온 것이다. 그 어둠 속에는 우리를 포함한 자연 만물이 구체적인 형태를 갖추지 않은 채 일체가 되어 있다.

모든 존재가 자연이라는 어머니의 자궁 안에 존재하고 있다. 그런데 자연의 자궁, 곧 무의식의 어둠 속에 해와 달과 별, 그리고 산과 강과 바다 등의 모든 형상이 잠재되어 있듯이 앞으로 태어날 모든 생명과 의식도 그 안에 씨앗의 형태로 잠재되어 있다. 자궁 안에 있는 태아가 여러 기관의 모습을 갖추며 자라나는 것처럼, 모든 존재들도 자연이라는 자궁 속에서 모습을 갖추어 나간다.

그리하여 때가 되면 대지는 풀과 나무와 꽃을 피워낸다. 대지에서 자라나는 그 모든 생명체들은 대지의 어두운 자궁 속에 잠재되어 있다가 태양의 빛을 받으며 대지 위로 모습을 드러낸다. 생명과 의식은 처음부터 물질 속에 깃들어 있다. 대지와 대지의 자궁 안에 잠들어 있는 모든 생명체의 씨앗들은 '깊은 잠의 상태'에서 '꿈꾸는 상태'로 서서히 깨어난다. 그래서 동물 차원의 의식 상태에 도달한다. 동물 차원의 의식 상태는 '꿈꾸는 상태'이다. 동물 차원의 의식은 감각과 감정, 그리고 기억과 미숙한 지능을 가지고 있다. 이 차원에 있는 존재들은 의식이 깨어나기는 했지만 아직 자아의식은 없다. 그들은 충동에 따라 행동한다.

그러나 의식 상태가 인간의 수준에 이르면 자아의식이 깨어나며, '꿈꾸는 상태'에서 '깨어 있는 상태'로 진입한다. 인간은 자기 자신과 외적인 세상에 대한 의식을 갖기 시작한다. 자기와 외적인 세상을 분리해서 볼 줄도 알고, 충동과 욕망을 억제할 줄도 알며, 반성할 줄도 알게 된다. 처음부터 물질 속에 잠재되어 있던 의식이 해와 달과 별을 만들고, 생명체의 세포를 만들고, 풀과 나무를 만들고, 온갖 동물을 만들어 오다가 인간에 이르러 명백한 의식으로 깨어나는 것이다.

인간의 의식 상태에 도달하면, 거기서부터 인간의 실존 드라마가 시작된다. 인간은 스스로 감각과 충동의 노예로 전락해 버릴 수도 있고, 자신 속에 내재되어 있는 이성과 의식의 근원을 발견하여 모든 것의 근원인 '순수의식 상태' 곧 투리야에 도달할 수도 있다. 《우파니샤드》가 거듭거듭 강조하는 것이 이 '순수의식 상태'에 대한 깨달음이다.

《베다》 시대 전체를 통하여 인간의 의식이 성숙하고 있었지만 그 당시 의식은 상상력으로 가득 차 있었다. 《베다》는 궁극적인 실재의 능력을 신비롭게 간직하고 있는 신들과 악마들의 이야기로 가득 차 있다.

그러나 《우파니샤드》 시대에 이르면 상징과 신화라고 하는 《베다》의 의식세계를 벗어나서 궁극적인 실재를 직관적으로 깨닫는 단계에 도달한다. 《베다》 시대 인간의 의식은 우주적 '통일체(ekam sat)'에 대한 직관에는 이르지 못하고 '이름(name)과 형상(rupa)'으로 구별되는 분별의식 속에 있었다. 절대자아 의식, 곧 참 자아 아트만에 대한 직관적인 깨달음은 《우파니샤드》 시대에 이르러서야 꽃이 피었다.

《우파니샤드》의 직관적인 통찰을 이해하기 위해서는 의식의 대전환이 필요하다. 《우파니샤드》가 말하고 있는 궁극적인 실재는 모든 인간 경험의 근원이자 의식이 도달할 수 있는 마지막 자리이다. 《우파니샤드》의 현자들은 그 궁극적인 실재를 깨닫고 자신들의 깨달음을 제자에게 전했다. 이렇게 형성된 《우파니샤드》는 인도의 지혜가 담긴 귀중한 문헌으로 취급되며 오늘날까지 전해 내려왔다. 물론 불교나 도교의 전승과 이슬람교의 신비전통 속에도 궁극적인 실재에 대한 깨달음이 존재한다. 그런 깨달음은 그리스도교 전통에도 있다.

그리스도교의 경우 궁극적인 실재에 대한 직관적인 깨달음은 초기 단계부터 존재했으며, 그 흔적이 복음서에 남아 있다. 그러나 세월이 흐르면서 깨달음의 빛은 점점 흐려지게 되었고, 현재 서구 그리스도교의 경우에는 깨달음의 자취마저도 찾아보기 힘들 정도가 되어 버렸다. 그런데 《우파니샤드》 속에는 궁극적인 실재에 대한 깨달음의 원형적인 모습이 비교적 명백하게 남아 있다. 하지만 《우파니샤드》가 말하고 있는 궁극적인 실재에 대한 깨달음에 공명하기 위해서는 정신적인 준비가 선행되어야 한다.

궁극적인 실재에 대한 깨달음은 공부나 노력을 통해서 얻을 수 있는 것이 아니다. 궁극적인 실재는 자신이 선택한 자에게 자기 자신을 드러내 보인다.

《카타 우파니샤드》에서 죽음의 신 야마는 이렇게 말한다. "경전 공부나 지식을 통해서는 결코 참 자아를 깨닫지 못한다. 참 자아는 참 자아를 찾고 구하는 자에게 스스로 자신의 모습을 드러낸다."(제1부 2장 23절) 이런 이야기는 많은 사람들에게 걸림돌이 될 것이다. 그러나 현대의 과학이나 철학이 《베다》에 대한 지식이나 낱말의 어원 연구 등으로 《우파니샤드》의 깨달음을 이해할 수 있으리라고 생각한다면 그건 오해도 이만 저만한 오해가 아니다. 《우파니샤드》의 깨달음을 이해하려면 정신의 일대 전환이 있어야만 한다. 정신의 방향이 이성적인 지식의 차원에서 직관적인 지혜의 차원으로 바뀌지 않으면 《우파니샤드》 현자들의 통찰을 이해하지 못한다.

《우파니샤드》의 비밀스러운 가르침을 이해하기 위해서는 《카타 우파니샤드》가 좋은 자료가 될 것이다. 《카타 우파니샤드》는 전체 《우파니샤드》의 성립 시기로 볼 때 중기인 B. C. 500년 무렵에 형성된 길지 않은 경전이다. 이것은 산문 형태로 기록된 초기의 《우파니샤드》-예를 들어 《브리하다란야카 우파니샤드》나 《찬도기야 우파니샤드》-와는 달리 운문으로 되어 있으며, 죽음의 신 야마(Yama)가 나치케타라고 하는 젊은이에게 비밀스런 가르침을 전수하는 내용으로 되어 있다.

《카타 우파니샤드》는 나치케타가 죽음의 신 야마의 가르침을 받기 위해 사자(死者)의 왕국으로 내려가는 장면에서 시작한다. 이 도입 부분은 깊은 의미가 있다. 왜냐하면 궁극적인 진리를 깨닫기 위해서는 반드시 죽음이라는 통과의례를 거쳐야 된다는 것이 모든 종교 전통의 주장이기 때문이다.

베르길리우스의 서사시 《아이네이스(Aeneas)》에서 주인공 아이네아스가 지하세계로 내려가는 이야기나, 단테의 《신곡》에서 단테가 지옥으로 내려가는 이야기도 모두 같은 의미를 지니고 있다. 그리스도교의 경우에도 새 생명에 이르기 위한 죽음을 상징하는 세례가 있다. 사도 바울은 이렇게 말한다. "그리스도 예수와 연합하는 세례를 받은 우리가 그의 죽음과 연합하는 세례를 받은 것임을 여러분이 알지 못합니까?"(《로마서》 6장 3절) 선가(禪家)에서는 '대사일번 절후소생(大死一番, 絶後蘇生)'이라는 말을 쓴다. 크게 한 번 죽은 다음에 다시 살아난다는 뜻이다. 진리의 세계에 이르기 위해서는 먼저 이 세상과 자기 자신에 대해서 죽어야만 하는 것이다.

나치케타는 죽음의 신 야마에게 '죽음 저편에 무엇이 있는가?'라는 질문을 한다. 이 질문은 인류가 끊임없이 던져온 질문이다. 그러나 이성 차원에서는 이 질문에 대한 대답이 주어지지 않는다. 나치케타의 질문에 야마는 이렇게 대답한다. "참 자아에 대한 깨달음은 논리나 학식으로 얻을 수 없다. 오직 참 자아를 깨닫고 그 자리에 머물고 있는 스승 가까이에 앉음으로써만 그 체험에 도달할 수 있다."(제1부 2장 9절) 죽음 저편, 곧 참 자아에 대한 깨달음은 죽음이라는 통과의례를 거쳐 죽음 너머의 새로운 생명을 체험한 사람만이 알 수 있다는 뜻이다.

죽음의 신 야마는 또 이렇게 말한다. "지혜로운 구도자는 깊은 명상을 통해, 모든 개념과 시간 너머에 있는 참 자아를 깨닫는다. 심장의 동굴 속에 깊숙이 숨어 있는 참 자아를 깨닫는 사람은 고통과 슬픔이 없는 세계에 도달한다."(제1부 2장 12절) 여기서 야마가 말하는 '깊은 명상'

이란 곧 이 세상과 자기 자신에 대한 죽음이다. 깊은 명상 곧 죽음을 통하여 어두운 심장의 동굴 속으로 들어간다. 이 죽음은 자연의 자궁으로 되돌아감이며, 자기가 나온 원초적인 어둠으로의 회귀이다. 감각이나 상상력이나 이성 차원에서는 원초적인 어둠을 통찰할 수 없다. 그러나 모든 개념과 시간이 사라진 원초적인 어둠 속에 몸을 던지면, 그 세계가 빛과 기쁨으로 충만한 세계임을 체험하게 된다. 그 세계가 우리의 근원이고 본질이다.

깊은 명상을 통해 정신적인 죽음을 경험한 사람은 인간의 원형(原形)인 '푸루샤(Purusha)'의 세계로 진입한다. 푸루샤는 몸의 1/4은 이 땅에 있고 3/4은 하늘에 있는 '우주적인 사람'이다. 푸루샤는 이슬람 전통에서 말하는 우주의 '기둥(qutb)' 또는 히브리 신비주의 전통에서 말하는 '아담 카드몬(Adam Kadmon)'과 비슷한 상징으로써 인간의 원형(原形)을 가리키는 말이다.

여러 종교 전통에서 말하고 있는 우주적인 사람에 대한 상징은 사람 속에 우주가 들어 있다는 인식에서 만들어진 것이다. 인간의 몸은 지구라고 하는 작은 혹성 위에서 아주 작은 공간을 차지하고 있다. 하지만 그의 정신 속에는 우주가 내재되어 있다. 이에 대해 《찬도기야 우파니샤드》는 이렇게 말하고 있다. "육체는 브라만이 머물고 있는 도성(都城)이다. 이 도성에는 '작은 연꽃[심장]'이 있고, 이 작은 연꽃 속에는 또 '작은 공간'이 있다. 이 '작은 공간' 속에 무엇이 있는가? 그걸 탐구하고 깨달아야 한다. … 저 허공이 무한하듯 심장 안의 공간도 무한하다. 저 하늘과 이 땅은 모두 이 심장 속 공간 안에 들어 있다. 불과 바람, 해와 달, 번갯불과 별이 모두 이 심장 속 공간 안에 들어 있다. 지금 이 세상에 있

는 것과 아직 없는 것조차도 모두 이 속에 들어 있다."(제8부 1장 1-3절)

우주는 물질 원리와 정신 원리로 이루어져 있다. 인간은 그 두 원리가 유기적인 통일을 이룬 존재이다. 그래서 인간을 소우주(小宇宙)라고 한다. 말을 바꾸면 우주를 대인간(大人間)라고 할 수 있는데, 바로 이 대인간이 푸루샤 곧 우주적인 사람 또는 원형인간인 것이다. 따라서 대인간인 푸루샤는 물질과 정신이 완벽한 조화를 이루고 있는 우주적인 통일체의 상징이다.

푸루샤는 만물을 포함하고 있으면서 동시에 만물을 초월한 우주적인 인격이다. 그는 물질과 의식 또는 육체와 정신을 초월적인 의식의 통일성 속에 통합시키는 영적인 원리이다. 《카타 우파니샤드》에는 여러 단계로 이루어진 우주의 구조가 묘사되어 있다. 우주의 구조에 대한 《카타 우파니샤드》의 설명은 이렇다.

감각의 대상이 있음으로써 감각이 생기고,
감각의 대상은 마음이 있음으로써 인식되며,
마음 너머에는 직관적인 지성이 있고,
직관적인 지성 너머에는 우주의식이 있다.
우주의식 너머에는 모든 것을 품고 있으나
아직 현실화되지 않은 잠재적인 가능성 차원이 있고,
잠재적인 가능성 너머에는 푸루샤가 있다.
푸루샤 너머에는 아무것도 없다.
푸루샤가 곧 우주적인 의식인 브라만이다.
그러므로 브라만이 제1원인이며,
마지막 귀의처이다.

—제1부 3장 10-11절

이것이 바로 베단타 철학이 말하는 우주의 기본 구조이다. 가장 낮은 차원에 감각(indriyas) 또는 감각기관이 있고, 그 다음에 감각의 대상(bhuta) 세계가 존재하며, 그 다음 차원에는 정신적인 지각인 '마나스(manas, 마음)'가 존재한다. 마나스는 감각이 받아들인 정보를 추론하는 지각이다. 이 차원의 지각은 감각에 의존하기 때문에 혼란스럽고 단편적이다. '마나스' 차원을 넘어가면 직관적인 순수 지성인 '붓디(buddhi)'의 세계가 열린다.

'붓디'는 '순수이성'이라고 번역되는 아리스토텔레스 철학의 '누스'나 '지성'으로 번역되는 토마스 아퀴나스의 '인텔렉투스(intellectus)'에 해당하는 개념으로 볼 수 있다. 붓디 차원은 인간의 정신이 신적인 빛을 받아들이는 자리다. 신적인 빛은 붓디 차원을 거쳐 마나스와 감각 차원까지 도달한다. 따라서 붓디 차원이 신적인 빛을 향해서 열리지 않으면 영적인 어둠 속에 있게 된다.

붓디 차원 너머에는 '마하트(mahat, 大自我)'의 차원이 있다. 마하트는 일종의 우주적인 의식이다. 수많은 나뭇가지가 하나의 뿌리에서 나왔고, 또 그 뿌리에 연결되어 있다. 개체로서의 인간을 나뭇가지라고 한다면 마하트는 뿌리에 해당한다. 마하트는 인간의 정신이 우주적인 정신과 교감하는 의식영역이다. 불교에서는 마하트를 '의식의 창고(alaya-vignana, 아뢰야식[阿賴耶識], 제8識)'라고 부르는데, 플라톤이 말한 이데아 세계와 상응하는 개념이다.

물질세계에 존재하는 모든 사물은 의식을 가지고 있다. 데카르트에 의해 전파된 물질관, 곧 물질은 정신과 상관없이 시간과 공간 속에 객관적으로 존재한다는 생각은 일종의 착각이다. 《우파니샤드》는 그런 착각을 '마야(maya, 幻影)'라고 부른다. 마야는 인간의 마음이 빚어내는 허상이다. 물질도 의식을 가지고 있다. 아니 물질이라는 것이 의식의 한 형태이다. 물질세계는 의식이 반영된 현상이다.

고대인들은 모든 사물에는 반드시 그에 상응하는 영적인 짝이 있다고 생각했다. 플라톤이 말한 '이데아 세계에 존재하는 개별적인 이데아들', 아리스토텔레스와 아라비아 철학자들이 말한 '지성적인 존재들', 그리스 교부들과 스콜라 철학자들이 말한 '천사들'은 모두 물질세계에 존재하는 사물들의 영적인 짝에 해당한다. 《베다》에 나오는 수많은 '신(devas)'도 같은 부류에 속한다.

신들과 천사들은 다분히 신화적이고 상징적인 존재이다. 하지만 허구적인 상징이 아니라 실제로 존재하는 것들의 상징이라는 사실이 중요하다. 신들과 천사들은 우주를 다스리는 여러 가지 힘의 상징이다. 사도 바울은 그것을 '하늘에 있는 권세들'이라고 부른다. 우주를 다스리는 힘 또는 자연현상을 주관하는 수많은 힘은 모두 어떤 특정한 의식이 반영된 현상이며, 이런 모든 의식은 우주적인 의식인 마하트 영역에 포함되어 있다.

우주를 다스리는 힘과 원리, 곧 우주적인 권세들 가운데 인간의 기준으로 보면 선한 존재도 있고 악한 존재도 있다. 선한 신이 있는가 하면 악마가 있고, 선한 천사가 있는가 하면 악한 영도 있다. 현대 심층심리학자들은 신과 악마, 천사와 악한 영들이 모두 인간의 무의식 속에서 활동하고 있는 실제적인 의식의 힘을 상징하는 존재들이라고 말한다. 무의식 층에서 활동하고 있는 영적인 세력들은 서로 분리된 존재가 아니다. 그들은 우주라고 하는 유기적인 통일체를 구성하고 있는 부분들이며, 긍정적인 힘과 부정적인 힘이 작용과 반작용처럼 함께 활동하고 있다. 히브리 전승에서는 부정적인 힘을 '사탄'이라고 부른다. '사탄'의 글자대로의 뜻은 '속이는 자' 또는 '분열을 일으키는 자'인데,《우파니샤드》 용어로 말하자면 사탄은 마야[幻影]의 근원이라고 할 수 있다.

《카타 우파니샤드》는 우주적인 의식인 마하트 차원 너머에는 잠재적인 가능성의 세계인 '아브야크타(avyakta)' 차원이 있다고 말한다.《카타 우파니샤드》는 아브야크타를 언급하면서 두 개의 궁극적인 우주질서에 대한 이야기에 초점을 맞춘다. 힌두철학 가운데서 가장 먼저 체계화된 상키야 철학에서는 그 두 개의 궁극적인 우주질서를 '프라크리티'와 '푸루샤'라고 부르고 있는데, 프라크리티는 아직 현상으로 나타나지는 않았지만 현상으로 나타날 가능성과 잠재력을 지니고 있는, 아리스토텔레스의 개념을 빌자면 그로부터 우주만물이 생성되어 나오는 '제1질료(第一質料)'를 가리킨다.

아브야크타는 '프라크리티의 근원(Mula-Prakriti)'이다. 아브야크타는 우주의 자궁이다. 아브야크타 안에는 미래에 생성될 모든 물질과 정신이 씨앗으로 감추어져 있다. 인간들뿐만 아니라 신들까지도 원초적인 어둠의 세계인 아브야크타 안에 간직되어 있다. 아브야크타는 불교에서 말하는 '공(空)', 곧 비어 있으면서도 모든 것을 담고 있는 '텅 빈 충만'이다. 아브야크타는 인간 의식의 근원이며,《카타 우파니샤드》가 '거기에서 모는 존재와 의식이 생성되어 나오는 깊은 잠의 차원'이라고 말하고 있는 우주의 심연이다. 아브야크타 곧 잠재적인 가능성 차원인 프라크리티 세계 너머에는 우주적인 원형인간인 푸루샤 차원이 있다. 푸루샤는 궁극적인 차원이다. 그 이상은 없다.

푸루샤는 순수의식이다. 동시에 순수존재이다. 푸루샤 차원에는 의식과 존재 또는 주관과 객관의 분별이 없다. 이런 푸루샤 차원에 도달하는 길은 명상밖에 없다.《카타 우파니샤드》는 푸루샤 차원에 도달하는 명상 방법을 안내해 주고 있다. 요약하면 이렇다.

먼저 마음속에서 말이 사라지도록 해야 한다. 그리하여 의식이 감각 세계에서 분리되어야 한다. 의식이 감각 세계에서 분리된 다음에는 직관적인 의식인 붓디 차원에 들어가서 마음이 빛으로 가득 차게 하고, 그 다음에는 직관의 빛으로 충만해진 개인의 의식을 우주의식인 마하트 속으로 내던져야 한다. 마하트는 우주의식이기는 하지만 여전히 창조된 세계에 속해 있다. 그러므로 마지막으로 우주의식마저도 벗어던지고, 모든 분별심이 사라진 고요한 평화의 상태로 들어가야 한다. 그 마지막 자리가 푸루샤이다.

푸루샤 차원에 들어가면 창조된 모든 세계를 초월하여 지고한 자아인 궁극적인 실재와 하나가 된다. 거기에 도달하면 모든 존재가 하나임을 알게 된다. 브라만, 아트만, 푸루샤는 동일한 존재 또는 동일한 의식을 일컫는 서로 다른 용어에 지나지 않는다. 브라만은 모든 의식과 존재의 근원이며 본질이다. 브라만은 무한하고 영원하다. 아트만은 개별적인 존재 속에 깃들이어 있는 브라만이다. 따라서 아트만도 무한하고 영원하다. 그렇다면 개체적인 자아(지바트만, jivatman)와 신적인 지고한 자아(파라마트만, paramatman)는 어떤 관계를 가지고 있는가? 이에 대해《카타 우파니샤드》는 개체적인 자아와 지고한 자아가 한 존재 속에 함께 머물고 있으며, 개체적인 자아는 지고한 자아의 그림자라고 말한다.

> 심장의 비밀스러운 동굴 속에
> 에고 의식과 지고한 참 자아
> 이 두 존재가 함께 머물고 있다.
> 에고 의식은 잠시도 멈추지 않고
> 쓴 열매와 단 열매를 번갈아 따먹으면서
> 쓴 것은 싫어하고 단 것은 좋아하는
> 희비애락의 파도를 타고 있다.
> 그러나 지고한 참 자아는
> 무엇이 일어나도 좋아하거나 싫어하지 않고
> 그저 지긋이 바라보고 있다.
> 에고 의식은 어둠 속에서 무언가를 열심히 갈망하고 있다.
> 하지만 참 자아는 빛 속에서 조용히 지켜보고 있다.
> 이 둘은 빛과 그림자와 같다.
> — 제1부 3장 1절

《슈베타슈바타라 우파니샤드》는 개체적인 자아와 신적인 지고한 자아를 유명한 두 마리 새의 비유로 설명하고 있다. "서로 떨어질 수 없는 절친한 친구인 새 두 마리가 같은 나뭇가지에 함께 앉아 있다. 그 가운데 한 마리는 달콤하기도 하고 씁쓸하기도 한 열매를 쪼아 먹고 있으며 다른 한 마리는 친구 새가 하는 행위를 묵묵히 지켜보고만 있다. 열매를 탐닉하는 새와 마찬가지로 우리는 우리의 신적인 본성을 잊어버리고 쉬지 않고 변화하는 환영의 덫에 걸려 신음하고 탄식한다. 그러나 영광스러운 신적인 자아를 보게 되면 슬픔에서 벗어난다."(4장 6-7절)

이것은 인간 영혼의 상황을 분명하게 보여주고 있는 구절이다. 인간의 영혼은 감각적인 물질세계와 영적인 세계 사이에 놓여 있다. 그래서 인간의 영혼은 물질세계를 바라볼 수도 있고 영적인 세계를 바라볼 수도 있다. 그런데 물질세계에 초점을 맞추면 혼란스러움과 무력함을 경험하지 않을 수 없으나, 눈을 들어 자신의 신적인 본성을 바라보면 고통과 슬픔이 사라진다.

개체적인 인간의 영혼과 신적인 지고한 자아의 관계는 마치 유리창과 빛의 관계와 같다. 만약 유리창이 죄와 무지로 더렵혀져 있으면 빛이 방 안으로 들어오지 못한다. 그러나 유리창이 깨끗하고 투명하다면 유리창 자체가 밝게 빛나는 것은 물론이고 방 안 전체가 빛으로 가득 찰 것이다. 인간의 개체적인 영혼은 신적인 지고한 자아를 받아들이는 기관이면서, 동시에 자기가 받아들인 신적인 빛을 존재 전체에 비쳐주는 매개자 역할을 한다고 볼 수 있다.

《슈베타슈바타라 우파니샤드》는 개체적인 인간의 영혼이 신적인 지고한 참 자아와 하나가 된 상태를 다음과 같이 아름답게 묘사하고 있다. "거울의 먼지를 닦아내면 처음처럼 맑게 빛나듯이, 수행을 통해 참 자아를 깨닫고 지고한 목표에 도달한 사람에게는 모든 슬픔의 그림자가 사라진다. 등불이 스스로 자기의 모습을 밝게 비추듯이 수행자의 진정한 본성인 브라만이 스스로 자신의 모습을 비춘다."(2장 14-15절)

2. 둘이 없는 하나에 대한 깨달음

인간은 역사의 시초부터 자연과 인간의 의식 배후에 어떤 감추어진 능력이 있음을 알고 있었다. 다시 말해 우주적인 힘에 의해 모든 현상과 변화가 일어나고 있음을 느끼고 있었다. 그러나 인지가 발달함에 따라 자연을 주관하는 우주적인 힘과 느끼고 말하고 행동하는 자신의 능력을 구별하게 되었다. 그럼에도 불구하고 자기를 포함하고 있는 우주를 유기적인 통일체로 보는 감각은 여전히 가지고 있었다. 그들은 하늘과 땅을 움직이는 신들이 자기들의 가슴과 마음속에도 있다고 느끼고 있었고, 신화와 제의 그리고 기도와 제사행위를 통해서 자신들과 우주가 '하나임(unity)'을 체험하는 삶을 살았다.

《베다》 전승의 밑바닥에 흐르고 있는 것이 바로 이 우주를 통일체로 보는 감각이다. 그런데 《우파니샤드》 시대에 오면 우주를 통일체로 유지시키는 힘과 근원에 대해 이름이 붙여진다. 그 이름이 브라만과 아트만이며, 브라만과 아트만의 본질은 깊은 명상을 통해 점차적으로 밝혀졌다. 브라만과 아트만의 본질은 이성적인 논증이나 추리를 통해서 밝혀진 것이 아니라 인간 속에 내재해 있는 지고한 자아인 아트만을 직접 체험함으로써 밝혀졌다.

모든 《우파니샤드》가 표현할 수 있는 한 가장 아름답고 정교하게 다듬어진 언어로 설명하고 전달해 주려고 했던 것이 바로 아트만 체험이다. 이 체험을 한마디로 표현하자면 '사치드아난다(Satchidananda)'라고 할 수 있다. 사치드아난다는 존재(sat), 의식(chit), 희열(ananda)이 합쳐진 말이다. 사치드아난다 체험이란 곧 상대성을 뛰어넘은 순수의식 상태에서 절대존재를 체험하는 희열이 넘치는 상태를 말한다. 브라만은 절대존재이며 순수의식이다. 그리고 그 상태는 희열이다. 이런 브라만과 하나가 되는 것이 사치드아난다 체험이다.

브라만은 인간과 이 세상의 모든 존재 속에 깃들어 있는 의식의 유일한 근원이다.《브리하다란야카 우파니샤드》는 이렇게 말하고 있다. "이 '불멸자'는 보는 자이다. 그러나 그는 눈에 보이지 않는다. 그는 듣는 자이다. 그러나 그는 들리지 않는다. 그는 생각하는 자이다. 그러나 그는 생각의 대상이 아니다. 그는 아는 자이다. 그러나 그는 앎의 대상이 아니다. 볼 수 있고, 들을 수 있고, 생각할 수 있고, 알 수 있는 자는 오직 '불멸자' 자신뿐이다. 그 말고는 아무도 보거나 듣거나 생각하거나 알 수 있는 존재가 없다."(제3부 8장 11절)

그렇다. 우리가 보고 듣고 지각하고 느끼는 것들은 모두 유일한 우주적인 의식이 우리를 통해 활동하는 행위이다. 우리는 그 우주적인 존재의 의식 활동에 참여하고 있기 때문에 그 의식의 활동을 우리의 의식 활동으로 경험하게 되는 것이다.

《우파니샤드》는 우주적인 의식의 특징을 비이원론(非二元論)적인 통일체로 그리고 있다.《우파니샤드》는 이렇게 말한다. "내가 개별적인 존재라는 의식이 있는 동안에는 주객(主客)의 분리가 있소. 보는 자와 보이는 대상, 듣는 자와 들리는 소리, 냄새 맡는 자와 냄새, 말하는 자와 듣는 상대방, 생각하는 자와 생각의 대상, 인식하는 자와 인식의 대상이 구별이 되오. 하지만 참 자아를 깨닫고 참 자아 상태에 들어가면 주객의 분리가 사라진다오. 모든 것이 온통 진정한 자기 자신이라면 누가 누구를 볼 것이며, 누가 누구에게 말을 할 것이며, 누가 누구의 말을 들을 것이며, 누가 누구를 생각할 것이며, 누가 누구에 대해서 어떻게 생각할 수 있겠소? 사랑하는 마이트레이여, 누가 '아는 자'를 알 수 있겠소? 순수의식인 '아는 자'는 인식의 대상이 아니라오."(《브리하다란야카 우파니샤드》 제2부 4장 14절)

마지막 구절에서 '아는 자'는 인식의 대상이 아니라는 말은 만물이 주체와 객체로 분리될 수 없는 통일체임을 밝히는 논리적인 결론이다. 예를 들어 내가 시계를 본다고 하면, 시계는 보이는 대상이고 나는 보는 자 곧 주체적인 존재라고 할 수 있다. 그런데 내가 시계를 보는 자라고 인식하는 또 다른 인식 주체가 있어야만 내가 시계를 보는 자라는 인식이 생길 수 있다.

시계를 보는 자를 제1인식 주체라고 한다면 내가 시계를 보는 자임을 인식하는 인식 주체는 제2인식 주체라고 할 수 있다. 이때에는 제1인식 주체가 알려지는 대상이 되고 제2인식 주체가 아는 자가 된다. 문제는 여기서 끝나지 않는다. 내가 시계를 보는 자(제1인식 주체)임을 아는 자(제2인식 주체)가 별도로 존재하는 것이라면, 이 제2인식 주체를 대상화시켜서 인식하는 또 다른 제2의 인식 주체가 있어야만 하며, 이러한 인식 주체의 전이(轉移)는 끝없이 계속될 것이다. 그러나 제1의 인식 주체와 제2의 인식 주체, 또는 제2의 인식 주체와 제3의 인식 주체는 별도로 존재하지 않는다. 그것들은 주체와 대상으로 나눌 수 없는 통일체이다. 따라서 '아는 자'는 알 수 없다는 말은 이 세상을 주체와 대상 또는 주관과 객관으로 나눌 수 없는 통일체임을 밝혀주는 말인 셈이다.

《우파니샤드》의 이런 구절은 불이일원론(不二一元論, advaita)에 대한 고전적인 가르침이다. 인간의 이성은 감각이 받아들인 정보를 가지고 활동한다. 그리고 이성의 활동에는 필연적으로 주체와 대상의 구별이 생긴다. 심지어는 구체적인 대상이 없는 추상적인 사고에서도 사고의 대상과 생각하는 주체의 구별이 생긴다. 그렇다면 우리는 어떻게 인식 주체인 '나'를 대상화시키지 않고 인식할 수 있을까? 내가 나 자신에 대해서 이야기하거나 생각하는 그 순간 나 자신은 이미 이야기나 생각의 대상으로 바뀐다. 이것이 바로 인간의 이성이 가지고 있는 한계이다. 이성적인 정신은 이렇게 주관과 객관이라고 하는 이원성의 감옥에 갇혀 있는 것이다. 그렇다면 어떻게 하여야 이 정신의 감옥에서 해방될 수 있는 것일까?

힌두교, 불교, 이슬람교, 그리스도교 등 모든 종교 전승은 이성을 초월한 앎이 존재하는 것을 인정하고 있다. 이러한 앎은 감각 기능을 통한 학습으로 형성되는 것이 아니며, 따라서 이성적인 사고의 범주에 포함시킬 수 없다. 이런 앎은 나를 대상화시켜서 그 대상화된 나에 대해서 아는 식의 앎이 아니라, 아는 자 곧 인식 주체에 대한 일종의 깨달음이다.

힌두전승은 이런 앎을 참 자아 아트만에 대한 깨달음이라고 말한다. 이러한 앎 또는 깨달음은 이성적인 정신의 산물이 아니라 하나의 체험이다. 인간의 정신은 자신의 정신 속으로 깊이 침잠할 때 자신의 본질을 직관적으로 깨닫게 된다. 이런 깨달음 속에서는 아는 자와 알려지는 대상이 하나가 된다. 아는 자와 알려지는 대상이 하나가 되는 체험을 힌두전승은 '사치드아난다'라고 부른다. 사치드아난다는 자신의 의식이 절대존재와 순수의식 속으로 녹아들어간 상태이며, 지복감으로 충만한 상태이다. 이렇게 설명은 하지만 사치드아난다는 사실 말로는 설명할 수 없는, 체험으로만 알 수 있는 상태이다.

우리가 경험하는 것은 감각과 이성을 통해 반영된 유일한 실재이다. 그러나 깊은 명상을 통해 시간과 공간 및 이성의 영역을 초월할 때 유일한 실재 그 자체를 체험하게 된다. 그리하여 유한하고 일시적인 경험세계 뒤에는 무한하고 변하지 않는 근거가 있다는 사실과 그 근거인 유일한 실재에서 모든 만물이 비롯되었음을 알게 된다.

우주를 통일체로 보는 이런 비이원론적인 시각은 현상세계의 다양성과 변화를 부정하는 것이 아니다. 오히려 현상세계에 있는 것은 모두 궁극적인 실재의 세계에도 있으며, 궁극적인 실재의 세계에 있는 것은 모두 현상세계에 있다는 것을 말해 주고 있다. 현상세계를 구성하고 있는 모든 요소들, 이를테면 하나의 작은 모래알이나 나뭇잎 하나나 작은 꽃 한 송이 또는 한 마리의 곤충이나 한 명의 인간이 모두 영원한 유일자인 궁극적인 실재의 자기표현이며, 궁극적인 실재 속에는 우주를 구성하고 있는 모든 요소들이 포함되어 있다. 우리 눈에 보이는 것은 우리의 감각과 상상력이라는 거울 속에 비친 궁극적인 실재의 모습이다. 따라서 모든 것을 둘이 아닌 하나로 보는 《우파니샤드》의 불이일원론적인 가르침은 현상세계를 결코 부정하지 않는다.

이 문제와 관련해서 불이일원론 철학을 체계화시킨 샹카라는 다음과 같이 말한다. "브라만을 아는 자는 쾌락의 대상에 의해 생기는 모든 욕망과 기쁨을 어느 하나도 빠뜨리지 않고 모두 즐긴다. 하지만 그는 이 일에서 저 일로 번갈아가면서 그러한 것을 즐기는 것이 아니다. 그는 모든 감각과 욕망을 분별하지 않고 한덩어리로 즐긴다. … 그의 이러한 즐김 또는 지각 상태는 진리(satyam), 지혜(jnanam), 무한(anantam)으로 표현되는 브라만의 본질과 다르지 않다." 그렇다. 변화하는 세상에서 하나의 대상에서 또 하나의 대상으로 생각이 쉬지 않고 옮겨다니는 것은 인간 정신이 가지고 있는 한계이지만, 이 한계를 뛰어넘어 궁극적인 실재에 대한 통짜배기 깨달음을 얻게 되면 부분 속에서 전체를 볼 수 있게 된다. 그리고 현상세계의 끊임없는 변화 속에 변하지 않는 완전한 통일성이 내재되어 있음도 알게 된다.

그러나 의문은 여전히 남는다. 곧 유일한 참 자아인 궁극적인 실재와 하나가 되면 개체적인 자아는 어떻게 되는가? 그때 개체적인 자아는 소멸되어 버리는가? 만약 그렇다면 궁극적인 실재와 하나가 된 사람은 그 순간 현실세계에서 사라져 버릴 것이다. 결론부터 말하자면 개체적인 자아는 사라지는 것이 아니라 그 의식 상태가 변한다. 자기를 개별적인 존재로 보는 분리의식이 사라지고 대신 모든 것을 하나로 보는 통일체 의식이 생기는 것이다.

모든 존재가 유일한 실재의 반영인 것처럼, 한 개인으로서의 인간도 우주적인 의식의 독특한 반영이다. 궁극적인 실재 차원에 들어가도 개체적인 자아의 독특함은 소멸되지 않는다. 그것은 마치 인체를 구성하고 있는 각 기관들이 유기적인 통일체로 한 몸을 이루고 있으면서도 각 기관의 독특한 특성이 사라지지 않고 유지되는 것과 같다. 개인적인 자아는 우주적인 의식의 구성요소이자 우주적인 의식과는 떼려야 뗄 수 없는 유기적인 통일체이다. 각 존재는 우주적인 유일한 인격[푸루샤]을 이루고 있는 '하나의 인격체'이다. '하나의 인격체'로서의 개인은 닫힌 존재가 아니다. 그는 몸의 각 기관들처럼 개인적인 특성을 가지고 있지만, 동시에 다른 존재들을 향해서 열려 있어서 그들과의 관계를 통하여 하나로 연결되어 있다.

이런 가르침은 그리스도교에서 말하는 '그리스도의 신령한 몸'이라는 가르침에서도 발견할 수 있다. 그 가르침의 핵심은 그리스도라는 하나의 우주적인 인격 속에 모든 인류가 속해 있으며, 모든 인간은 그리스도의 몸을 구성하고 있는 지체(肢體)라는 것이다. 사도 바울은 이렇게 말한다. "한 몸에 많은 지체가 있으나, 그 지체들이 다 같은 기능을 가진 것이 아닙니다. 이와 같이 우리도 여럿이지만 그리스도 안에서 한 몸을 이루고 있으며, 한 사람 한 사람은 서로 지체입니다."(《로마서》 12장 12절) 바울의 이 말은 유일한 궁극적인 존재인 브라만 안에 수많은 존재가 있으며, 모든 존재는 브라만 안에서 한 몸을 이루고 있는 지체라는 말과 놀라우리만큼 비슷하다.

108개《우파니샤드》가운데서 60개를 뛰어난 독일어로 번역한 도이센(Paul Deussen)은《우파니샤드》의 가르침이 기독교 성경의 가르침을 설명하고 보완하는 성격을 가지고 있다고 말한다. 예수는 '하느님을 사랑하고 이웃을 자기 몸같이 사랑하는 것'이 모든 율법의 토대라고 말했다. 그런데 왜 하느님을 사랑하고 이웃을 자기 몸처럼 사랑해야 하는가? 모든 존재의 본질이 브라만이고, 모든 존재가 브라만 안에서 하나라는《우파니샤드》의 가르침은 하느님과 이웃을 사랑해야 할 이유를 잘 설명해 주고 있다.《우파니샤드》의 어법(語法)을 빌리자면, 모든 존재는 하느님에게서 나왔고 하느님은 모든 존재의 본질이다. 그리고 모든 존재는 하느님 안에서 같은 본질을 나누어 가지고 있는 한 몸이다. 그러므로 자신의 본질인 하느님과 자신과 한 몸인 이웃을 사랑하는 것은 너무나 당연한 일이다. 우리가 이웃을 사랑하는 것은 그의 내면에 머물고 있는 하느님을 사랑하는 것이며, 그것은 결국 자기 내면에 있는 하느님을 사랑하는 것이다.

《브리하다란야카 우파니샤드》에서 성자 야즈나발키야는 사랑하는 아내 마이트레이에게 이렇게 말한다. "당신이 나를 사랑하는 것은 내가 남편이기 때문이 아니라, 나의 내면에 머물고 있는 참 자아를 사랑하기 때문에 사랑하는 것이라오. 내가 그대를 사랑하는 것은 그대가 나의 아내이기 때문이 아니라, 그대의 내면에 머물고 있는 참 자아를 사랑하기 때문에 사랑하는 것이라오."(제2부 4장 5절)

개인적인 자아의식이 우주적인 의식을 향해 문을 여는 것은 일종의 자기 초월 운동이다. 인간 의식의 발전은 모두 이 자기 초월 운동의 결과이다. 개인적인 자아는 다른 자아들과 접촉하면서 성숙한다. 그리고 다른 형태의 의식과 접촉하면서 자기 의식의 한계를 극복해 나간다. 인간 의식 성숙의 마지막 단계는 시간과 공간의 한계를 넘어서 유일하고 지고한 우주적인 의식과 합일하는 것이다.

《우파니샤드》는 의식의 이 마지막 단계를 '투리야(turiya)'라고 부른다. 이 상태는 깨어서 육체의 감각을 갖고 활동하는 첫 번째 의식 상태, 잠을 자면서 꿈을 꾸는 두 번째 의식 상태, 그리고 꿈조차도 사라진 깊은 잠에 들어간 세 번째 의식 상태를 넘어선 깨달음의 빛과 지복감으로 충만한 '네 번째' 의식 차원이다. 《만두키야 우파니샤드》는 이렇게 말한다. "투리야는 주관적인 상태도 아니고 객관적인 상태도 아니다. 투리야는 감각과 지성을 초월해 있다. 투리야 상태는 의식도 아니고 의식이 아닌 것도 아니다. 이 상태는 인식할 수도 없고 말로 설명할 수도 없다. 이 상태는 포착할 수 없으며 어떤 특징으로 설명할 수도 없고 생각도 할 수 없다. 이 상태에는 어떤 이름도 붙일 수 없다. 이 상태가 곧 무한한 평화와 사랑만이 존재하는 의식의 본질 참 자아 아트만이다. 그가 인생의 지고한 목표이니 그를 깨달아야만 한다."(7절)

브라만과 현상세계, 또는 정신계와 물질계를 보는 힌두철학 학파의 견해는 여러 가지이다. 예를 들어 브라만의 유일성을 주장하며 현상세계를 무지로 인한 환영(幻影)으로 보는 샹카라 학파의 불이일원론, 정신계와 물질계가 브라만에 의존하기는 하지만 각각 실체로서 존재한다고 주장하는 상키야 학파의 이원론(二元論, dvaita), 그리고 정신계와 물질계는 별개의 실체가 아니라 브라만의 속성이며 현상세계는 환영이 아니라 실재하는 것이라고 보는 라마누자 학파의 한정이원론(限定二元論, vishishtadvaita) 등이 있다. 이 문제에 관련된 논쟁은 오늘날까지 계속되고 있는데, 어떤 점에서는 결론이 있을 수 없는 논쟁이다. 왜냐하면 궁극적인 실재 자체는 언어와 개념을 초월한 존재이기 때문이다.

인간이 사용하는 언어는 결코 실재 그 자체를 표현하지 못한다. 언어는 감각과 상상력 그리고 이성적인 정신의 활동으로 만들어 낸 개념을 통해 실재를 상징적으로 '가리키는' 일밖에는 하지 못한다. 실재 그 자체는 인간의 언어와 상징과 개념 너머에 있다. 궁극적인 실재는 우리가 육체와 정신을 초월하여 존재의 깊이에서 궁극적인 실재 자체와 하나가 될 때 체험할 수 있을 뿐이다. 궁극적인 실재가 이렇다 저렇다 말을 하는 것은 모두 실재 자체가 아니라 실재에 '대한' 이야기에 지나지 않는다.

달을 가리키는 손가락처럼, 언어를 통해서는 궁극적인 실재를 '가리킬' 수 있을 뿐이다. 우리가 《우파니샤드》에서 발견하는 언어들은 바로 그와 같은 역할을 하고 있다. 그러므로《우파니샤드》를 읽을 때 브라만이나 아트만이나 현상세계에 대한 이론 체계를 세우려고 하기보다는《우파니샤드》 현자들이 말하고 있는 체험에 주목할 필요가 있다.

무슨 음식을 먹고 마시느냐에 따라
육체의 상태가 변하듯이,
육체 속에 갇혀 있던 영혼은
무엇을 보고 무엇을 듣고 무슨 생각을 하느냐에 따라
새로운 육체와 환경 속에 다시 태어난다.